JAN JOHNSON

Süßer als *Honig,* kostbarer als *Gold*

40 Mal Bibel
zum Eintauchen
und Erleben

Aus dem amerikanischen Englisch von
Doris C. Leisering

SCM

R.Brockhaus

SCM

Stiftung Christliche Medien

SCM R.Brockhaus ist ein Imprint der SCM Verlagsgruppe, die zur Stiftung Christliche Medien gehört, einer gemeinnützigen Stiftung, die sich für die Förderung und Verbreitung christlicher Bücher, Zeitschriften, Filme und Musik einsetzt.

Umschlaggestaltung: Sarah Kaufmann, Witten
Satz: Christoph Möller, Hattingen
Piktogramme: Friederike Dietz, Wetter
Druck und Verarbeitung: GGP Media GmbH, Pößneck
Gedruckt in Deutschland
ISBN 978-3-417-26833-1
Bestell-Nr. 226.833

DEN TAUSENDEN STUDENTEN
UND FREIZEITTEILNEHMERN
GEWIDMET, DIE DIESE
MEDITATIONSÜBUNGEN
AUSPROBIERT HABEN, GOTT
BEGEGNETEN UND MICH MIT
DEM ÜBERRASCHTEN, WAS
IHNEN DABEI AUFGING.

Inhalt

Einleitung

Seit zwanzig Jahren leite ich Gruppen bei Meditationen mit der Heiligen Schrift, helfe ihnen, in den Bibeltext einzusteigen, wahrzunehmen, was sie darin anspricht, und dann darüber nachzudenken. Immer wieder sagen sie mir, dass sie zwar in der Gruppe das Gefühl haben, auf Gottes Stimme hören zu können, ihnen aber die gleiche Art von Bibelstudium und Meditation allein schwerfällt. Die historischen und kulturellen Hintergrundinformationen, die ich liefere, helfen ihnen, sich bei erzählenden Bibeltexten Details der Szene vorzustellen. Offenbar fällt es ihnen leichter, sich zu konzentrieren, wenn ich ihnen Fragen stelle, die sie durch den Meditationsprozess führen.

Dieses Buch enthält alle diese Dinge: Es soll den Lesern helfen, beim Nachdenken über Abschnitte aus der Bibel mit dem Heiligen Geist in Kontakt zu treten.

Bei jeder Meditationseinheit gibt es:

- eine einleitende Zeit der Stille, in der man sich entspannen und konzentrieren kann, und eine optionale Frage oder Übung, wenn man eine Hilfe braucht, um sich darauf einzulassen
- den gesamten Text eines Bibelabschnitts mit Erklärungen von ungewöhnlichen oder wichtigen Wörtern
- die Bedeutung von manchen wichtigen hebräischen oder griechischen Begriffen
- Einstiegsfragen zum Text
- Fragen dazu, was uns im Text persönlich anspricht, um herauszufinden, wozu Gott uns mit dem Bibeltext einladen könnte (Dies ist der Ansatz der *lectio divina*.)
- kulturelle oder geschichtliche Hintergrundinformationen, wenn angebracht
- Verbindungen zu anderen Bibeltexten, wenn angebracht

- Stichwörter, die dazu beitragen, dass man sich den Hergang der Geschichte in erzählenden Abschnitten besser vorstellen kann (ein ignatianischer Ansatz)
- Raum, um Gott im Gebet zu antworten
- Raum, um im Gebet über die Gedanken des Abschnittes und über Gott nachzusinnen
- eine Übung, um einen der Hauptgedanken des Abschnittes später praktisch umzusetzen

Vielleicht fragen Sie sich jetzt, ob sich all das irgendwie störend oder verdunkelnd auf das auswirken kann, was der Heilige Geist zu Ihnen sagt. Die gleichen Fragen habe auch ich mir gestellt, obwohl die beschriebene Vorgehensweise den meisten Menschen hilft, besser zu verstehen, was der Heilige Geist sagt. Also beriet ich mich mit anderen, die viel Erfahrung im Leiten von Bibelmeditationen haben. Sie waren ebenfalls der Ansicht, dass sich viele Christen grundsätzlich gern auf diese Art geistlicher Übung einlassen, aber etwas Anleitung dabei benötigen. Ein Kollege riet mir dazu, dieses Buch zu schreiben, um eine Art Stützräder für Menschen zu liefern, die sich mit Bibelmeditation befassen wollen.

Wenn Sie dieses Buch im Selbststudium nutzen

Sie können die vierzig Meditationsübungen in diesem Buch in jeder beliebigen Reihenfolge durchgehen. Sie sind thematisch geordnet, damit Sie die Meditationen auswählen können, die am besten zu Ihren Bedürfnissen passen. Die acht Einheiten behandeln Bedürfnisse, die die meisten Menschen haben. Beispielsweise begann ich vor vielen Jahren über Bibeltexte zu meditieren, weil ich ein Freudendefizit hatte. Ich konnte nicht wirklich glauben, dass Gott sich an mir freut, also meditierte ich über Bibeltexte, die genau davon handeln (siehe dazu die Meditation in diesem Buch mit dem Titel »Wissen, dass ich geliebt bin«).

Wenn man sich neu mit einer spirituellen Praxis befasst, ist es nur klug, sich damit auseinanderzusetzen, wie sie von Christen über die gesamte Kirchengeschichte hinweg praktiziert wurde. Dadurch können wir von den Christen früherer Zeiten etwas lernen. Wenn man beispielsweise einen Bibeltext studieren will, kann man auf Auslegungen oder Kommentare zurückgreifen, die andere Christen zu anderen Zeiten und an anderen Orten dazu geschrieben haben.

Die unter Christen am weitesten verbreitete Methode beim Meditieren über Bibeltexte besteht seit dem 5. Jahrhundert. Zu ihr gehört, zunächst einen Abschnitt zu lesen und dann, einem Gedanken aus der jüdischen Tradition folgend, Gottes Worte »aufzunehmen« und »festzuhalten« (vgl. Sprüche 4,3-4). Die Christen begannen, diesen Prozess *lectio divina* zu nennen. Das ist Latein und bedeutet »göttliches Lesen« oder »heiliges Lesen«. Der zentrale Gedanke der *lectio divina* ist die Einladung. Sie geht davon aus, dass Gott uns beim Lesen der Bibel zur Interaktion und zum Gespräch einlädt.

Die *lectio divina* umfasst traditionell vier Schritte: das Lesen (*lectio*), das Nachdenken (*meditatio*), das Antworten (*oratio*) und das Ruhen (*contemplatio*). Für die Meditationen in diesem Buch habe ich zwei weitere hinzugefügt: das Entspannen und Konzentrieren (*silencio*) und das Umsetzen (*incarnatio*).[1]

Entspannen und konzentrieren

Jede Übung beginnt mit einer kurzen Anleitung, um vom Alltagstempo herunterzubremsen, innerlich still zu werden und ablenkende Gedanken loszulassen. Das ist wichtig, da die meisten Menschen den ganzen Tag über auf irgendwelche äußeren Reize reagieren: Sie gehen ans Telefon, haben Zeitpläne und überlegen, was als Nächstes zu tun ist. Selbst wenn sie am Morgen aufwachen, schauen sie als Erstes aufs Smartphone, ob es Neuigkeiten gibt. Wenn man nun versucht, über Bibeltexte zu meditieren, sind solche Aktivitäten wie Hintergrundlärm im Kopf, der einen davon abhält, sich auf Gott zu konzentrieren.

Eine Möglichkeit, diesen Lärm zu dämpfen, liegt in der vollen Konzentration auf das Präsentsein im Moment, indem man besonders tief ein- und ausatmet und sogar übertrieben atmet. Dies trägt auch zur schrittweisen körperlichen Entspannung bei: Beugen Sie den Nacken, lassen Sie die Arme locker hängen, entspannen Sie Beine und Knöchel. Lockern Sie jeden Körperteil von innen heraus. Das bedeutet nicht, den Verstand auszuschalten, sondern ihn nur von der Geschäftigkeit wegzulenken, die uns oft auffrisst. Im Moment gegenwärtig zu sein, bereitet uns auf die leise, sanfte Stimme Gottes vor.

Wenn Sie abgelenkt sind, können Sie auch eine kleine Übung mit den Handflächen probieren. Legen Sie die Hände mit den Handflächen nach unten in den Schoß als Symbol dafür, dass Sie alle Sorgen abgeben. Wenn ein hartnäckiger Gedanke auftaucht, drehen Sie die Handflächen nach oben als »Symbol dafür, dass Sie nun etwas vom Herrn empfangen möchten« [2]. Wenn Sie während der Meditation abgelenkt werden, wiederholen Sie diese Übung.

Wenn Bibelmeditation etwas Neues für Sie ist, gibt es am Anfang jedes Kapitels eine Frage oder Aufgabe, die Ihnen helfen soll, still zu werden und alle Ablenkungen auszublenden. Wenn Sie später mehr Übung bekommen, brauchen Sie das möglicherweise nicht mehr. Vielleicht empfinden Sie diese Art der Anleitung auch als störend. In dem Fall können Sie diesen Teil gern überspringen.

Vielleicht möchten Sie auch Ihre eigene Entspannungs- und Konzentrationsmethode entwickeln, die Sie dann jedes Mal einsetzen. Es kann hilfreich sein, ein Lied zu singen, das Sie gerne mögen – besonders ein ruhiges Lied, wie zum Beispiel »Wie ein Strom von oben«. Oder Sie lesen langsam und laut ein gutes Zitat, wie das folgende von Dietrich Bonhoeffer:

> Wir lesen in der Meditation den uns gegebenen Text auf die Verheißung hin, dass er uns ganz persönlich für den heutigen Tag und unsern Christenstand etwas zu

sagen habe, dass es nicht nur Gottes Wort für die Gemeinde, sondern auch für mich persönlich ist.[3]

Lesen

In den folgenden Meditationen werde ich Sie häufig auffordern, den Abschnitt laut und mehrmals zu lesen. Denn wenn wir einen Text zum ersten Mal lesen, bekommen wir kaum mit, was darin geschieht. Lautes Lesen lässt die Worte an unsere Ohren dringen und uns das Gesagte besser wahrnehmen. Lauschen Sie langsam jedem Wort, sozusagen mit den Ohren Ihres Herzens. Seien Sie offen und aufmerksam für alles, was Ihnen auffällt.

Nachsinnen

Einige Abschnitte in diesem Buch sind der Lehre oder dem Diskurs gewidmet. Sie werden aufgefordert wahrzunehmen, was Ihnen auffällt oder »durchschimmert«, und darauf zu vertrauen, dass diese Wahrnehmung vom Heiligen Geist gewirkt ist. Andere Abschnitte sind Geschichten. Hier sollen Sie Ihre Fantasie spielen lassen und sich anhand der angebotenen Ideen die Szene bildlich vorstellen. In beiden Fällen werden die Hintergrundinformationen und die Fragen helfen, in den Text einzutauchen und Ablenkungen auszublenden.

Bei erzählenden Texten sollen die Fragen und Stichwörter Ihnen helfen, sich konkret in die Situation zu versetzen: Was sehen oder riechen Sie? Konzentrieren Sie sich dabei aber nicht darauf, ein absolut ausgefeiltes, detailliertes Bild zu zeichnen. Ihr Ziel ist es, sich von Gott ansprechen zu lassen, und nicht, das Ereignis perfekt zu rekonstruieren. Versetzen Sie sich in die Szene hinein und gehen Sie dann durch den Text und lassen Sie Gott zu Ihnen sprechen.

Manchmal kann es sein, dass Ihnen ein großer Teil der Szene entgeht, aber ein bestimmtes Wort oder Bild auffällt. In der Geschichte von der blutflüssigen Frau (vgl. Markus 5,24-34) sprang mir einmal ins Auge, dass die Frau Jesus die »ganze Wahrheit« sagte. Ich konnte förmlich ihre Scham spüren. Ich sah, wie sie in aller Öffentlichkeit verletzlich vor Jesus, dem Propheten, stand. Dadurch begriff ich, wie ehrlich ich zu Gott sein darf.

Antworten

In einem wahrhaft interaktiven Leben mit Gott spricht Gott zu uns (am häufigsten durch die Bibel) und wir antworten ihm auf das, was wir meinen, von ihm gehört zu haben. Vielleicht möchten Sie nun Gott Fragen stellen oder auch dem widersprechen, was Ihnen aufgegangen ist. Zumindest aber möchten Sie vielleicht Gott dafür danken, dass er durch die Bibel zu Ihnen spricht.

Ruhen

Dieser letzte Schritt gibt Ihnen einfach Raum, in Gottes Gegenwart zu sein. Sie können über das nachsinnen, was Ihnen aufgegangen ist, den Fluss des Zwiegesprächs mit Gott in sich aufnehmen oder wahrnehmen, welche Wirkung die Begegnung auf Sie hatte. Vielleicht werden Sie Gott auch für die wunderbaren Dinge anbeten, die er sagt und tut.

Umsetzen

Schließlich biete ich in jedem Kapitel einen kurzen Vorschlag an, eine Wahrheit aus dem gelesenen Bibelabschnitt in die Tat umzusetzen. Wenn der Vorschlag nicht für Sie passend erscheint, bitten Sie Gott darum, Ihnen eine andere Möglichkeit zu zeigen, wie Sie eine Erkenntnis aus dem Abschnitt umsetzen können, selbst wenn es nur im Kleinen ist.

Im gesamten Buch werden Sie kleinere Zwischenkapitel finden, die Informationen und Anleitungen zur Bibelmeditation liefern oder Antworten auf häufig gestellte Fragen geben. Ob Sie sie alle auf einmal oder beim Durcharbeiten des Buches nach und nach lesen, bleibt Ihnen überlassen.

Das Ziel dieses Buches ist es, Ihnen zu helfen, durch die Bibel zu einer nachhaltig prägenden, lebendigen Beziehung mit Gott zu gelangen. Dallas Willard schreibt darüber:

Ich merke, dass ich angesprochen und in aller Indivi-
dualität meiner konkreten Existenz von etwas jenseits
meiner Selbst und darüber hinaus eingeholt werde.
Gott handelt mir gegenüber einzigartig persönlich.
Das ist das gemeinsame Zeugnis über große Teile der
christlichen Gemeinde und Geschichte hinweg. Wir
stehen in einer Gemeinschaft der Angesprochenen.[4]

Wenn Sie dieses Buch mit einer Gruppe nutzen

Dieses Buch spricht die Leser als Einzelne an, lässt sich aber mit
einigen Abänderungen auch in der Gruppenarbeit nutzen. Am ge-
eignetsten sind Gruppen von höchstens vier oder fünf Personen.
Größere Gruppen sollten sich in kleine Gruppen mit höchstens vier
oder fünf Personen aufteilen, mit jeweils einem Gruppenleiter. Die
Meditationsübungen kann jeder einfach anhand der Vorgaben leiten, doch hier noch einige zusätzliche Hinweise:

Entspannen und konzentrieren
Die Gruppe sollte sich vorher entscheiden, ob sie die vor-
geschlagenen Übungen einsetzen will. Wenn ja, kann der
Gruppenleiter die Anweisungen laut vorlesen und die Teilnehmer
können ihre Antworten laut vor der Gruppe aussprechen. Natürlich
kann es sein, dass einige Teilnehmer ihre Antwort nicht mitteilen
wollen oder keine Antwort haben. Verbale Antworten sind zwar
meist hilfreich für die anderen in der Gruppe, aber es ist immer ge-
stattet, auch nicht zu antworten.

Wenn es der Gruppe lieber ist, kann auch ein beliebtes Gebet als
einleitende Übung zum Entspannen und Konzentrieren gesprochen
werden. Man kann es sogar jedes Mal sprechen, sodass es sich zu
einer vertrauten Einstiegsroutine entwickelt. Hier ist ein Vorschlag
für ein solches Gebet; man kann es beispielsweise zusammen laut
lesen:

Lasst uns die Sorgen des Tages loslassen
und die Augen für Gottes Wunder öffnen.
Mit Einfühlungsvermögen für die Menschen einer anderen Zeit
wollen wir uns unsere Herzen und Gedanken für Gott öffnen.
Wir machen uns bereit, Gottes Wort an uns durch die Gegenwart des Heiligen Geistes zu erfahren.[5]

Oder:

Mögen die Worte unseres Mundes und das Nachsinnen unseres Herzens in deinen Augen angenehm sein, Herr, unsere Kraft und unser Erlöser.

Lesen

Der Gruppenleiter liest erst die Anweisungen und danach den Bibelabschnitt zum ersten Mal laut und langsam vor. Es kann hilfreich sein, wenn die Teilnehmer beim Zuhören die Augen schließen oder auch im Buch mitlesen. Der Gruppenleiter sollte einen anderen Teilnehmer bitten, die Anmerkungen unter dem Text laut vorzulesen. Dann sollte entweder der Gruppenleiter oder jemand anderes den Abschnitt noch einmal vorlesen.

Nachsinnen

Die Teilnehmer lesen die Fragen und Stichworte still durch und nehmen sich einige Minuten Zeit, um ihre Antworten auf die Fragen aufzuschreiben. Dann liest der Gruppenleiter jede Frage laut vor und wer möchte, kann seine Antwort vorlesen. Auch die Hintergrundinformationen können laut vorgelesen werden.

Diese Art meditativer Übung ist allerdings keine Diskussion. Es kann ablenkend wirken, wenn Kommentare zu den Antworten der Teilnehmer abgegeben werden. Das Ziel der Übung ist, auf das zu hören, was Gott uns in der Bibel sagen möchte, nicht mit anderen darüber zu diskutieren. Wenn der Bibeltext jemanden beunruhigt oder verwirrt, ist es nicht gut, sofort darauf einzugehen. Der vorgegebene Prozess räumt stille Momente ein, in denen der Heilige Geist an diesen Punkten reden kann. Zweck der Meditation ist nicht so sehr eine Analyse, sondern vielmehr, auf Gott zu hören, zu lernen und füreinander präsent zu sein, wenn die Teilnehmer ihre Erfahrungen beschreiben.

Dann bittet der Gruppenleiter einen der Teilnehmer, den Abschnitt noch einmal laut zu lesen. Anschließend kann er selbst die aufgeführten Fragen vorlesen, mit jeweils einigen Minuten Pause, in denen die Teilnehmer ihre Antworten still bedenken können. Danach kann jeder, der es will, seine Antwort in der Gruppe geben.

Ich möchte noch einmal betonen, dass dies keine Diskussionsgruppe ist, sondern dass die Teilnehmer einfach anderen mitteilen, was sie meinen, von Gott gehört zu haben. Es ist nicht klug zu bewerten, was andere sagen; das hindert in der Regel einen Menschen nur daran, selbst auf Gott zu hören. Ebenso wichtig ist es, dass die Teilnehmer einander nicht unterbrechen oder Vorschläge machen. Vertrauen Sie stattdessen darauf, dass der Heilige Geist Gottes Wort für jeden einzelnen Teilnehmer aufschließt. Oft versteht man mehr, wenn man sein Erleben in eigene Worte fasst.

Antworten

Zu einem normalen Gespräch gehört Austausch. Da Gott in der Bibel zu uns spricht, müssen die Teilnehmer Gott antworten. Manche möchten ihre Gebete vielleicht laut vorlesen, andere nicht. Was gesagt oder geschrieben wird, muss im Gebet an Gott gerichtet sein, nicht an die Gruppe. Das Gebet soll ausdrücken, was die Teilnehmer Gott unbedingt über ihre Erfahrung mit dem Bibeltext sagen wollen.

Vielleicht möchten sie Gott aber auch Fragen stellen. Die Antworten auf diese Fragen können in der Gruppe gegeben werden oder kommen den Einzelnen später in der Woche. Gebete aufzuschreiben kann eine sehr intensive Form der Kommunikation mit Gott sein, auf jeden Fall kann es aber verhindern, dass die Gedanken abschweifen.

Ruhen

Diesen Teil der Einheit werden die Teilnehmer sehr wahrscheinlich in der Stille verbringen wollen. Es ist allerdings auch möglich, dass jemand gern laut darüber sprechen möchte, welchen Eindruck er während der Meditation von Gott hatte. Hatte er das Gefühl, dass Gott gegenwärtig war? Wenn ja, wie war das?

Umsetzen

Der Gruppenleiter sollte den angegebenen Vorschlag laut vorlesen und die anderen Teilnehmer fragen, ob er zu ihrem eigenen Gespräch mit Gott passt. Vielleicht wird der Vorschlag abgeändert, vielleicht möchten die Teilnehmer aber auch etwas anderes oder gar nichts tun.

Eine Bemerkung zur Stille

Zu dieser Form der Meditation gehört viel Stille, und manchen Menschen fällt es schwer, in einer Gruppe still zu sein. In den meisten Gruppen wird viel geredet! Diese Version der *lectio divina* in der Gruppe schafft eine andere Art von Gemeinschaft. Ein Gemeinschaftsgefühl kann sich auch ohne Small Talk oder Plauderei entwickeln. Es ist hilfreich, weniger Worte zu gebrauchen, sondern nur die Worte und Bilder zu erwähnen, die im eigenen Inneren auftauchen.

Wie bereits erwähnt, sind manche Teilnehmer nicht in der Lage, ihre Antworten in Worte zu fassen, oder nicht bereit, in der Gruppe etwas laut auszusprechen, das für sie zu persönlich ist. Das ist in Ordnung, niemand *muss* etwas sagen. Für manche ist es sehr schwierig, still dazusitzen, und es hilft ihnen, ein bisschen ins Buch zu malen. Andere finden die Stille vielleicht erfrischend, weil sie nicht überlegen müssen, was sie sagen sollen. Die Stille bietet ihnen Raum, Gott leichter zu hören.

Wenn Sie dieses Buch in speziellen Gruppen einsetzen

Bibelmeditation ist nicht nur etwas für Menschen, die bereits die Bibel kennen. Der meditative Ansatz funktioniert in vielen Altersgruppen gut: Bei Kindern und Teenagern und Erwachsenen in den unterschiedlichsten Situationen. Dazu müssen natürlich einige Aspekte angepasst werden. Zum Beispiel muss man sich darauf einstellen, dass Menschen eine unterschiedliche Aufmerksamkeitsspanne haben. Manchmal muss man auch Gedanken umformulieren oder auslassen, die nicht leicht zu verstehen sind. Wenn Sie normalerweise Bibelkreise in einem bestimmten Umfeld leiten, zum Beispiel im Gefängnis oder unter Obdachlosen, haben Sie sicher schon eine Vorstellung davon, welche Anpassungen vorgenommen werden müssen.

Bei allen Arten von Gruppen funktioniert es gut, erzählende Bibelabschnitte zuerst zu lesen und zu studieren und dann zum Umsetzen überzugehen, sogar bei Erwachsenen. Wenn Sie das tun, machen Sie an bestimmten Stellen in der Handlung des Abschnitts eine Pause (ein »Standbild«) und fordern Sie einzelne Teilnehmer auf, die Rolle einer bestimmten Person einzunehmen. Fragen Sie dann zum Beispiel: »Wie geht es Ihnen mit dem, was hier passiert?« oder »Wenn Sie den Text und die Stichworte in Betracht ziehen, wie stellen Sie sich dann Jesu Gesichtsausdruck in diesem Moment vor?« Möglicherweise haben Menschen auf diese Weise so fesselnde Begegnungen mit Jesus wie nie zuvor.

Warum überhaupt Bibelmeditation?

Das intensive Nachsinnen (Meditation) über die Heilige Schrift war in der jüdischen Kultur gängige Praxis. Allein in den Psalmen wird es fünfzehn Mal erwähnt.[6] Wer Tag und Nacht über das Gesetz Gottes nachsann, gedieh wie ein am Wasser gepflanzter Baum. Das Nachsinnen über die Heilige Schrift brachte den Psalmbetern eine

Weisheit, die über die ihrer Lehrer und Feinde hinausging. Es führte zu eifrigem Gehorsam und half ihnen, Versuchungen aus dem Weg zu gehen. Meditation war eine angenehme Beschäftigung – Gottes Worte waren süßer als Honig (vgl. Psalm 1,1-3; 119,97-103).

Im letzten Jahrhundert wurde die Bibelmeditation so vernachlässigt, dass Meditation manchmal nur noch mit fernöstlichen Religionen in Verbindung gebracht wird. Doch dass Meditation in fernöstlichen Religionen eine gängige Praxis ist, bedeutet nicht, dass sie falsch ist. Fernöstliche Religionen praktizieren auch andere Disziplinen, die Christen praktizieren, wie Fasten, Beten und sogar das Zitieren von Worten von Jesus. Vielleicht wurde Bibelmeditation immer seltener praktiziert, weil nach der Aufklärung Wissenschaft und lineares Denken überbetont wurden und somit an die Stelle von Nachsinnen und Ruhe traten (zwei Gedanken, die vor allem in den Psalmen zu finden sind).

Wie alle geistlichen Disziplinen ist die Bibelmeditation eine Möglichkeit, aufmerksamer für die leise, sanfte Stimme Gottes zu werden. Außerdem macht sie uns dazu bereit, auf diese Stimme Gottes zu reagieren, wenn wir sie hören. Zusammen mit dem Studium der Heiligen Schrift hilft diese Form der Meditation sowohl Menschen, die noch nicht lange gläubig sind, als auch Menschen, die das Gefühl haben, schon alles in- und auswendig zu kennen. Denn selbst wenn uns die biblischen Worte und Gedanken vertraut sind, spricht Gott durch unser Nachsinnen über sein Wort noch mal neu zu uns. Er sagt uns dadurch genau das, was wir heute in unserem Leben hören müssen. Weil Bibelmeditation uns hilft, Gottes Wort an uns zu hören, können wir dadurch selbst wohlvertraute Texte ganz neu erleben.

Teil 1

Was denkt Gott über mich?

Gott als die Liebe erkennen

1. Korinther 13,4-8

Kommen Sie ganz zu sich, indem Sie ruhig ein- und ausatmen. Lockern Sie Ihren Nacken und nehmen Sie sich Zeit, auch alle anderen Muskeln zu entspannen.

Wenn Sie dabei abgelenkt werden – zum Beispiel, weil Sie sich an etwas erinnern, das Sie noch tun müssen –, dann legen Sie die Hände mit nach oben gekehrten Handflächen in den Schoß und übergeben Sie die Ablenkung an Gott. Drehen Sie dann die Hände um als Symbol dafür, dass Sie Gottes Frieden empfangen.

Als Erstes könnten Sie über folgende Frage nachdenken: Wann fühle ich mich wirklich geliebt?

Lesen Sie den Bibeltext still für sich selbst. Machen Sie sich dabei noch keine Gedanken darüber, ob und wie Ihr Leben diesem Maßstab von Liebe entspricht. In diesem Abschnitt geht es nicht um die Liebe, die Menschen einander normalerweise zeigen, sondern um *agapē*-Liebe, ein willentliches Einsetzen für das Wohl eines anderen.[7] Paulus beschreibt hier göttliche Liebe.

1. Korinther 13,4-8

[4]Die Liebe ist geduldig und freundlich. Sie ist nicht neidisch oder überheblich, stolz [5]oder anstößig. Die Liebe ist nicht selbstsüchtig. Sie lässt sich nicht reizen, und wenn

man ihr Böses tut, trägt sie es nicht nach. [6]Sie freut sich niemals über Ungerechtigkeit, sondern sie freut sich immer an der Wahrheit. [7]Die Liebe erträgt alles, verliert nie den Glauben, bewahrt stets die Hoffnung und bleibt bestehen, was auch geschieht. [8]Die Liebe wird niemals aufhören.

Weil Paulus hier von göttlicher Liebe schreibt, kann es hilfreich sein, das Wort **Liebe** durch **Gott** zu ersetzen. Wie der Apostel Johannes schreibt: »Wir haben erkannt, wie sehr Gott uns liebt, und wir glauben an seine Liebe. Gott ist Liebe, und wer in der Liebe lebt, der lebt in Gott und Gott lebt in ihm« (1. Johannes 4,16). Daraus dürfen wir ableiten, dass Gott so ist wie die hier beschriebene Liebe.

Lesen Sie den Abschnitt ein zweites Mal, dieses Mal laut, und ersetzen Sie das Wort Liebe durch Gott:

[4]Gott ist geduldig und freundlich. Gott ist nicht neidisch oder überheblich, stolz [5]oder anstößig. Gott ist nicht selbstsüchtig. Er lässt sich nicht reizen, und wenn man ihm Böses tut, trägt er es nicht nach. [6]Gott freut sich niemals über Ungerechtigkeit, sondern er freut sich immer an der Wahrheit. [7]Gott erträgt alles, verliert nie den Glauben, bewahrt stets die Hoffnung und bleibt bestehen, was auch geschieht. [8]Gott wird niemals aufhören.

 Hilfreiche Fragen und Stichworte zum Text:

1. Welche Eigenschaften oder Handlungsweisen aus dem Abschnitt überraschen, wenn man sie Gott zuschreibt? Warum?
2. Betrachten Sie einmal die folgenden Versionen von 1. Korinther 13,4-8. Das Wort Liebe wurde durch Gott ersetzt und es wurden einige kleine Änderungen vorgenommen. Welche Beschreibungen Gottes sprechen Sie am meisten an? Welche finden Sie am verstörendsten oder am überraschendsten?

Einheitsübersetzung	NLB	NGÜ
Gott ...	Gott ...	Gott ...
ist langmütig	ist geduldig	ist geduldig
ist gütig	ist freundlich	ist freundlich
ereifert sich nicht	ist nicht neidisch	kennt keinen Neid
prahlt nicht	ist nicht überheblich	spielt sich nicht auf
bläht sich nicht auf	ist nicht stolz	ist nicht eingebildet
handelt nicht un-gehörig	ist nicht anstößig	verhält sich nicht taktlos
sucht nicht sei-nen Vorteil	ist nicht selbstsüchtig	sucht nicht den eigenen Vorteil
lässt sich nicht zum Zorn reizen	lässt sich nicht reizen	verliert nicht die Be-herrschung
trägt das Böse nicht nach	trägt es nicht nach, wenn man ihm Böses tut	trägt keinem etwas nach
freut sich nicht über das Unrecht	freut sich niemals über Ungerechtigkeit	freut sich nicht, wenn Unrecht geschieht
freut sich an der Wahrheit	freut sich immer an der Wahrheit	freut sich mit, wo die Wahrheit siegt
erträgt alles	erträgt alles	erträgt alles
glaubt alles	verliert nie den Glauben	glaubt in jeder Lage
hofft alles	bewahrt stets die Hoffnung	hofft immer
hält allem stand	bleibt bestehen, was auch geschieht	hält allem stand
hört niemals auf.	wird niemals aufhören.	vergeht niemals.

3. Welche Bibeltexte oder biblischen Geschichten fallen Ihnen ein, die belegen, dass Gott Liebe ist? Denken Sie zum Beispiel an das Verhalten des Volkes Israel vom Auszug aus Ägypten bis zur Richterzeit über das Königreich, die Zerstreuung nach Babylon und Judas Rückkehr aus Persien. Gott hat Israel ausdauernd geliebt, trotz Israels Neigung, sich auf andere Götter und sich selbst zu verlassen. Das zeigt uns, dass Gott auch uns niemals aufgibt.

4. **Stichwort zum Umfeld: Paulus' Perspektive**
Stellen Sie sich vor, wie der Apostel Paulus an die Gemeinde in Korinth schreibt, die er so gut kannte, und ihm klar wird, dass es »Streitigkeiten unter euch« gibt (1. Korinther 1,11). Schon in der

Urgemeinde konnte bei Kontroversen die Liebe in Vergessenheit geraten. »Manchmal reden die Leute so, als hätte die Christenheit der ersten Generation ungetrübte, problemfreie ›Flitterwochen‹ genossen, nach denen es dann schwieriger wurde. Dafür gibt es im Neuen Testament allerdings keinen Beleg.«[8] Paulus zeichnete ein Bild davon, wie man ein Leben führen kann, das Gottes Liebe widerspiegelt.

Vielleicht kamen Paulus die Tränen wegen der Streitigkeiten in der Gemeinde, als er diese Worte schrieb. Oder vielleicht hatte ihn ein majestätischer, alles durchdringender Eindruck von Gott erfasst.

Nachdenken über die Einladung

Vielleicht lädt Gott Sie in diesem Abschnitt ein, etwas Bestimmtes besser zu verstehen oder anders über sein Wesen zu denken und zu empfinden. Lesen Sie den Abschnitt noch einmal und denken Sie dann einige Minuten lang still über die folgenden Fragen nach:

* Welches Wort oder welche Formulierung springt Ihnen ins Auge?
* Weshalb?

Weiterdenken

Lesen Sie den Abschnitt noch einmal, und überlegen Sie dann:

* Was hat der Text mit Ihrem Leben zu tun?
* Gibt es einen Gedanken, ein Gefühl oder eine Absicht, die Sie daraus mitnehmen sollen?
* Fordert Gott Sie dazu auf, etwas zu sein, zu wissen, zu verstehen, zu fühlen oder zu tun?

Seien Sie offen für die Stille und fühlen Sie sich nicht zu einer Antwort gedrängt.

 Nehmen Sie sich einige Minuten Zeit, um Gott im Gebet zu antworten. Was möchten Sie Gott über Ihre Erfahrung mit seinem Wort unbedingt sagen?

Vielleicht möchten Sie Gott auch Fragen stellen, auf die er Ihnen vielleicht erst später antworten wird. Wenn Sie möchten, schreiben Sie Ihr Gebet auf. Manchmal hindert das die Gedanken daran abzuschweifen.

Lassen Sie auf sich wirken, was Ihnen aufgefallen ist, und überlegen Sie dann, welchen Gesamteindruck von Gott Sie aus diesem Abschnitt gewinnen. Spüren Sie dem nach, was es heißt, dass Gott Sie vollkommen kennt, wie Paulus weiter unten im gleichen Kapitel schreibt (V. 12).

Lassen Sie die Gedanken, die Ihnen gekommen sind, einige Minuten auf sich einwirken, indem Sie Gott anbeten oder einfach in seiner Gegenwart ruhen.

Lesen Sie heute oder die Woche über den Abschnitt noch einige Male und denken Sie darüber nach, wie Gott Ihnen die Liebe zeigt, die in diesem Text beschrieben wird. Wie äußert sich Gottes Geduld mit Ihnen? Wie äußert es sich, dass Gott nicht grob oder aufdringlich mit Ihnen umgeht? Wie schützt Gott Sie in allen Lebenslagen?

Gesucht – bedingungslos

Lukas 15,1–7

Atmen Sie einige Male tief ein und aus und lassen Sie die Gedanken los, die Sie bisher beschäftigt haben.

Wenn Sie möchten, denken Sie über folgende Frage nach, um Ihre Gedanken auf den heutigen Abschnitt zu konzentrieren: Was für ein Gefühl ist es, gefunden zu werden, wenn man sich verlaufen hat? Nehmen Sie sich einige Minuten Zeit, um darüber nachzudenken. Wenn Ihnen nicht sofort etwas dazu einfällt, ist das auch in Ordnung. Genießen Sie einfach Gottes Gegenwart.

Lesen Sie den Abschnitt still für sich selbst durch. Lesen Sie dann die darunterstehenden Anmerkungen zu den wichtigsten Wörtern und Formulierungen. Überlegen Sie, welchen Einfluss diese Details darauf haben, wie Sie die Geschichte verstehen. Lesen Sie sich nun den Abschnitt langsam laut vor. Nehmen Sie sich Zeit, die Worte an Ihre Ohren dringen zu lassen.

Lukas 15,1–7

[1]Oft kamen Steuereintreiber und andere, die als Sünder galten, um Jesus lehren zu hören. [2]Die Pharisäer und Schriftgelehrten nahmen Anstoß daran, dass er sich mit so verrufenen Leuten abgab und sogar mit ihnen aß!

³Deshalb erzählte Jesus ihnen folgendes Gleichnis: ⁴»Wenn jemand hundert Schafe hätte, und eines würde weglaufen und sich in der Wüste verirren, würde er dann nicht die neunundneunzig Schafe zurücklassen, um das verlorene zu suchen, bis er es wiedergefunden hätte? ⁵Und dann würde er es voller Freude auf seinen Schultern nach Hause tragen. ⁶Wieder daheim, würde er alle Freunde und Nachbarn zusammenrufen, damit sie sich mit ihm darüber freuen, dass er sein verlorenes Schaf wiedergefunden hat. ⁷Genauso ist im Himmel die Freude über einen verlorenen Sünder, der zu Gott zurückkehrt, größer als über neunundneunzig andere, die gerecht sind und gar nicht erst vom Weg abirrten!«

Sünder: Die Steuereintreiber und Sünder waren die unterste Schicht der Gesellschaft, während die Pharisäer zur höchsten Gesellschaftsschicht gehörten.⁹ Die Pharisäer betrachteten die Menschen des Landes als Sünder, weil sie das Gesetz nicht so detailliert einhielten.¹⁰

neunundneunzig andere, die gerecht sind und gar nicht erst vom Weg abirrten: Jesus verglich die neunundneunzig Schafe mit Menschen, die meinten, sie hätten keine Umkehr nötig. Wie der ältere Sohn im Gleichnis vom verlorenen Sohn waren sie der Ansicht, kein Problem zu haben.¹¹

 Hilfreiche Fragen und Stichwörter, um in die Geschichte einzusteigen:

1. Jesus erzählte dieses Gleichnis als Antwort auf die Kritik der Pharisäer daran, dass er mit Steuereintreibern und Sündern Tischgemeinschaft hatte. Stellen Sie das Verhalten des Hirten dem Verhalten der Pharisäer gegenüber.

♦ Die Pharisäer wollten, dass …
♦ Der Hirte wollte, dass …

2. Unterstreichen Sie im Text Formulierungen, die den Eifer und Enthusiasmus des Hirten zum Ausdruck bringen, zum Beispiel »das verlorene Schaf suchen«.

3. **Kultureller Hintergrund**
»lässt er nicht die neunundneunzig in der Wüste« (V. 4 ELB). Statt, dem allgemeinen Brauch folgend, die Schafe in eine Umzäunung einzuschließen oder in der Obhut eines anderen Hirten zu lassen, tat der Hirte in dieser Geschichte keines von beidem. Das muss den Zuhörern ein Rätsel gewesen sein. Warum tat der Hirte so etwas? Vielleicht wollte Jesus mit dem impulsiven Verhalten des Hirten unterstreichen, wie eifrig und leidenschaftlich Gott jedem einzelnen Menschen nachgeht. Wenn das stimmt, war diese Geschichte eine schockierende Erwiderung auf die Kritik der Pharisäer, denen es nicht gefiel, dass Jesus sich mit Sündern abgab, oder denen der Gedanke unbehaglich war, dass Gott keine Mühen scheut, um Sünder zum Glauben zu bringen.

4. **Kultureller Hintergrund: Das Herz des Hirten**
Der Schäfer Philipp Keller, der viele Stunden damit zugebracht hat, nach verlorenen Schafen zu suchen, erklärt: Wenn ein Hirte ein verlorenes (verletztes/gestürztes) Schaf nicht rechtzeitig findet, kann es sterben. Wenn es auf dem Rücken liegt, die Beine in die Luft gestreckt, und immer wieder versucht aufzustehen, sammeln sich Verdauungsgase im Bauchraum an. Die Durchblutung wird unterbrochen und es kann gar nicht mehr aufstehen. „Auch deshalb ist es so wichtig für einen Schafhirten, dass er seine Herde jeden Tag aufmerksam kontrolliert und die Schafe zählt. Fehlt eins, ist häufig sein erster Gedanke: ›Mein Schaf liegt irgendwo auf dem Rücken. Ich muss es suchen und wieder auf die Beine stellen.‹«[12] In welcher Situation wünschen Sie sich, Gott würde Sie finden und Ihnen wieder Ruhe geben?

5. Mäuschen spielen

Stellen Sie sich das verlorene Schaf vor. Stellen Sie sich vor, wie ein verlorenes Schaf wohl auf den vertrauten Ruf seines Hirten reagiert. Hirten haben meistens einen ganz bestimmten Ruf für ihre Herde. Schafe erkennen den Ruf ihres Hirten sofort und gehorchen, weil sie die Stimme ganz genau kennen, die sie jeden Tag zur Wasserstelle führt, deren Stab sie aus Hecken und Dornen befreit und die sie in Sicherheit bringt, bevor der Sturm losbricht.

Nachdenken über die Einladung

Lesen Sie den Abschnitt noch einmal und stellen Sie sich die Szene als Film vor. Hören Sie in Gedanken auf die Worte.

- Wie entwickelt sich die Handlung? Was sehen Sie?
- Welcher Augenblick in der Geschichte, welches Wort oder welcher Satz fällt Ihnen auf? Welche Gedanken und Gefühle ruft das in Ihnen hervor?
- Warum? Welche Bedeutung könnte das für Sie haben?

Weiterdenken

- Was hat der Text mit Ihrem Leben zu tun?
- Gibt es einen Gedanken, ein Gefühl oder eine Absicht, die Sie daraus mitnehmen sollen?
- Fordert Gott Sie dazu auf, etwas zu sein, zu wissen, zu verstehen, zu fühlen oder zu tun?

Seien Sie offen für die Stille und fühlen Sie sich nicht zu einer Antwort gedrängt.

 Nehmen Sie sich einige Minuten Zeit, um Gott im Gebet darauf zu antworten. Vielleicht wollen Sie Gott auch Fragen stellen.

Wenn Sie möchten, schreiben Sie Ihr Gebet auf. Beginnen Sie mit

»Lieber Gott« und überlegen Sie dann, was Sie Gott unbedingt über Ihre Erfahrung mit diesem Text sagen wollen.

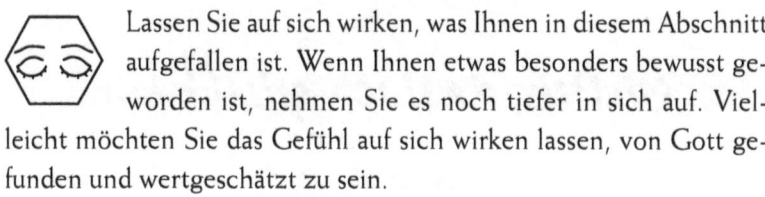 Lassen Sie auf sich wirken, was Ihnen in diesem Abschnitt aufgefallen ist. Wenn Ihnen etwas besonders bewusst geworden ist, nehmen Sie es noch tiefer in sich auf. Vielleicht möchten Sie das Gefühl auf sich wirken lassen, von Gott gefunden und wertgeschätzt zu sein.

Legen Sie heute im Laufe des Tages oder morgen etwas auf Ihre Schultern – ein Brett oder auch ein Handtuch. Nehmen Sie wahr, wie nah dieser Gegenstand an Ihren Augen und Ihrem Mund ist – so, wie das Schaf auf den Schultern des Hirten ganz nah an seinem Gesicht war, wenn er sich umdrehte, um es anzuschauen. Überlegen Sie, wie es wohl für das Schaf war, vom Hirten so fest auf den Schultern gehalten zu werden. Was wollte Jesus uns mit diesem Bild in Bezug auf unsere Beziehung zu Gott vermitteln?

Wissen, dass ich geliebt bin

Jesaja 43,1–7

Atmen Sie einige Male tief ein und aus. Lassen Sie alle Ablenkungen hinter sich. Wenn Sie mögen, legen Sie sich auf dem Boden auf den Rücken, legen Sie die Füße hoch und öffnen Sie die Handflächen zum Himmel oder zur Decke. Bringen Sie Ihre Gedanken zum Schweigen und öffnen Sie sich für Gott. Stellen Sie sich darauf ein, Gottes Wort durch die Gegenwart des Heiligen Geistes zu erleben.

Denken Sie über folgende Frage nach: Was ist es für ein Gefühl, zu wissen, dass Sie wirklich irgendwohin oder zu jemandem gehören?

Lesen Sie den Abschnitt still für sich selbst durch. Lesen Sie dann die darunterstehenden Anmerkungen zu den wichtigsten Wörtern und Formulierungen. Überlegen Sie, welchen Einfluss diese Details darauf haben, wie Sie die Geschichte verstehen. Lesen Sie sich nun den Abschnitt langsam laut vor. Nehmen Sie sich Zeit, die Worte an Ihre Ohren dringen zu lassen.

Jesaja 43,1–7

¹Doch nun spricht der Herr, der dich, Jakob, geschaffen hat und der dich, Israel, gebildet hat: »Hab keine Angst, ich habe dich erlöst. Ich habe dich bei deinem Namen gerufen; du gehörst mir.

²Wenn du durch Wasser gehst, werde ich bei dir sein. Ströme sollen dich nicht überfluten! Wenn du durch Feuer gehst, wirst du nicht verbrennen; die Flammen werden dich nicht verzehren!

³Denn ich bin der Herr, dein Gott, der Heilige Israels, dein Heiland. Ich gebe Ägypten als Lösegeld für dich hin, ich liefere Äthiopien und Seba an deiner Stelle aus.

⁴Weil du in meinen Augen kostbar bist und wertvoll und weil ich dich liebe, opfere ich Länder an deiner Stelle und Völker für dein Leben.

⁵Fürchte dich nicht, denn ich bin bei dir. Ich werde deine Kinder aus dem Osten holen und dich aus dem Westen sammeln.

⁶Zum Norden sage ich: ›Gib her!‹ Und zum Süden: ›Halte niemanden zurück!‹ Bring meine Söhne aus der Ferne, meine Töchter aus allen Winkeln der Erde – ⁷alle, die nach meinem Namen benannt sind, die ich zu meiner Ehre gemacht habe, die ich gebildet und erschaffen habe.«

… spricht der Herr: Alttestamentliche Poesie und Prophetie werden häufig von überraschenden Einwürfen Gottes unterbrochen. Es ist, als werden wir in diesen Momenten aufgefordert, stillzustehen und aufzupassen.

Du gehörst mir: Gott kümmert sich liebevoll um das ungehorsame Israel. Gott ist barmherzig und hilft zur Wiedergutmachung von geistlichem Versagen.

Lösegeld: Persien eroberte Ägypten, Kusch und Seba, ließ Juda aber frei.

aus dem Osten: Juda war in die Gefangenschaft nach Babylon verschleppt worden, doch Gott befreite das Volk und brachte es zurück.

 Hilfreiche Fragen und Stichwörter zum Text:

1. Zwei Mal fordert Gott das Volk Juda auf, sich nicht zu fürchten. Welche Begründung nennt Gott dafür?

2. Welche Gedanken aus diesem Abschnitt sind für Sie heute am bedeutsamsten?

- Gott hat uns erschaffen. (V. 1 und 7)
- Gott erlöst uns und holt uns aus Sünde und Verzweiflung. (V. 1, 5 und 6)
- Gott geht mit uns durch reißende Wasserfluten und befähigt uns dazu, durchs Feuer zu gehen, ohne verbrannt zu werden. (V. 2)
- Gott ist der Herr, unser Gott. (V. 3)
- Gott hat ein hohes Lösegeld für uns gezahlt. (V. 3 und 4)
- Gott betrachtet uns als kostbar und wertvoll. (V. 4)
- Gott liebt uns. (V. 4)
- Gott ist bei uns. (V. 5)
- Gott hat uns zu seiner eigenen Ehre erschaffen. (V. 7)

Lesen Sie den Abschnitt noch einmal laut. Betrachten Sie Vers 2-7 als etwas, das Gott Ihnen ganz besonders nahebringen will.

Nachdenken über die Einladung
Lesen Sie den Abschnitt noch einmal und stellen Sie sich folgende Fragen:

- Welches Wort oder welche Formulierung springt Ihnen ins Auge?
- Weshalb?

Weiterdenken
Vielleicht lädt Gott Sie in diesem Abschnitt ein, etwas Bestimmtes besser zu verstehen. Was könnte das sein? Lesen Sie den Text noch einmal und denken Sie dann in der Stille einige Minuten lang über die folgenden Fragen nach:

- Was hat dieser Abschnitt mit Ihrem Leben zu tun?
- Gibt es einen Gedanken, ein Gefühl oder eine Absicht, die Sie daraus mitnehmen sollen?

- Fordert Gott Sie auf, etwas zu sein, zu wissen, zu verstehen, zu fühlen oder sogar zu tun?

Seien Sie offen für die Stille und fühlen Sie sich nicht zu einer Antwort gedrängt.

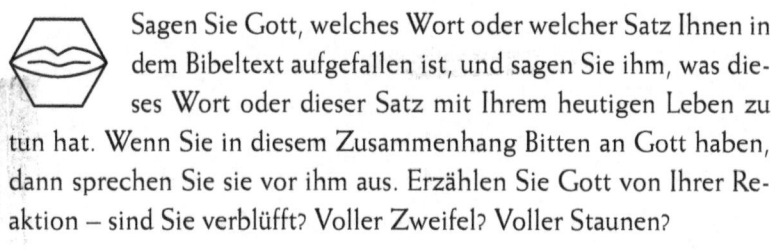 Sagen Sie Gott, welches Wort oder welcher Satz Ihnen in dem Bibeltext aufgefallen ist, und sagen Sie ihm, was dieses Wort oder dieser Satz mit Ihrem heutigen Leben zu tun hat. Wenn Sie in diesem Zusammenhang Bitten an Gott haben, dann sprechen Sie sie vor ihm aus. Erzählen Sie Gott von Ihrer Reaktion – sind Sie verblüfft? Voller Zweifel? Voller Staunen?

 Lassen Sie den Gedanken auf sich wirken, dass Sie zu jemandem gehören. Sie gehören zu dem Einen, der wirklich wichtig ist. Was ist das für ein Gefühl?

 Zu diesem Bibeltext wurden viele Lieder geschrieben. Suchen Sie sich eines davon aus, das in Ihnen »eine Saite zum Schwingen bringt«.

Gottes Erbarmen mit den Rebellen

Lukas 15,11-24

 Kommen Sie ganz zu sich, indem Sie langsam ein- und ausatmen. Entspannen Sie Ihren Nacken und atmen Sie nochmals aus. Lassen Sie die Schultern locker.

Wenn Sie möchten, denken Sie über einen Satz nach, den ich einmal auf einer Kaffeetasse gelesen habe: »Gott ist verrückt nach dir – und du kannst nichts dagegen tun.« Erst fand ich den Spruch etwas leichtfertig. Doch schon einen Tag später fing ich an, ihn mir selbst zuzusprechen, denn ich bin überzeugt davon, dass die meisten Menschen das eigentlich nicht glauben.

Wie wirkt dieser Satz auf Sie? Wie wahrscheinlich ist es, dass Gott verrückt nach Ihnen ist und Sie nicht nur einfach toleriert?

 Lesen Sie den Abschnitt still für sich selbst durch. Lesen Sie dann die darunterstehenden Anmerkungen zu den wichtigsten Wörtern und Formulierungen. Überlegen Sie, welchen Einfluss diese Details darauf haben, wie Sie die Geschichte verstehen. Lesen Sie sich nun den Abschnitt langsam laut vor. Nehmen Sie sich Zeit, die Worte an Ihre Ohren dringen zu lassen.

¹¹Und Jesus erzählte ihnen auch folgendes Gleichnis: »Ein Mann hatte zwei Söhne. ¹²Der jüngere Sohn sagte zu seinem Vater: ›Ich möchte mein Erbteil von deinem Besitz schon jetzt haben.‹ Da erklärte der Vater sich bereit, seinen Besitz zwischen seinen Söhnen aufzuteilen.

¹³Einige Tage später packte der jüngere Sohn seine Sachen und ging auf Reisen in ein fernes Land, wo er sein ganzes Geld verprasste. ¹⁴Etwa um die Zeit, als ihm das Geld ausging, brach in jenem Land eine große Hungersnot aus, und er hatte nicht genug zu essen. ¹⁵Da überredete er einen Bauern, ihm Arbeit zu geben, und er durfte seine Schweine hüten. ¹⁶Der junge Mann war so hungrig, dass er die Schoten, die er an die Schweine verfütterte, am liebsten selbst gegessen hätte. Aber niemand gab ihm etwas.

¹⁷Schließlich überlegte er und sagte sich: ›Daheim haben die Tagelöhner mehr als genug zu essen, und ich sterbe hier vor Hunger! ¹⁸Ich will zu meinem Vater nach Hause gehen und sagen: Vater, ich habe gesündigt, gegen den Himmel und auch gegen dich, ¹⁹und ich bin es nicht mehr wert, dein Sohn zu heißen. Bitte stell mich als einen deiner Tagelöhner ein.‹ ²⁰So kehrte er zu seinem Vater nach Hause zurück.

Er war noch weit entfernt, als sein Vater ihn kommen sah. Voller Liebe und Mitleid lief er seinem Sohn entgegen, schloss ihn in die Arme und küsste ihn.

²¹Sein Sohn sagte zu ihm: ›Vater, ich habe gesündigt, gegen den Himmel und auch gegen dich, und bin es nicht mehr wert, dein Sohn zu heißen.‹

²²Aber sein Vater sagte zu den Dienern: ›Schnell! Bringt die besten Kleider im Haus und zieht sie ihm an. Holt einen Ring für seinen Finger und Sandalen für seine Füße. ²³Und schlachtet das Kalb, das wir im Stall gemästet haben, ²⁴denn mein Sohn hier war tot und ist ins Leben zurückgekehrt. Er war verloren, aber nun ist er wiedergefunden.‹ Und ein Freudenfest begann.«

Ich möchte mein Erbteil von deinem Besitz schon jetzt haben: Es war, als hätte der Sohn gesagt: »Tun wir mal so, als wärst du tot. Ich nehme meine Hälfte schon jetzt.« Dieses respektlose Verhalten muss ein Schock für Jesu Zuhörer gewesen sein, vielleicht sogar eine Verfehlung, auf die eine Steinigung stand. Die Eltern zu schlagen oder zu verfluchen, zog die Todesstrafe nach sich (vgl. 2. Mose 21,15.17). Ein starrsinniges oder rebellisches Kind konnte gesteinigt werden (vgl. 5. Mose 21,18–21).

Schweine hüten (oder »füttern«): Wenn der junge Mann Schweine fütterte und möglicherweise auch Schweinefutter aß, lebte er nicht als frommer Jude, denn Schweine waren in der jüdischen Kultur unreine Tiere (vgl. 5. Mose 14,8–10). Damit war er gesellschaftlich ausgestoßen. Die jüdische Gemeinschaft hätte ihn gemieden.

lief (oder »rannte«) er seinem Sohn entgegen: Bailey erklärt hierzu: Ein erwachsener orientalischer Mann rannte nicht in aller Öffentlichkeit, wenn er nicht Schande über sich bringen wollte. Der Vater setzte sich der öffentlichen Herabwürdigung aus.[13]

Kleider, Ring, Sandalen, Freudenfest: Der Vater gab dem Sohn, was er brauchte: Ehre (Kleider und Sandalen), Vollmacht (den Siegelring) und ein Freudenfest (das gemästete Kalb wird geschlachtet).

 Hilfreiche Fragen und Stichwörter, um in die Geschichte einzusteigen:

1. Was am Verhalten des Vaters fasziniert Sie am meisten?
- dass er sich nicht weigerte, dem Sohn seine Bitte zu erfüllen
- dass die Abwesenheit seines Sohnes ihm so sehr auffiel, dass er ihn bei seiner Rückkehr schon von Weitem erspähte
- dass er das Wort ergriff, bevor der Sohn beichten konnte, was er falsch gemacht hatte
- dass er seinem heimkehrenden Sohn Ehre und Vollmacht verlieh, nachdem der Sohn bewiesen hatte, dass er beides nicht verdiente
- Etwas anderes:

_____

_____

2. Mit welchem Wort würden Sie das Verhalten des Vaters beschreiben? Selbstlos? Eifrig? Verschwenderisch?

3. **Mäuschen spielen**
   Stellen Sie sich die Kleidung vor. Als der junge Mann sich auf den Heimweg machte, trug er wahrscheinlich ein zerschlissenes, grobes Gewand, wie es Schweinehirten üblicherweise trugen. Sein Vater bot ihm mehr als nur den üblichen äußeren Mantel an: Er kleidete ihn in eine lange, fließende, aufwendig gearbeitetes Robe – so, wie auch die Bewohner des Himmels sie tragen werden (vgl. Offenbarung 6,11).[14]

Nachdenken über die Einladung
Lesen Sie den Abschnitt noch einmal laut. Stellen Sie sich die Szene vor. Hören Sie die Worte deutlich in Gedanken.

* Wie entwickelt sich die Handlung? Was sehen Sie?
* Welcher Augenblick in der Geschichte, welches Wort oder welcher Satz fällt Ihnen auf?
* Welche Gedanken und Gefühle ruft das in Ihnen hervor?
* Warum? Welche Bedeutung könnte das für Sie haben?

Weiterdenken
* Lädt Gott Sie vielleicht ein, das Bild zu überdenken, das Sie von ihm haben? Oder von sich selbst? Oder davon, wie eine Beziehung zu Gott aussieht?
* Gibt es einen Gedanken, ein Gefühl oder eine Absicht, die Sie daraus mitnehmen sollen?

Seien Sie offen für die Stille und fühlen Sie sich nicht zu einer Antwort gedrängt.

 Nehmen Sie sich einige Minuten Zeit, um Gott im Gebet darauf zu antworten. Was möchten Sie ihm über Ihre Beobachtungen unbedingt sagen?

Vielleicht sollten Sie Ihr Gebet auch aufschreiben, um Ihre Gedanken so klar wie möglich zu formulieren.

 Denken Sie noch einmal daran, wie aufgeregt der Vater die Straße entlangrannte, um seinen Sohn in die Arme zu schließen. Spüren Sie nach, wie darin Gottes Freude darüber, wieder mit Ihnen vereint zu sein, zum Ausdruck kommt. Ruhen Sie in diesem Gedanken und den Gefühlen, die damit einhergehen.

 Denken Sie über den Satz nach, den ich weiter oben schon einmal erwähnt habe: »Gott ist verrückt nach dir – und du kannst nichts dagegen tun.« Bitten Sie Gott, Ihnen einen oder zwei Menschen zu zeigen, denen dieser Satz guttun würde. Wenn Sie möchten, sagen Sie es ihnen.

Gottes Erbarmen mit den Angepassten

Lukas 15,25-32

 Atmen Sie einige Male tief ein und aus. Lassen Sie alle Ablenkungen hinter sich. Bringen Sie Ihre Gedanken zum Schweigen und öffnen Sie sich für Gott.

Wenn Sie möchten, nutzen Sie die folgende kleine Übung als Konzentrationshilfe: »Stellen Sie sich vor, Gott denkt an Sie. Was empfindet er Ihrer Meinung nach dabei?«[15]

 Lesen Sie den Abschnitt still für sich selbst durch. Lesen Sie dann die darunterstehenden Anmerkungen zu den wichtigsten Wörtern und Formulierungen. Überlegen Sie, welchen Einfluss diese Details darauf haben, wie Sie die Geschichte verstehen. Lesen Sie sich nun den Abschnitt langsam laut vor. Nehmen Sie sich Zeit, die Worte an Ihre Ohren dringen zu lassen.

Lukas 15,25-32

[25]**Währenddessen war der ältere Sohn draußen auf den Feldern und arbeitete. Als er heimkam, hörte er Musik und Tanz im Haus** [26]**und fragte einen der Diener, was da los sei.** [27]»**Dein Bruder ist wieder da**«**, erfuhr er,** »**und**

dein Vater hat das Kalb geschlachtet, das wir gemästet hatten, und gibt nun ein großes Fest. Wir feiern, dass er wohlbehalten zurückgekehrt ist.«

[28]Da wurde der ältere Bruder zornig und wollte nicht ins Haus gehen. Sein Vater kam heraus und redete ihm zu, [29]aber er sagte: »All die Jahre habe ich schwer für dich gearbeitet und dir nicht ein einziges Mal widersprochen, wenn du mir etwas aufgetragen hast. Und in dieser ganzen Zeit hast du mir nicht einmal eine junge Ziege gegeben, um mit meinen Freunden ein Fest zu feiern. [30]Doch jetzt, wenn dein Sohn daherkommt, nachdem er dein Geld mit Huren durchgebracht hat, feierst du und schlachtest unser bestes Kalb.«

[31]Sein Vater sagte zu ihm: »Sieh, mein lieber Sohn, du und ich, wir stehen uns sehr nahe, und alles, was ich habe, gehört dir. [32]Wir mussten diesen Freudentag feiern, denn dein Bruder war tot und ist ins Leben zurückgekehrt! Er war verloren, aber jetzt ist er wiedergefunden!«

---

der ältere Bruder: Der ältere Bruder reagiert auf die Nachricht, dass sein rebellischer jüngerer Bruder nach Hause zurückgekehrt ist und mit Akzeptanz und sogar Ehre willkommen geheißen wird.

Sein Vater kam heraus und redete ihm zu: Auch hier tut der Vater wieder etwas, das eigentlich unter seiner Würde ist, so wie zuvor, als er seinem jüngeren, abtrünnigen Sohn entgegenrannte. Hier kommt er aus dem Haus und geht auch zu seinem älteren Sohn.

Schwer arbeiten (»wie ein Sklave arbeiten«): Gemeint ist schwere Arbeit ganz ohne oder mit nur wenig Lohn und ohne persönliche oder verwandtschaftliche Beziehung zum Dienstherrn.

dein Sohn: Der ältere Sohn wertet die Beziehung zu seinem Bruder ab und bringt den Problemsohn nur mit dem Vater in Verbindung.

dein Bruder: Der Vater erinnert den älteren Sohn an seine Beziehung zu seinem jüngeren Bruder.

 Hilfreiche Fragen und Stichwörter,
um in die Geschichte einzusteigen:

1. Der ältere Sohn hat das Entscheidende nicht begriffen. Obwohl er seinem Vater gehorchte und das Richtige tat, war sein Verhältnis zu ihm wie zu einem Sklavenhalter und nicht wie zu einem Vater. Obwohl der jüngere Sohn den Besitz des Vaters vergeudete, vergeudete der ältere Sohn die Gegenwart des Vaters und betrachtete sich selbst als Sklave. Dem Älteren entging die Gemeinschaft mit seinem Vater: »Ich weiß, du bist immer bei mir!« Aber auch die Freude an der Verantwortung, das Land zu bewirtschaften und als Nachfolger seines Vaters herangezogen zu werden: »Ich weiß, alles, was ich habe, gehört dir!«

2. Gegenüber Gott tun Menschen oft das Gleiche: Sie konzentrieren sich auf äußerliches Verhalten, und dabei entgeht ihnen die tägliche Abhängigkeit von der Hand Gottes in einem Leben mit Gott.[16] Worin unterscheidet sich ein Leben mit Gott von unserer normalen, alltäglichen Existenz?

3. Achten Sie einmal darauf, wie einladend der Vater ist. Er kommt aus dem Haus und redet seinem Sohn zu, statt zu verlangen, dass der Sohn zu ihm kommt. Was sagt Ihnen das über Gott?

4. In welcher Situation haben Sie es nötig, dass Gott zu Ihnen sagt: »Du und ich, wir stehen uns sehr nahe, und alles, was ich habe, gehört dir«?

5. **Mäuschen spielen**
Stellen Sie sich vor, wie der Vater hinausgeht und seinem Sohn zuredet. Wieder gibt der Vater seinem Sohn nach statt umgekehrt. »Alle Grenzen patriarchalischen Verhaltens werden durchbrochen. Dies ist kein Bild eines bemerkenswerten Vaters. Dies ist die Darstellung Gottes, dessen Güte, Liebe, Vergebung, Fürsorge und Erbarmen keinerlei Grenzen haben.«[17] Welchen Gesichtsausdruck hatte der Vater wohl, als er aus dem Haus kam und seinem Sohn zuredete?

Nachdenken über die Einladung

Lesen Sie den Abschnitt noch einmal. Stellen Sie sich die Szene bildlich vor. Lauschen Sie den Worten und stellen Sie sich folgende Fragen:

- Die Szene entfaltet sich vor Ihren Augen. Was sehen Sie?
- Welcher Augenblick in der Geschichte, welches Wort oder welche Formulierung springt Ihnen ins Auge? Welche Gedanken und Gefühle löst das bei Ihnen aus?
- Warum? Was könnte das für Sie bedeuten?

Weiterdenken

- Was hat dieser Abschnitt mit Ihrem Leben zu tun?
- Gibt es einen Gedanken, ein Gefühl oder eine Absicht, die Sie daraus mitnehmen sollen?
- Fordert Gott Sie auf, etwas zu sein, zu wissen, zu verstehen, zu fühlen oder sogar zu tun?

Seien Sie offen für die Stille und fühlen Sie sich nicht zu einer Antwort gedrängt.

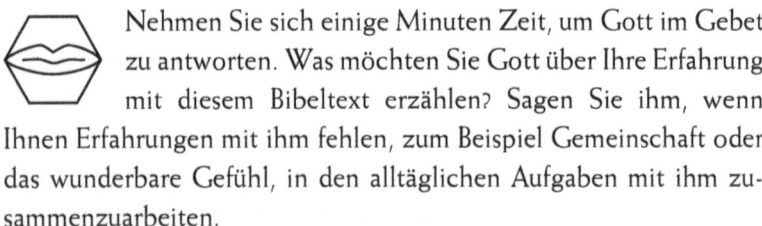 Nehmen Sie sich einige Minuten Zeit, um Gott im Gebet zu antworten. Was möchten Sie Gott über Ihre Erfahrung mit diesem Bibeltext erzählen? Sagen Sie ihm, wenn Ihnen Erfahrungen mit ihm fehlen, zum Beispiel Gemeinschaft oder das wunderbare Gefühl, in den alltäglichen Aufgaben mit ihm zusammenzuarbeiten.

Vielleicht möchten Sie ihm auch Fragen stellen. Es kann allerdings sein, dass Sie die Antworten darauf durch die Gruppe erhalten oder erst später in der Woche. Vielleicht möchten Sie Ihr Gebet auch aufschreiben. Das ist manchmal hilfreich, damit die Gedanken nicht abschweifen.

 Lassen Sie auf sich wirken, was Ihnen in diesem Text aufgefallen ist, und überlegen Sie: Wie empfinden Sie Gott oder sein Handeln in diesem Abschnitt? Was erfahren Sie dadurch über Gott?

Nehmen Sie sich einige Minuten Zeit, um die Gedanken, die Ihnen gekommen sind, auf sich wirken zu lassen. Das kann sich in Lobpreis ausdrücken oder einfach im Ruhen in Gottes Gegenwart.

 Achten Sie auf die Momente, in denen Sie einfach nur mechanisch durchs Leben gehen. Halten Sie inne und stellen Sie sich vor, dass Gott zu Ihnen sagt, was der Vater zum älteren Sohn gesagt hat: »Du und ich, wir stehen uns sehr nahe, und alles, was ich habe, gehört dir.«

Der Unterschied zwischen Meditation und Anwendung

Die Bibel anzuwenden heißt, sich die Frage zu stellen: Wie sieht mein Verhalten oder Denken gemessen an den Prinzipien dieses Textes aus? Obwohl das eine ausgezeichnete Frage ist, besteht unsere Antwort oft darin, einige unserer Schwächen zu nennen, auf die andere uns aufmerksam gemacht haben. Wenn wir offener für den Heiligen Geist sind, kann es sein, dass Gott uns einen neuen Gedanken oder positive Zusicherungen eingibt, die genau auf unsere Situation passen.

Bibelmeditation ähnelt der Anwendung insofern, dass man sich fragt: Wo berührt dieser Text mein Leben? Jedoch müssen wir uns bei der Bibelmeditation nicht selbst überlegen, wie der Bibeltext auf unser Leben anzuwenden ist. Stattdessen warten wir auf einen Eindruck darüber, was Gott uns durch sein Wort sagen möchte. Mit anderen Worten: Nicht wir ergreifen die Initiative, sondern Gott. Und es geht auch nicht immer um Korrektur. Oft geht es einfach um eine Zusicherung wie zum Beispiel »Ich bin geliebt«.

Es kann sein, dass wir nicht sofort Antworten bekommen, doch der Prozess der *lectio divina* macht uns offen für ein fortwährendes Zwiegespräch mit Gott den ganzen Tag über. Dadurch erhalten wir die gewünschten Antworten vielleicht an ganz unerwarteter Stelle. Anwendung ist also Analyse, nicht Nachsinnen. Sich eine Anwendungsmöglichkeit zu überlegen, ist eine hilfreiche Übung für die linke Gehirnhälfte, bei der man Verbindungen zwischen den Prinzipien des Bibeltextes und dem eigenen Leben sucht. Meditation ist mehr etwas für die rechte Gehirnhälfte und sehr intuitiv. Wir lassen los und hören auf das, was Gott uns mitteilen möchte.

Daher ist auch die Wirkung der Meditation eine andere. Statt uns unter Druck gesetzt zu fühlen, unser Verhalten zu ändern, lassen wir uns vom Heiligen Geist zu einem nächsten Schritt einladen. Während »Anwendung« oft als Zwang empfunden werden kann (»Im Text heißt es XYZ, also sollte ich XYZ tun«), ist Meditation eine

Einladung (»Siehst du, wie Jesus sich bei XYZ verhalten hat? Versuch es doch auch einmal.«)

Weil Veränderung sowohl eine natürliche Entwicklung als auch ein bewusstes Erlernen ist, erlaubt uns die Meditation, den Heiligen Geist durch die Worte der Heiligen Schrift »ganz nebenbei« an uns wirken zu lassen. Meditation führt so zu einer Charakterveränderung, die nicht erzwungen ist und gelegentlich auch ungeplant erscheint. Stattdessen ist sie ganz natürlich.

Bibelmeditation geht viel tiefer als eine einfache Anwendung. Sie macht uns offen dafür, uns vom Heiligen Geist ganz auseinandernehmen und in der Anwesenheit Gottes durch sein Wort neu gestalten zu lassen.

Teil 2

Wer bin ich und wo ist mein Platz?

Beschenkt mit allem Segen

Epheser 1,3-14

 Kommen Sie ganz zu sich, indem Sie ruhig ein- und ausatmen. Lockern Sie Ihren Nacken und nehmen Sie sich Zeit, auch alle anderen Muskeln zu entspannen. Wenn Sie eine Konzentrationshilfe brauchen, denken Sie an eine Situation, in der Sie unter vielen ausgesucht wurden, um etwas zu tun, das Sie sich gewünscht haben. Vielleicht wurden Sie für eine bestimmte Aufgabe ausgewählt oder etwas, das Sie getan hatten, wurde bemerkt und anerkannt. Was war es? Wie haben Sie sich dabei gefühlt?

 Lesen Sie den Abschnitt still für sich selbst durch. Lesen Sie dann die darunterstehenden Anmerkungen zu den wichtigsten Wörtern und Formulierungen. Überlegen Sie, welchen Einfluss diese Details darauf haben, wie Sie die Geschichte verstehen. Lesen Sie sich nun den Abschnitt langsam laut vor. Nehmen Sie sich Zeit, die Worte an Ihre Ohren dringen zu lassen.

Epheser 1,3-14

[3]Wir loben Gott, den Vater von Jesus Christus, unserem Herrn, der uns durch Christus mit dem geistlichen Segen in der himmlischen Welt reich beschenkt hat. [4]Schon vor Erschaffung der Welt hat Gott uns aus Liebe dazu be-

stimmt, vor ihm heilig zu sein und befreit von Schuld. [5]Von Anfang an war es sein unveränderlicher Plan, uns durch Jesus Christus als seine Kinder aufzunehmen, und an diesem Beschluss hatte er viel Freude. [6]Deshalb loben wir Gott für die herrliche Gnade, mit der er uns durch Jesus Christus so reich beschenkt hat.

[7]Seine Gnade ist so groß, dass er unsere Freiheit mit dem Blut seines Sohnes erkauft hat, sodass uns unsere Sünden vergeben sind. [8]Er hat uns mit Gnade überhäuft und uns Weisheit und Erkenntnis gegeben. [9]So hat Gott uns nun seinen Willen erkennen lassen, der lange verborgen war, und uns seinen Plan mit Christus offenbart. [10]Gott beschloss, wenn die Zeit dafür gekommen ist, alles im Himmel und auf der Erde der Vollmacht von Christus zu unterstellen.

[11]Darüber hinaus haben wir durch Christus ein göttliches Erbe empfangen, denn Gott hat uns von Anfang an erwählt, wie er es mit seinem Willen beschlossen hatte. [12]Wir, die wir als Erste auf Christus gehofft haben, sollen mit unserem Leben Gottes Herrlichkeit loben.

[13]Und nun habt auch ihr die Wahrheit gehört, die gute Botschaft, dass Gott euch rettet. Ihr habt an Christus geglaubt, und er hat euch mit dem Siegel seines Heiligen Geistes, den er vor langer Zeit zugesagt hat, als sein Eigentum bestätigt. [14]Der Heilige Geist ist die Garantie dafür, dass er uns alles geben wird, was er uns versprochen hat, und dass wir sein Eigentum sind – zum Lob seiner Herrlichkeit.

---

heilig: besonders, ausgesondert

als seine Kinder aufzunehmen: Menschen, die vorher nicht miteinander verwandt waren, werden zu engen Verwandten gemacht.

Gnade: Gunst, Befähigung

Gottes Herrlichkeit: Gottes überwältigende Güte, Schönheit, Macht und Kraft

die gute Botschaft, das Gott euch rettet: Jesus Christus hat durch sein Leben, seinen Tod und seine Auferstehung das Reich Gottes in vollem Maß in die Welt gebracht.

dem Siegel seines Heiligen Geistes: ein Zeichen dafür, dass wir wirklich und wahrhaftig zu Gott gehören

Hilfreiche Fragen und Stichwörter zum Text:

1. Welchen der folgenden Gedanken aus dem Bibeltext würden Sie gern tiefer verinnerlichen?
- Gott überschüttet uns mit allem Segen.
- Noch vor Grundlegung der Welt hat Gott an jeden von uns gedacht und war der Meinung, dass wir eine gute Idee sind – und deshalb hat er uns erschaffen (V. 4)!
- Gott beschenkt uns mit Segen, weil es ihm so gefiel und »weil es ihm Freude machte so, wie er es wollte« [18] (V. 5 und 9).
- Andere Gedanken:

_____

_____

2. Welche der folgenden Segnungen hat für Sie die größte Wirkung?

- Gott hat jeden von uns erwählt und denkt über uns nach, auch darüber, wie wir zu wirklich guten Menschen werden können, an denen er Freude hat (V. 4 und 11).
- Gott betrachtet jeden von uns als angenommenes Kind, nicht als Fremden oder kaum bekannten Gast. Wir gehören zu Gottes Familie (V. 5).
- Gott schenkt uns wunderbare Gnade (Gunst und Befähigung) durch seinen geliebten Sohn (V. 6).
- Gott überschüttet uns mit Vergebung und Rettung von den Sünden, die uns quälen (V. 7-8).
- Gott offenbart uns das Geheimnis seines Willens[19] mit Weisheit und Einsicht (V. 8-9).
- All das geschieht in ihm (Jesus Christus) und durch ihn (V. 5), damit wir schon jetzt und hier Gemeinschaft mit Gott haben können.

• Andere Gedanken:

_____

_____

3. Wir sind Teil von Gottes Plan für das gesamte Universum. Er
   will mit uns seine geliebte Gemeinschaft aufbauen, in der Gottes mächtige persönliche Gegenwart und seine Gnade erlebbar
   ist. Himmel und Erde werden miteinander verbunden sein, sodass
   Gott bei uns Menschen wohnen wird, in einem Leben ohne Tränen (Offenbarung 21,1-4). Gott wartet nicht darauf, dass wir uns
   dieses Ziel verdienen oder es selbst aufbauen. Gott ergreift die
   Initiative. Er spricht die Einladung aus und befähigt uns, uns an
   seinem Plan zu beteiligen. Welche Gefühle löst diese Wahrheit
   bei Ihnen aus?

• Staunen darüber, zu etwas so Enormem zu gehören
• Freude darüber, dass das Leben kein Zufall ist
• Freude, dass das Universum kein Zufall ist
• Neugierde, wie ein solcher zukünftiger Lebensort sein wird
• Lust, eine solche von Liebe geprägte Gemeinschaft zu erleben
• Andere Gefühle:

_____

_____

4. Was sagt Ihnen dieser Abschnitt darüber, wie Gott ist (Gottes
   Pläne, seine Freude, sein Umgang mit der Menschheit)?

Nachdenken über die Einladung
Vielleicht lädt Gott Sie mit diesem Abschnitt ein, etwas besser zu
verstehen. Was könnte das sein? Lesen Sie den Abschnitt noch ein-

mal und denken Sie dann in der Stille einige Minuten lang über die folgenden Fragen nach:

- Welches Wort, welcher Satz oder welcher Gedanke fällt Ihnen auf?
- Weshalb?
- Weiterdenken. Vielleicht lesen Sie den Text noch einmal. Überlegen Sie dann:
- Was hat dieser Abschnitt mit Ihrem Leben zu tun?
- Lädt Gott Sie dazu ein, über etwas nachzudenken oder sogar von etwas zu träumen? Welche Möglichkeiten könnte Gott Ihnen anbieten?
- Welche Gefühle löst dieser Abschnitt in Ihnen aus?

Seien Sie offen für die Stille und fühlen Sie sich nicht zu einer Antwort gedrängt.

 Nehmen Sie sich einige Minuten Zeit, um Gott im Gebet auf das zu antworten, was Ihnen in diesem Text aufgefallen ist. Vielleicht möchten Sie Gott ja für diese Einladung und eine Zukunft voller Möglichkeiten danken!

Sie können Gott auch Fragen stellen, auf die Sie vielleicht später Antworten erhalten werden. Wenn Sie möchten, schreiben Sie Ihr Gebet auf. Manchmal hilft das, damit die Gedanken nicht abschweifen.

 Stellen Sie sich vor, dass aller geistlicher Segen die Luft erfüllt, die Sie umgibt. Atmen Sie diese gute Luft ein und überlegen Sie, wie es wäre, in einer solchen Atmosphäre zu leben und sich darin zu bewegen. Oder überlegen Sie: Wie wirkt Gott oder sein Handeln in diesem Abschnitt auf Sie?

 Denken Sie später am heutigen Tag oder morgen über eine Aufgabe nach, die vor Ihnen liegt. Erinnern Sie sich daran, dass Sie von Gott auserwählt, gestaltet und befähigt sind. Sieht Ihre Aufgabe in diesem Licht anders aus?

Ein Mensch, in dem Christus wohnt

Epheser 2,13–22

 Kommen Sie ganz zu sich, indem Sie ruhig ein- und aus-
atmen. Lockern Sie Ihren Nacken und nehmen Sie sich
Zeit, auch alle anderen Muskeln zu entspannen.
Denken Sie über folgende Frage nach: Angenommen, Sie sagen, je-
mand »lebt in Ihnen fort« (Eltern, Großeltern oder ein verstorbener
Mentor), was würden Sie damit meinen?

 Lesen Sie den Abschnitt still für sich selbst durch. Lesen
Sie dann die darunterstehenden Anmerkungen zu den
wichtigsten Wörtern und Formulierungen. Überlegen
Sie, welchen Einfluss diese Details darauf haben, wie Sie die Geschichte verstehen. Lesen Sie sich nun den Abschnitt langsam laut
vor. Nehmen Sie sich Zeit, die Worte an Ihre Ohren dringen zu
lassen.

Epheser 2,13–22

¹³Aber nun gehört ihr Christus Jesus. Ihr wart fern von
Gott, doch nun seid ihr ihm nahe durch das Blut seines
Sohnes.

[14]Denn Christus selbst brachte Frieden zwischen den Juden und den Menschen aus allen anderen Völkern, indem er uns zu einem einzigen Volk vereinte. Er hat die Mauer der Feindschaft, die uns früher trennte, niedergerissen. Durch seinen Tod [15]hat er dem Gesetz mit seinen Geboten und Verordnungen ein Ende bereitet und dadurch Frieden gestiftet, indem er beide in sich zu einem einzigen neuen Menschen schuf. [16]Er hat sie in einem Leib vereint und durch das Kreuz mit Gott versöhnt, sodass die Feindschaft ein Ende fand. [17]Er ist gekommen und brachte die Botschaft des Friedens euch, die ihr fern von ihm wart, und den Juden, die ihm nahe waren. [18]Durch das, was Christus für uns getan hat, können wir jetzt alle, ob wir Juden sind oder nicht, in einem Geist zum Vater kommen.

[19]Deshalb seid ihr nicht länger Fremde und ohne Bürgerrecht, sondern ihr gehört zu den Gläubigen, zu Gottes Familie. [20]Wir sind sein Haus, das auf dem Fundament der Apostel und Propheten erbaut ist mit Christus Jesus selbst als Eckstein. [21]Dieser Eckstein fügt den ganzen Bau zu einem heiligen Tempel für den Herrn zusammen. [22]Durch Christus, den Eckstein, werdet auch ihr eingefügt und zu einer Wohnung, in der Gott durch seinen Geist lebt.

Frieden: In Gottes Güte ruhen[20] – das Wort »Frieden« taucht in diesem Abschnitt fünf Mal auf (V. 14, 15, 17).

... indem er uns zu einem Volk vereinte: Juden und Nichtjuden wurden in Christus zu einer Gruppe, in der Gemeinde vereinigt durch den Heiligen Geist.

er (oder »in sich«): in Christus; andere Formulierungen, die unsere Einheit mit Christus zum Ausdruck bringen, sind »in Christus Jesus«, »in ihm selbst«, »durch ihn«, »mit Christus Jesus«, »in ihm«, »dank Jesus Christus«.

Tempel: ein Ort, an dem Gott wohnt.

1. Die geliebte Gemeinschaft: Zwei Gruppen, die miteinander verbunden werden

Unterstreichen Sie alle Formulierungen in diesem Abschnitt, die etwas damit zu tun haben, dass zwei Gruppen von Menschen zu einer werden. Welche Merkmale einer Familie möchten Sie gern bei Gott finden?

- Zugehörigkeit
- den eigenen »Stamm« finden
- gesichert sein und wissen, dass man nirgendwo verloren geht oder vergessen wird
- Familienmitglieder haben, denen man ähnlich sein und mit denen man Zeit verbringen möchte
- Etwas anderes:

_____

_____

2. Historischer und kultureller Hintergrund

Ein Tempel ist ein Ort, an dem Gott wohnt (vgl. 1. Korinther 6,19).[21] N.T. Wright betont, dass der jüdische Tempel der Ort war, an dem sich Himmel und Erde berühren. Himmel und Erde sind nicht durch eine große Kluft getrennt. Vielmehr überlappen und verzahnen sie sich, sodass Gott seine Gegenwart in der irdischen Sphäre wissen, sehen und hören lässt.[22] Somit ist jeder Moment ein heiliger Moment, wenn Himmel und Erde sich in uns berühren. Wir sind lebendige Tempel. Wenn uns ein Kellner im Restaurant bedient, wenn ein Freund anruft, wenn jemand unsere E-Mail erhält – immer begegnen sie einem lebendigen Tempel. Das sind wir, und das sollen wir sein. Zusammen als Leib Christi bilden wir einen Tempel: einen Ort, an dem Gott wohnt. Wie geht es Ihnen mit dem Gedanken, dass Sie ein lebendiger Tempel sind?

- Ich fühle mich geehrt.
- Ich bin skeptisch.
- Ich bin überwältigt.
- Etwas anderes:

---

3. Was für ein Gott sollte in und unter Menschen wohnen wollen? Was sagt das über Gott aus?

4. **Biblische Parallelen: Gottes Familie**
   Nachfolger Jesu sind Mitbürger von Gottes Königreich und Mitglieder von Gottes Haushalt – Familie der Gläubigen, die Kinder Gottes (vgl. Galater 6,10; 1. Petrus 2,17; 1. Johannes 3,1). Diese Familie aufzubauen, ist ein Werk des dreieinigen Gottes; es wirken:

- Gott, der Vater (V. 16, 19, 22)
- Christus, der Sohn (V. 13, 14, 17, 18, 20, 21, 22)
- der Heilige Geist (V. 18, 22).

Nachdenken über die Einladung
Lesen Sie den Abschnitt noch einmal und stellen Sie sich folgende Fragen:

- Welches Wort oder welche Formulierung springt Ihnen ins Auge?
- Weshalb?

Weiterdenken

Vielleicht möchten Sie den Abschnitt noch einmal lesen. Überlegen Sie dann:

- Was hat dieser Abschnitt mit Ihrem Leben zu tun?
- Gibt es einen Gedanken, ein Gefühl oder eine Absicht, die Sie daraus mitnehmen sollen?
- Fordert Gott Sie auf, etwas zu sein, zu wissen, zu verstehen, zu fühlen oder sogar zu tun?

Seien Sie offen für die Stille und fühlen Sie sich nicht zu einer Antwort gedrängt.

 Was möchten Sie Jesus über Ihre Zugehörigkeit zu Gottes Familie oder über Ihr »in Christus Sein« sagen?

 Kontemplation kommt von dem lateinischen Wort *contemplationem*. *Con* bedeutet mit, *templum* ist das lateinische Wort für Tempel. Nehmen Sie sich einige Minuten Zeit, um einfach bei Gott zu sein und zu genießen, dass Sie ein Mensch sind, in dem Gott wohnt. Öffnen Sie sich dafür, einfach bei Gott zu sein und in ihm zu ruhen.

 Überlegen Sie, wie Sie mit anderen Menschen in Gottes geliebter Gemeinschaft umgehen. Wirken sie im Licht dieses Textes anders auf Sie? Wie könnten Sie den Gedanken weiterführen, dass die Nachfolger Jesu zu dieser Gemeinschaft gehören?

Geheiligte Fantasie

Die Hälfte der Übungen in diesem Buch drehen sich um erzählende Texte und laden Sie ein, in die Geschichte einzusteigen, indem Sie sich den Rahmen und die Handlungen des Abschnitts vorstellen und dann beobachten, wie die Ereignisse sich entfalten. Sie »spielen Mäuschen« und sehen, wie sich alles abspielt. Die Fragen und Stichwörter helfen Ihnen, sich zu fragen: Was hätte ich gesehen, gehört, geschmeckt, berührt oder gerochen, wenn ich dabei gewesen wäre?

Dieser Ansatz funktioniert in unserer Zeit gut, weil wir es gewohnt sind, Filme zu schauen. Wir lesen den Text und stellen ihn uns als Film vor. Wenn in einer der Meditationen eine Szene mit Jesus vorkommt, ist die Aufgabe, sich anhand von Jesu Worten seinen Gesichtsausdruck vorzustellen. Vielleicht identifizieren Sie sich sogar mit der Person, mit der Jesus spricht. Wenn das geschieht, lassen Sie sich von Jesus in die Augen schauen und ihn mit Ihnen reden wie mit der Person im Text. Es geht nicht darum, Jesus irgendwelche unbegründeten Gefühle oder Gesichtsausdrücke zu unterstellen, denn die Meditationen beziehen ihre Anregungen hauptsächlich aus dem Bibeltext. Darum ist es so wichtig, sich mit einzelnen Wörtern und Paralleltexten auseinanderzusetzen. Der Prozess bleibt immer bibelzentriert und vom Heiligen Geist geführt. Wir stellen uns Jesu Gesichtsausdruck seinem Charakter entsprechend vor; nämlich, dass er als Gott Liebe ist und die Wahrheit in Liebe sagt. Darum fühlen wir uns direkt von Jesus angesprochen.

Vielleicht wenden Sie nun ein, dass Sie keine rege Fantasie haben, doch in Wahrheit gebraucht jeder von uns seine Fantasie intensiv und häufig. Wann und wozu? Wenn wir uns Sorgen machen! Unsere Fantasie kann zum Schlechten eingesetzt werden, doch sie kann auch geheiligt werden und uns in unserem Glaubensleben helfen. Wenn die Juden das Passahfest feierten, stellten sie die ursprünglichen Schauplätze und Handlungen nach. Zum Beispiel trugen sie Reisekleider und aßen Gerichte wie beim ersten Passahfest. Wenn

Jesus Gleichnisse erzählte, forderte er seine Zuhörer auf, sich bestimmte Szenen vorzustellen, die er sich ausdachte.

Damit erneuert die Bibelmeditation auch unsere Fantasie, wenn wir uns Jesus und andere biblische Personen in echten historischen Ereignissen vorstellen. Ein solches Umlernen erfordert Übung, doch es wird langsam vom Denken Jesu umgestaltet (vgl. 1. Korinther 2,16). Wenn unsere Fantasie mit »Geschichten, Bildern und Hoffnungen erfüllt wird, die aus Gottes Geschichte mit seinem Volk stammen, kann sie zu einer durchdringenden Kraft werden« [23].

Eine völlig neue Identität

Lukas 8,26-39

Atmen Sie einige Male ruhig ein und aus. Lassen Sie alle Ablenkungen hinter sich. Bringen Sie Ihre Gedanken zum Schweigen und öffnen Sie sich für Gott.

Denken Sie über folgende Frage nach, um sich auf den heutigen Bibeltext zu konzentrieren: Welche Spitznamen hat man Ihnen früher gegeben? Waren sie wohlwollend und ermutigend? Oder herabwürdigend und entmutigend?

Lesen Sie den Abschnitt still für sich selbst durch. Lesen Sie dann die darunterstehenden Anmerkungen zu den wichtigsten Wörtern und Formulierungen. Überlegen Sie, welchen Einfluss diese Details darauf haben, wie Sie die Geschichte verstehen. Lesen Sie sich nun den Abschnitt langsam laut vor. Nehmen Sie sich Zeit, die Worte an Ihre Ohren dringen zu lassen.

Lukas 8,26-39

²⁶So kamen sie ins Gebiet der Gerasener auf der anderen Seite vom See Genezareth. ²⁷Als Jesus aus dem Boot stieg, lief ihm ein Mann entgegen, der von Dämonen besessen war. Nackt und ohne Obdach fristete er sein Dasein schon seit langer Zeit in den Grabhöhlen. ²⁸Als er Jesus sah, warf er sich mit einem schrillen Schrei vor ihm auf den Boden und rief laut: »Warum bedrängst du mich,

Jesus, Sohn des höchsten Gottes? Ich flehe dich an, quäle mich nicht!« [29]Denn Jesus hatte dem bösen Geist schon geboten, aus dem Mann auszufahren. Schon seit Langem hatte der Dämon den Mann völlig in seiner Gewalt. Auch wenn man ihn in Ketten legte, riss er sich los und wurde von dem bösen Geist in die Wildnis gehetzt.

[30]»Wie heißt du?«, fragte Jesus.

»Legion«, antwortete er – denn der Mann war von zahlreichen Dämonen besessen. [31]Diese flehten Jesus an, sie nicht in den Abgrund zu schicken.

[32]Auf den umliegenden Hügeln weidete eine riesige Schweineherde. Die Dämonen baten Jesus, sie in die Schweine fahren zu lassen. Jesus gestattete es ihnen. [33]Da fuhren die Dämonen aus dem Mann in die Schweine, und die ganze Herde stürzte den Abhang hinunter in den See und ertrank. [34]Als die Hirten das sahen, flohen sie in den nahe gelegenen Ort und in das Hügelland der Umgebung und verbreiteten die Neuigkeit überall. [35]Bald war Jesus von Menschen umringt, die selbst sehen wollten, was geschehen war. Als sie den Mann, der von Dämonen besessen gewesen war, bekleidet und völlig bei Verstand friedlich zu Füßen von Jesus sitzen sahen, überkam sie Furcht. [36]Diejenigen, die alles mit eigenen Augen gesehen hatten, erzählten ihnen, wie der Besessene geheilt worden war. [37]Da drängten sie Jesus, zu gehen und sie in Ruhe zu lassen, so groß war ihre Angst. Jesus stieg daraufhin wieder in das Boot und fuhr zurück auf die andere Seite des Sees.

[38]Der Mann, der von Dämonen besessen gewesen war, wollte unbedingt mit ihm gehen, doch Jesus sagte zu ihm: [39]»Nein, geh zu deiner Familie zurück und erzähle ihnen von dem Wunderbaren, das Gott für dich getan hat.« Da ging er durch die ganze Stadt und erzählte, was Jesus für ihn getan hatte.

Gerasener: Diese nichtjüdische Region südöstlich des Sees Genezareth umfasste zehn autonome Städte (zusammen *Dekapolis* genannt), die Jahrhunderte zuvor von griechischen Händlern und Einwanderern gegründet worden waren.

Mann, der von Dämonen besessen war: Dämonen sind Wesen mit Intelligenz und Persönlichkeit, die im Auftrag von Satan zerstörerisch handeln.

Grabhöhlen: waren in der Regel in Höhlen am Ufer gehauen. Sein Leben auf dem »Friedhof« (ebenso wie der Umstand, dass er Nichtjude und von Dämonen besessen war) machte diesen Mann rituell unrein. Lehrer wie Jesus gaben sich normalerweise nicht mit unreinen Menschen ab.

Legion: Die größte Einheit in der römischen Armee, die 3000 bis 6000 Soldaten umfasste.

Abgrund: Die bodenlose Grube, in die Satan für eine bestimmte Zeit verbannt werden wird (vgl. Offenbarung 20,3)

Jesus stieg daraufhin wieder in das Boot: War Jesus der Einzige, der überhaupt aus dem Boot gestiegen war? Hatte der Mann Jesu Jüngern so große Angst eingejagt, dass sie im Boot blieben?

Hilfreiche Fragen und Stichwörter, um in die Geschichte einzusteigen:

1. In Markus' Version dieses Berichts finden wir einige weitere Einzelheiten zu diesem Mann: »Niemand war stark genug, ihn zu bändigen. Tag und Nacht war er in den Grabhöhlen und wanderte durch die umliegenden Hügel, schrie und schlug sich selbst mit Steinen« (Markus 5,4-5). Wie sahen die Bewohner dieses Ortes den besessenen Mann dem Text zufolge? Wie empfanden sie wahrscheinlich in Bezug auf ihn? Beziehen Sie folgende Gedankenanstöße in den Text ein:

♦ Vielleicht hatte man diesen Mann gequält, denn er bat Jesus, ihn nicht zu quälen (vgl. Lukas 8,28).

♦ Die Bewohner des Ortes hatten ihn an Händen und Füßen angekettet und einen Wachposten für ihn abgestellt (Lukas 8,29 nach der ELB: »und er war gebunden mit Ketten und Fußfesseln und bewacht worden«).

- »Niemand war stark genug gewesen, ihn zu bändigen« (Markus 5,4).

2. Im 1. Jahrhundert deuteten Namen eine Eigenschaft der Person an. Inwiefern spiegelte der Name Legion die Identität dieses Mannes wider? Der Mann, der vorher Legion hieß, saß nun zu Füßen von Jesus. Das ist eine Umschreibung dafür, dass er ein Nachfolger von Jesus geworden war. Jesus hatte offenbar einige Zeit mit dem Mann verbracht und ihn gelehrt. Demzufolge forderte Jesus ihn auch auf: »Geh zu deiner Familie zurück und erzähle ihnen von dem Wunderbaren, das Gott für dich getan hat« (V. 35). Offenkundig hatte der Mann gute Arbeit geleistet, denn als Jesus später in diese Region kam, wussten die Menschen dort bereits, wer er war (vgl. Markus 6,54).

3. Welche Identitäten, die aus Umständen, Problemen im Leben oder vergangenem Verhalten entstanden sind, würden Sie gern loswerden? Schreiben Sie diese in die linke Spalte der Tabelle. Welche neuen Identitäten möchte Jesus Ihnen vielleicht geben? Wenn Sie die vorigen zwei Meditationen bereits durchgearbeitet haben, sollten Sie die Frage der Identität unter dem Gesichtspunkt betrachten, dass Sie mit allem geistlichen Segen gesegnet, auserwählt, als Kind angenommen und zu Gottes Familie gehörig sind.

Alte Identität	Neue Identität
Beispiel: Ich bin oft negativ und gehe in die Defensive.	Ich kann darüber nachdenken, wie ich anderen zum Segen werden kann.

4. Mäuschen spielen

Stellen Sie sich die Flucht der Schweineherde vor. Die Flucht der Schweineherde, in die die Dämonen gefahren waren und die sich in den See stürzte, ist von Bedeutung. Ihr Verlust war tragisch – besonders für ihren Besitzer. Die wilde, flüchtende Schweineherde ist auch ein Bild für die Flucht der Dämonen aus dem Mann. Sie muss eine Staubwolke aufgewirbelt haben, die meilenweit zu sehen war, und bezeugte die Tatsache, dass die Dämonen den Mann tatsächlich verlassen hatten. Dieser Beweis der Freiheit und Reinigung von den Dämonen war ein wichtiges Zeichen für die Bewohner der Stadt, damit sie den Mann wieder in die Gemeinschaft aufnahmen und nicht versuchten, ihn erneut in Ketten zu legen. In gewissem Sinn gebrauchte Jesus die Schweine als Mitarbeiter, um ein Bild für die neue Freiheit des Mannes zu schaffen. Wenn Sie möchten, stellen Sie sich die Staubwolke vor. Wie sah sie wohl für den Mann aus? Überlegen Sie auch, wie sie für die Ortsbewohner aussah, die natürlich vermuteten, dass noch ein oder zwei Dämonen in dem Mann wohnten.

5. Mäuschen spielen

Stellen Sie sich die Veränderung des Mannes vor. Schließen Sie die Augen und stellen Sie sich den Mann vor, wie er tobt und schreit, seine starken Arme, die die Ketten zerrissen hatten, vielleicht in die Luft gestreckt. Und stellen Sie sich ihn dann vor, wie er Jesus zu Füßen sitzt, angezogen und völlig bei Verstand. Hören Sie zuerst den Lärm und dann die gelassene Stille.

Nachdenken über die Einladung

Lesen Sie den Abschnitt noch einmal laut. Stellen Sie sich die Szene vor. Hören Sie genau auf die Worte.

- Wenn Sie sich die im Text beschriebenen Ereignisse vorstellen, welchen Augenblick, welches Wort oder welchen Satz empfinden

Sie am realsten? Welche Gedanken und Gefühle ruft das in Ihnen hervor?

- Warum ist Ihnen gerade dieser Augenblick, dieses Wort oder dieser Satz aufgefallen?

Weiterdenken
Lesen Sie den Abschnitt noch einmal und stellen Sie sich die Szene als Film vor. Hören Sie die Worte deutlich in Gedanken.

- Was hat dieser Text mit Ihrem Leben zu tun?
- Gibt es einen Gedanken, ein Gefühl oder eine Absicht, die Sie daraus mitnehmen sollen?
- Fordert Gott Sie auf, etwas zu sein, zu wissen, zu verstehen, zu fühlen oder sogar zu tun?

Seien Sie offen für die Stille und fühlen Sie sich nicht zu einer Antwort gedrängt.

 Sagen Sie Jesus, welchen Eindruck seine Fähigkeit, das Leben dieses Mannes zu verändern, auf Sie macht. Sprechen Sie mit Jesus darüber, wenn Sie heute Erneuerung oder Klarheit über Ihre Identität benötigen.

 Sitzen Sie in der Stille und lassen Sie auf sich wirken, dass der ehemals von Dämonen besessene Mann aufgeräumt, still und womöglich sehr gespannt auf sein neues Leben war. Die Schreie und die quälenden Gedanken waren nur eine Erinnerung.

Wie wirkt Jesus oder sein Handeln in diesem Abschnitt auf Sie? Was sagt dieser Bibeltext Ihnen über Gottes Wesen?

Lassen Sie die Gedanken, die Ihnen gekommen sind, einige Minuten lang auf sich wirken, vielleicht in Form von Anbetung oder einfach, indem Sie in Gottes Gegenwart ruhen.

 Werfen Sie noch einmal einen Blick auf die dritte Frage oben. Schreiben Sie alle Gedanken auf, die Ihnen dazu kommen. Sie können Gott auch um noch mehr Ideen bitten.

Leben im Heiligen Geist

Römer 8,1–11.14

Kommen Sie ganz zu sich, indem Sie ruhig ein- und ausatmen. Lockern Sie Ihren Nacken und nehmen Sie sich
Zeit, auch alle anderen Muskeln zu entspannen.
Eine gute Einstiegshilfe, um sich ganz zu konzentrieren, kann folgendes Gebet sein:

> Lasst uns die Sorgen des Tages loslassen
> und die Augen für Gottes Wunder öffnen.
> Mit Einfühlungsvermögen für die Menschen einer anderen Zeit
> wollen wir uns unsere Herzen und Gedanken für Gott öffnen.
> Wir machen uns bereit, Gottes Wort an uns durch die Gegen-
> wart des Heiligen Geistes zu erfahren.[24]

Lesen Sie den Abschnitt still für sich selbst durch. Lesen
Sie dann die darunterstehenden Anmerkungen zu den
wichtigsten Wörtern und Formulierungen. Überlegen
Sie, welchen Einfluss diese Details darauf haben, wie Sie die Geschichte verstehen. Lesen Sie sich nun den Abschnitt langsam laut
vor. Nehmen Sie sich Zeit, die Worte an Ihre Ohren dringen zu
lassen.

Römer 8,1–11 und 14

[1]Also gibt es jetzt für die, die zu Christus Jesus gehören, keine Verurteilung mehr. [2]Denn die Macht des Geistes, der Leben gibt, hat dich durch Christus Jesus von der Macht der Sünde befreit, die zum Tod führt. [3]Das Gesetz konnte uns nicht retten, weil unsere menschliche Natur ihm widerstand. Deshalb sandte Gott seinen Sohn zu uns. Er kam in menschlicher Gestalt wie wir, aber ohne Sünde. Gott zerstörte die Herrschaft der Sünde über uns, indem er seinen Sohn stellvertretend für unsere Schuld verurteilte. [4]Das tat er, damit die gerechten Forderungen des Gesetzes durch uns erfüllt würden und wir uns nicht länger von unserer menschlichen Natur, sondern vom Geist Gottes leiten lassen.

[5]Wer von seiner menschlichen Natur beherrscht wird, ist von ihren selbstsüchtigen Wünschen bestimmt, doch wer vom Heiligen Geist geleitet wird, richtet sich nach dem, was der Geist will. [6]Wenn du dich von deiner menschlichen Natur bestimmen lässt, führt das zum Tod. Doch wenn der Heilige Geist dich bestimmt, bedeutet das Leben und Frieden. [7]Denn die menschliche Natur steht Gott grundsätzlich feindlich gegenüber. Sie hat sich nicht dem Gesetz Gottes unterstellt und wird es auch nicht können. [8]Deshalb können Menschen, die noch von ihrer menschlichen Natur beherrscht werden, Gott niemals gefallen.

[9]Ihr aber werdet nicht mehr von eurer sündigen Natur, sondern vom Geist Gottes beherrscht, wenn Gottes Geist in euch lebt. Wer aber den Geist von Christus nicht hat, der gehört nicht zu Christus. [10]Da Christus in euch lebt, wird zwar euer Körper aufgrund der Sünde sterben, aber durch den Geist empfangt ihr Leben, weil ihr von Gott gerecht gesprochen wurdet. [11]Der Geist Gottes, der Jesus von den Toten auferweckt hat, lebt in euch. Und so wie er Christus von den Toten auferweckte, wird er auch euren sterblichen Körper durch denselben Geist lebendig machen, der in euch lebt.

[14]Denn alle, die vom Geist Gottes bestimmt werden, sind Kinder Gottes.

die zu Christus Jesus gehören: Einheit mit Jesus Christus – diese hat zahlreiche Dimensionen, zum Beispiel Jesus nachzufolgen und in ihm zu bleiben.

Macht [»Gesetz«] des Geistes – Macht [»Gesetz«] der Sünde ..., die zum Tod führt: Das Wort »Gesetz« bedeutet hier »Gesetzmäßigkeiten« – es bezeichnet die Prinzipien, Ideen oder Fakten eines Sachverhalts. Wir könnten also sagen: »Der Geist, der Leben gibt, befreit uns durch Christus Jesus von den Fakten der Sünde.«

Das Gesetz konnte uns nicht retten ...: Das alttestamentliche Gesetz war gut und wunderbar (siehe Psalm 119), doch es bot uns – anders als der Heilige Geist – keine konkrete Hilfe, um auch danach zu leben.

... damit die gerechten Forderungen des Gesetzes durch uns erfüllt würden: Wer das Gesetz der Liebe einhält, erfüllt damit auch die moralischen Gebote der Thora.[25] Durch den Heiligen Geist werden wir immer mehr zu den guten und liebevollen Menschen, die das alttestamentliche Gesetz beschrieb (vgl. 5. Mose 6,5; 3. Mose 19,18).

... von unserer menschlichen Natur leiten lassen: dem entsprechend handeln, wie Menschen es von Natur aus tun; das kann gut oder böse sein. Der Apostel Paulus vertraute seiner menschlichen Natur nach auf seine Qualifikationen als gerechter Jude (vgl. Philipper 3,5-6).[26]

... wer vom Heiligen Geist geleitet wird: ein Leben in der Kraft des Heiligen Geistes führen.

... wird er auch euren sterblichen Körper ... lebendig machen: Gemeint ist hier das überfließende Leben, das Jesus uns auf dieser Erde (vgl. Johannes 6,33) schenken kann, ebenso wie das Leben nach dem Tod.

Kinder Gottes: Ebenso wie leibliche Kinder ihren Eltern ähneln, sind Gottes Kinder seinem Sohn Jesus ähnlich.

 Hilfreiche Fragen und Stichwörter zum Text:

1. Sich vom Heiligen Geist leiten lassen

Worin würde sich das Leben von Menschen, die sich vom Heiligen Geist leiten lassen, hauptsächlich vom normalen, natürlichen Leben von Menschen unterscheiden? Wenn Sie es nicht genau wissen, denken Sie doch einmal über die Prinzipien nach, die in Bibeltexten wie 1. Korinther 13 oder Matthäus 5–7 enthalten sind.

natürliches Leben (geleitet von der menschlichen Natur)	übernatürliches Leben (geleitet vom Heiligen Geist)
Beispiel: Menschen ertragen	Menschen lieben

2. Ein Denken, das von der menschlichen Natur bestimmt ist

In seinem Buch *Verwandle mein Herz* beschreibt Dallas Willard die »Gesinnung des Fleisches« (ELB) als oberste Voranstellung unserer eigenen Wünsche und Einsatz allein für unser natürliches Ich.27 Inwiefern führt eine solche Priorisierung unserer eigenen Wünsche und der Einsatz allein für unser natürliches Ich zu einem Leben voller Elend?

3. Wenn Gottes Geist in Menschen wohnt

Der Heilige Geist wirkt in den Herzen von Menschen, die Jesus nachfolgen:

- Er schafft Glauben durch die Verkündigung des Evangeliums.
- Er führt zu einem Lebensstil, bei dem unser Denken darauf gerichtet ist, was der Heilige Geist will; das führt zu Leben und Frieden.
- Er wirkt in Vollmacht, um uns nach dem Tod ein neues, körperliches Leben zu geben.[28]

4. Den Heiligen Geist einladen

Wie können wir auf den Heiligen Geist hören, unser Denken dem Heiligen Geist unterstellen und unser Leben durch den Heiligen Geist beleben lassen?

5. Mäuschen spielen

Stellen Sie sich Paulus' innere Verbindung zu Gott vor: Paulus, unserer älterer Bruder im Glauben, appelliert in diesem Abschnitt an uns: »Menschen sind in ihrem natürlichen Zustand angesichts von Gottes Gesetz ungefähr so viel nütze wie eine Gaslampe, die man in die Steckdose steckt.«[29] Stellen Sie sich die großen Ereignisse in Paulus' Leben vor (Heilungen, dass er nach einer Steinigung wieder aufstand, die Ermutigung für seine Kinder im Glauben) und machen Sie sich dabei bewusst, dass dazu seine Gaslampe direkt mit einer natürlichen Gasquelle verbunden gewesen sein muss.

Nachdenken über die Einladung

Vielleicht lädt Gott Sie in diesem Abschnitt ein, etwas Bestimmtes besser zu verstehen. Was könnte das sein? Lesen Sie den Text noch einmal und denken Sie dann in der Stille einige Minuten lang über die folgenden Fragen nach:

- Welches Wort oder welche Formulierung springt Ihnen ins Auge?
- Weshalb?

Weiterdenken

Lesen Sie den Abschnitt erneut und überlegen Sie dann:

- Was hat dieser Text mit Ihrem Leben zu tun?
- Gibt es einen Gedanken, ein Gefühl oder eine Absicht, die Sie daraus mitnehmen sollen?
- Fordert Gott Sie auf, etwas zu sein, zu wissen, zu verstehen, zu fühlen oder sogar zu tun?

Seien Sie offen für die Stille und fühlen Sie sich nicht zu einer Antwort gedrängt.

 Nehmen Sie sich einige Minuten Zeit, um Gott im Gebet zu antworten. Sagen Sie Gott, was Sie über diesen Bibeltext denken. Sagen Sie dem Heiligen Geist, was Sie darüber denken, dass er in Ihnen wohnt, und wie es Ihnen damit geht.

 Lassen Sie auf sich wirken, was Ihnen in diesem Abschnitt aufgefallen ist. Vielleicht möchten Sie ein passendes Lied singen, zum Beispiel *Atem Gottes* von Albert Frey.

 Stellen Sie eine kurze Liste von einfachen Dingen auf, die Sie tun können, um sich innerlich auf die Dinge zu konzentrieren, die der Heilige Geist sich wünscht. Probieren Sie eines davon aus und denken Sie darüber nach, wie sich dadurch Ihre innere Einstellung verändert.

Gesegnet, um ein Segen zu sein

1. Mose 12,1-5; 21,1-7

Atmen Sie einige Male ruhig ein und aus. Lassen Sie alle Ablenkungen hinter sich. Bringen Sie Ihre Gedanken zum Schweigen und öffnen Sie sich für Gott.

Wenn Sie eine Konzentrationshilfe brauchen, denken Sie über folgende Frage nach: Wann hat es Ihnen Freude gemacht, jemandem zu helfen oder jemanden zu unterstützen?

Lesen Sie den Abschnitt still für sich selbst durch. Lesen Sie dann die darunterstehenden Anmerkungen zu den wichtigsten Wörtern und Formulierungen. Überlegen Sie, welchen Einfluss diese Details darauf haben, wie Sie die Geschichte verstehen. Lesen Sie sich nun den Abschnitt langsam laut vor. Nehmen Sie sich Zeit, die Worte an Ihre Ohren dringen zu lassen.

1. Mose 12,1-5; 21,1-7

¹²,¹**Dann befahl der Herr Abram: »Verlass deine Heimat, deine Verwandten und die Familie deines Vaters und geh in das Land, das ich dir zeigen werde!**

²**Von dir wird ein großes Volk abstammen. Ich will dich segnen und du sollst in der ganzen Welt bekannt sein. Ich will dich zum Segen für andere machen.** ³**Wer dich segnet, den werde ich auch segnen. Wer dich verflucht, den**

75

werde ich auch verfluchen. Alle Völker der Erde werden durch dich gesegnet werden.«

[4]Abram machte sich auf den Weg, wie der Herr es ihm befohlen hatte. Und Lot ging mit ihm. Abram war 75 Jahre alt, als er Haran verließ. [5]Auf den Weg nach Kanaan nahm er seine Frau Sarai, seinen Neffen Lot und alles, was sie besaßen, mit samt ihrem Vieh und ihren Sklaven und Sklavinnen, die sie in Haran erworben hatten. So erreichten sie schließlich Kanaan.

[21,1]Der Herr hielt sein Versprechen, das er Sara gegeben hatte. [2]Sara wurde schwanger und bekam einen Sohn. Abraham wurde Vater, obwohl er schon sehr alt war, genau zu der Zeit, die Gott vorausgesagt hatte. [3]Abraham nannte seinen Sohn, den ihm Sara geboren hatte, Isaak. [4]Acht Tage nach der Geburt beschnitt Abraham Isaak, wie Gott es angeordnet hatte. [5]Abraham war 100 Jahre alt, als sein Sohn Isaak geboren wurde. [6]Und Sara freute sich: »Gott lässt mich wieder lachen! Alle, die dies hören, werden mit mir lachen. [7]Denn wer hätte sich träumen lassen, dass ich noch Kinder stille? Und doch habe ich Abraham in seinem hohen Alter einen Sohn geboren!«

---

segnen: Die hebräischen Worte barak und arar (»segnen« und »(ver)fluchen«) sind im ganzen Alten Testament zu finden. Wenn Segen und Fluch formal ausgesprochen wurden, hatten sie ein besonderes Gewicht und die Macht, ihre eigene Erfüllung herbeizuführen.

Alle Völker der Erde werden durch dich gesegnet werden: Diese Verheißung wurde drei Mal wiederholt (vgl. 1. Mose 18,18; 22,18; 26,4). Am Ende profitieren tatsächlich alle Menschen durch das Kommen Jesu von Abrahams Nachkommen (vgl. Apostelgeschichte 3,25; Galater 3,8).

Abram war 75 Jahre alt ... Abraham war 100 Jahre alt: Zwischen der Verheißung und ihrer Erfüllung vergingen 25 Jahre.

alles, was sie besaßen, mit samt ihrem Vieh und ihren Sklaven und Sklavinnen, die sie in Haran erworben hatten: Abram und Sarai waren offenbar sehr reich (siehe auch 1. Mose 13,2; 14,23).

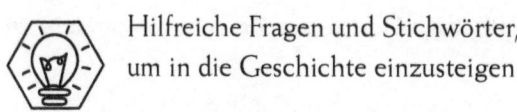 Hilfreiche Fragen und Stichwörter,
um in die Geschichte einzusteigen:

1. **Kultureller Hintergrund: Die Bedeutung von Kindern**
   Die Hebräer betrachteten es als Zeichen von Gottes Gunst,
   wenn eine Familie Kinder hatte. Kinder galten als etwas höchst
   Wünschenswertes. Die Geburt eines männlichen Kindes war ein
   besonderer Grund zur Freude. Für hebräische Frauen war Kinder-
   losigkeit das größte aller Unglücke (vgl. 1. Mose 15,2; 30,1.23; 1.
   Samuel 1,11.20; Psalm 127,3; 128,3; Lukas 1,7.28).[30] Wie fühlten
   sich Abraham und Sara wohl, bevor sie die Verheißung erhielten?
   Sie waren an Besitz reich – mit Vieh, Silber und Gold – und doch
   waren sie kinderlos (vgl. 1. Mose 13,2). Wie könnten sich ihre
   Gefühle verändert haben, nachdem Isaak geboren wurde?

2. **Biblische Parallelen: Partnerschaft mit Gott**
   Mit dem Kind schenkte Gott Abraham und Sara eine Gelegenheit, zusammen mit ihm als seine Partner seine große Vision zu
   verwirklichen, »ein Königreich von Priestern, ein heiliges Volk«
   aufzubauen, aus dem Jesus hervorgehen würde. Und daraus sollte
   später die geliebte Gemeinschaft entstehen, die Gott schon vor
   Grundlegung der Welt im Sinn hatte (vgl. 2. Mose 19,6; Epheser 1,4). Die Verheißung an Abraham deutete bereits an, dass das
   Kind und das Volk allen Menschen der Erde zugutekommen und
   ein »Licht für die Heiden« sein würde, so wie Jesus das Licht der
   Welt ist (vgl. 1. Mose 12,3; Jesaja 42,6; Johannes 9,5). Auch bei
   Paulus klingt dieser Gedanke wieder an, dass Gott uns tröstet und
   wir diesen Trost an andere weitergeben (vgl. 2. Korinther 1,3-
   4). Wie kann dieser Gedanke, dass Gott uns segnet, damit wir
   ein Segen für andere sind, unsere Identität oder unser Gefühl der
   Partnerschaft mit Gott stärken?

◆ Wir nehmen besser wahr, wie Gott uns segnet.

- Wir fühlen uns geehrt, dass Gott uns gebraucht, um andere zu segnen.
- Weil wir verstehen, dass Gott durch uns anderen hilft, bitten wir Gott eher um seine Leitung darin, wie wir ein Segen für andere sein können.
- Etwas anderes:

_____

_____

3. Welche Eigenschaften besitzen Menschen, die ihren eigenen Segen automatisch dazu einsetzen, anderen zu helfen? Zum Beispiel, wenn sie eine Gehaltserhöhung bekommen, denken sie: Wem kann ich mit diesem Überfluss etwas Gutes tun? statt: Was kann ich mir jetzt kaufen?

- ein leichtes Herz
- die Fähigkeit, die Bedürfnisse anderer zu sehen
- die Bereitschaft, anderen zu dienen
- ein Gespür für das Abenteuer, als Partner Gottes unterwegs zu sein
- Etwas anderes:

_____

_____

4. **Mäuschen spielen**
   Stellen Sie sich Abrahams Anwesen vor. Abraham, Sara und ihre Diener waren Halbnomaden, die in Zelten wohnten; doch ihre Zelte waren wahrscheinlich sehr groß und prächtig und blieben jahrelang am gleichen Ort aufgeschlagen. Sie waren umgeben von ihren zahlreichen Herden und Besitztümern. Stellen Sie sich vor,

wie Abraham und Sara ihren neugeborenen Sohn in den Armen halten und an Gottes Verheißung vor all den Jahren denken: »Alle Völker der Erde werden durch dich gesegnet sein.« Damit waren Menschen gemeint, die sie nie kennenlernen würden, aus allen Zeitaltern der Geschichte, Sie eingeschlossen! Die fünfundzwanzig Jahre geduldigen Wartens und die Herausforderungen, die damit einhergingen, in ihrem Alter noch einen Sohn großzuziehen, sollten zu unermesslichem Segen für die ganze Welt führen.

Nachdenken über die Einladung

Lesen Sie den Abschnitt noch einmal und stellen Sie sich die Szene vor, so als würden Sie einen Film schauen. Hören Sie die Worte deutlich mit Ihrem inneren Ohr.

- Wie entwickelt sich die Handlung? Was sehen Sie?
- Welcher Augenblick in der Geschichte, welches Wort oder welcher Satz fällt Ihnen auf? Welche Gedanken und Gefühle ruft das in Ihnen hervor?
- Warum? Welche Bedeutung könnte das für Sie haben?

Weiterdenken

- Was hat dieser Abschnitt mit Ihrem Leben zu tun?
- Gibt es einen Gedanken, ein Gefühl oder eine Absicht, die Sie daraus mitnehmen sollen?
- Fordert Gott Sie auf, etwas zu sein, zu wissen, zu verstehen, zu fühlen oder sogar zu tun?

Seien Sie offen für die Stille und fühlen Sie sich nicht zu einer Antwort gedrängt.

 Nehmen Sie sich einige Minuten Zeit, um Gott im Gebet darauf zu antworten. Was möchten Sie ihm darüber sagen, was es für Sie heißt, gesegnet zu sein, um ein Segen

zu sein – oder über einen anderen Gedanken, der Ihnen gekommen ist? Welche Gefühle oder Gedanken steigen in Ihnen auf?

 Lassen Sie auf sich wirken, was Ihnen in diesem Bibeltext aufgefallen ist, und überlegen Sie: Wie wirkt Gott, sein Charakter und sein Handeln auf Sie? Was erfahren Sie dadurch über Gott?

Bedenken Sie, dass Gott, als er Abram die oben erwähnte Verheißung gab, auch Sie damit gemeint hat!

 Bitten Sie Gott, Ihnen zu zeigen, wie Sie mit dem, was Sie sind und haben, in Partnerschaft mit ihm ein Segen für andere sein können. Danken Sie Gott für diese Partnerschaft.

Das Zusammenwirken von Bibelstudium und Meditation

Die Bibel zu studieren heißt, den biblischen Text zu analysieren. Wir schlagen die Bedeutung von Wörtern nach, vergleichen den Text mit Parallelstellen oder untersuchen den biblischen und historischen Hintergrund. Dieser Leitfaden erledigt einen großen Teil dieser Arbeit für Sie.

Über die Bibel zu meditieren ist etwas anderes, als sie zu studieren. Statt den Text zu analysieren, genießen wir ihn, halten ihn in unseren Gedanken fest und geben Gott Zeit, zu uns zu sprechen. Zum Bibelstudium gehört analytisches Recherchieren von Informationen, während Meditation über die Bibel ein aufmerksames Lesen zur Formung unserer Seele ist.

Studium und Meditation ergänzen einander. Beide sind wichtig, sowohl für den einzelnen Christen als auch für die Gemeinde als Ganze. Wenn wir studieren, die Meditation aber vernachlässigen, kann es sein, dass wir viele Fakten über die Bibel kennen, doch Gottes Gegenwart und seine Art, zu uns zu sprechen, nicht aus eigener Erfahrung kennen.

Es ist fast, als versuchten wir, die Schrift zu meistern, während doch Gott der Meister der Schrift ist. Wir freuen uns daran, etwas Neues zu lernen, doch nicht so sehr daran, Gott zu kennen. Wenn wir jedoch andererseits nur meditieren, geschieht es schnell, dass wir klare Aussagen der Bibel falsch deuten und unsere Wahrnehmung dessen, was Gott sagt, infolgedessen falsch ist. Was wir beim Bibelstudium lernen, bewahrt uns davor, irgendwelche fantasiereichen Interpretationen in die Schrift hineinzulesen. Es eröffnet uns außerdem eine reiche Welt der Zusammenhänge (was wiederum bei der Meditation hilfreich ist), die uns anderenfalls aufgrund unserer zeitlichen und kulturellen Entfernung entgehen würde. Sich der Heiligen Schrift meditativ zu nähern, bedeutet, sich dem forschenden Blick des Heiligen Geistes auszusetzen. Durch die Meditation spricht das, was wir kognitiv beim Studium der Bibel erkannt haben, unser gesamtes Sein an: Es ruft uns zu einem ganzheitlichen Glauben auf.

Teil 3

Leben im Angesicht von Gottes Reich

Sich auf das Reich Gottes verlassen

Matthäus 6,10 und 25-34

Kommen Sie ganz zu sich, indem Sie ruhig ein- und ausatmen. Lockern Sie Ihren Nacken und nehmen Sie sich Zeit, auch alle anderen Muskeln zu entspannen.

Um sich ein wenig mehr auf die Meditation einzulassen, denken Sie über folgenden Satz nach: Ich habe alles, was ich brauche. Welche Farbe fällt Ihnen dabei ein? Warum?

Lesen Sie den Abschnitt still für sich selbst durch. Lesen Sie dann die darunterstehenden Anmerkungen zu den wichtigsten Wörtern und Formulierungen. Überlegen Sie, welchen Einfluss diese Details darauf haben, wie Sie die Geschichte verstehen. Lesen Sie sich nun den Abschnitt langsam laut vor. Nehmen Sie sich Zeit, die Worte an Ihre Ohren dringen zu lassen.

Matthäus 6,10 und 25-34 (ELB)

¹⁰Dein Reich komme; dein Wille geschehe, wie im Himmel, so auch auf Erden!

²⁵»Deshalb sage ich euch: Seid nicht besorgt für euer Leben, was ihr essen und was ihr trinken sollt, noch für euren Leib, was ihr anziehen sollt! Ist nicht das Leben mehr als die Speise und der Leib mehr als die Kleidung? ²⁶Seht hin auf die Vögel des Himmels, dass sie weder säen noch ernten noch in Scheunen sammeln, und euer himm-

lischer Vater ernährt sie doch. Seid ihr nicht viel wertvoller als sie? [27]Wer aber unter euch kann mit Sorgen seiner Lebenslänge eine Elle zusetzen?

[28]Und warum seid ihr um Kleidung besorgt? Betrachtet die Lilien des Feldes, wie sie wachsen; sie mühen sich nicht, auch spinnen sie nicht. [29]Ich sage euch aber, dass selbst nicht Salomo in all seiner Herrlichkeit bekleidet war wie eine von diesen. [30]Wenn aber Gott das Gras des Feldes, das heute steht und morgen in den Ofen geworfen wird, so kleidet, wird er das nicht viel mehr euch tun, ihr Kleingläubigen? [31]So seid nun nicht besorgt, indem ihr sagt: Was sollen wir essen? Oder: Was sollen wir trinken? Oder: Was sollen wir anziehen? [32]Denn nach diesem allen trachten die Nationen; denn euer himmlischer Vater weiß, dass ihr dies alles benötigt. [33]Trachtet aber zuerst nach dem Reich Gottes und nach seiner Gerechtigkeit! Und dies alles wird euch hinzugefügt werden. [34]So seid nun nicht besorgt um den morgigen Tag! Denn der morgige Tag wird für sich selbst sorgen. Jeder Tag hat an seinem Übel genug.

Königreich: Über das Königreich Gottes schreibt Dallas Willard in einem seiner Bücher: »Das Königreich Gottes ist die Sphäre von Gottes wirksamem Willen: Das heißt, es ist der Bereich, wo das, was er lieber möchte, das ist, was tatsächlich geschieht.«[31] Gottes Reich hat dort Macht, wo Gottes Wille getan wird.

Salomo in all seiner Herrlichkeit: Hier nimmt Jesus Bezug auf den riesigen Reichtum und die Pracht von Salomos Königshof. Um die Bedeutung davon zu erfassen, könnten wir einmal den Namen eines sehr reichen Menschen oder eines Supermodels einsetzen.

Gerechtigkeit: Das griechische Wort *dikaiosynē* bedeutet ein tiefes, anziehendes Gutsein von innen heraus. »Die beste Übersetzung von *dikaiosynē* wäre eine Umschreibung: etwas wie ›das an einem Menschen, was ihn wirklich richtig oder gut macht‹. Kurz ausgedrückt könnte man sagen ›wahres inneres Gutsein‹.«[32]

 Hilfreiche Fragen und Stichwörter zum Text:

1. Denken Sie über die folgenden Umschreibungen für den Ausdruck »zuerst nach dem Reich Gottes zu trachten« nach. Welche Versionen sprechen Sie am meisten an?

- Bemüht euch darum, euch an dem zu beteiligen, was Gott jetzt auf der Erde tut, und an der Güte, mit der Gott es tut.[33]
- Für euch soll es den höchsten Stellenwert einnehmen herauszufinden, was Gott tut und welche Art von Gerechtigkeit [*dikaiosynē*] er hat, und euch aktiv daran zu beteiligen. Für alles andere, was ihr braucht, wird gesorgt sein.[34]
- Taucht mit eurem ganzen Leben in Gottes Realität, Gottes Initiative, Gottes Versorgung ein. Habt keine Angst, etwas zu verpassen. Ihr werdet feststellen, dass für eure alltäglichen, menschlichen Belange gesorgt ist. Widmet eure gesamte Aufmerksamkeit dem, was Gott jetzt tut, und sorgt euch nicht darum, was morgen geschieht oder nicht geschieht. Gott wird euch helfen, mit allem Schweren zurechtzukommen, wenn es so weit ist. (Matthäus 6,33-34 MES)

2. Was meinen Sie, was Gott in diesem Augenblick tatsächlich in der Welt tut? Bei Menschen, die Sie kennen? In Gruppen, zu denen Sie gehören? Bei Ihnen?

3. Stellen Sie sich vor, dass Jesus die Worte in diesem Abschnitt direkt an Sie richtet. Denken Sie daran, dass er weiß, was Ihnen am wichtigsten ist. Wie würde er den folgenden Satz vervollständigen: Ist nicht das Leben mehr als _____? Kreuzen Sie die Sätze an, die Sie für passend halten.

- das Essen, auf das du einen Heißhunger hast
- Kleidung der neuesten Mode zu besitzen
- das Vorankommen in deiner Karriere
- ein schickes Auto, Haus oder Wohnung zu haben

- ein perfekter Vater/eine perfekte Mutter, Ehepartner oder Kollege/Kollegin zu sein
- einen Körper zu haben, den andere bewundern
- mehr zu erreichen, als alle anderen in deiner Familie erreicht haben
- jeden Punkt auf der heutigen To-Do-Liste abzuhaken
- die gute Meinung, die andere Menschen von dir haben
- Etwas anderes:

_____

_____

4. Mäuschen spielen

Stellen Sie sich vor, wie Jesus lehrt. Dieser Bibeltext gehört zur Bergpredigt (vgl. Matthäus 5-7). Sie könnten sich also vorstellen, wie Jesus diese Dinge auf einem Hügel sitzend oder stehend sagt. Stellen Sie sich vor, wie die Menschen lachen, als Jesus davon spricht, dass jemand sich große Sorgen macht, weil er meint, dadurch ein paar Tage länger leben zu können – oder dass jemand so fasziniert von wilden Blumen ist, dass ihm/ihr gar nicht auffällt, dass ihr Lieblingsschauspieler gerade vorbeiläuft. Wie waren wohl Jesu Gesichtsausdruck und Tonfall, als er davon sprach, dass im Reich Gottes für alles gesorgt ist? Leiten Sie Ihre Vorstellungen davon ab, was Sie von Jesus wissen (er war freundlich zu Kindern, er konnte leidenschaftlich reden ...).

Nachdenken über die Einladung

Gott lädt Sie in diesem Abschnitt dazu ein, etwas Bestimmtes besser zu verstehen. Was könnte das sein? Lesen Sie den Text noch einmal und denken Sie dann in der Stille einige Minuten lang über die folgenden Fragen nach:

- Welches Wort oder welche Formulierung springt Ihnen ins Auge?
- Weshalb?

Weiterdenken
Vielleicht möchten Sie den Abschnitt noch einmal lesen. Überlegen Sie dann:

- Was hat dieser Abschnitt mit Ihrem Leben zu tun?
- Gibt es einen Gedanken, ein Gefühl oder eine Absicht, die Sie daraus mitnehmen sollen?
- Fordert Gott Sie auf, etwas zu sein, zu wissen, zu verstehen, zu fühlen oder sogar zu tun?

Seien Sie offen für die Stille und fühlen Sie sich nicht zu einer Antwort gedrängt.

 Nehmen Sie sich einige Minuten Zeit, um Gott im Gebet zu antworten. Was möchten Sie Gott über Ihre Erfahrung mit seinem Wort unbedingt sagen?
Vielleicht möchten Sie Gott auch Fragen stellen, auf die er Ihnen vielleicht erst später Antworten gibt. Wenn Sie möchten, schreiben Sie Ihr Gebet auf. Manchmal hindert das die Gedanken daran abzuschweifen.

 Lassen Sie folgenden Gedanken auf sich wirken: In Gottes Reich haben Sie alles, was Sie brauchen.
Wie würde Ihr Leben aussehen, wenn Sie darauf vertrauen würden, dass das wahr ist? Nehmen Sie sich noch einige Minuten Zeit, die Gedanken wahrzunehmen, die Ihnen gekommen sind.

Versuchen Sie, im Handeln und in der Einstellung von Menschen in Ihrem Umfeld zu erkennen, dass sie tun, was Gott von ihnen möchte. Danken Sie Gott für diese kurzen Einblicke.

Sich auf das Reich Gottes verlassen - konkret

Daniel 6

 Atmen Sie einige Male ruhig ein und aus. Lassen Sie alle Ablenkungen hinter sich. Bringen Sie Ihre Gedanken zum Schweigen und öffnen Sie sich für Gott.
Denken Sie über folgende Frage nach: Befanden Sie sich schon einmal in einer Situation, die Sie sich selbst nie ausgesucht hätten? Wenn ja, wann? Wie haben Sie reagiert? War es dabei leicht, sich auf Gott zu verlassen, oder nicht?

 Lesen Sie den Abschnitt still für sich selbst durch. Lesen Sie dann die darunterstehenden Anmerkungen zu den wichtigsten Wörtern und Formulierungen. Überlegen Sie, welchen Einfluss diese Details darauf haben, wie Sie die Geschichte verstehen. Lesen Sie sich nun den Abschnitt langsam laut vor. Nehmen Sie sich Zeit, die Worte an Ihre Ohren dringen zu lassen.

Daniel 6,4-8; 11-12; 14-15 und 17; 20-24; 27-28

⁴**Es zeigte sich bald, dass Daniel klüger war als die anderen Statthalter und königlichen Bevollmächtigten, denn er besaß einen außergewöhnlich scharfen Verstand.**

Deshalb überlegte sich der König, Daniel die Verwaltung des gesamten Reiches anzuvertrauen. ⁵Da suchten die anderen königlichen Bevollmächtigten und Statthalter einen Grund zur Anklage gegen Daniel bezüglich seiner Amtsführung. Aber Daniel führte sein Amt so zuverlässig und gewissenhaft aus, dass sie ihm nicht den geringsten Fehler nachweisen konnten – sie fanden einfach keinen Grund zur Anklage oder Beschwerde. ⁶Da sagten sich die Männer: »Es gibt nur eine Sache, bei der wir Daniel fassen können – und das ist der Glaube an seinen Gott.«

⁷Daraufhin bestürmten die königlichen Bevollmächtigten und Statthalter den König und sagten zu ihm: »Lang lebe König Darius! ⁸Sämtliche Beamten des Reiches, die Präfekten und Statthalter, die Minister sowie die mit der Ausübung der Verwaltung betrauten Beamten sind sich einig, dass du, o König, ein königliches Gesetz erlassen solltest, das folgenden Befehl enthält: Jeder, der innerhalb der nächsten 30 Tage statt an dich an irgendjemand anders eine Bitte richtet – sei es an einen Gott oder an einen Menschen –, soll in die Löwengrube geworfen werden.«

¹¹Daniel wusste, dass dieses Gesetz vom König erlassen worden war. Er ging in das obere Stockwerk seines Hauses, wo er die Fenster, die nach Jerusalem zeigten, immer geöffnet hielt. Trotz des Verbotes kniete er sich nieder, dankte und lobte Gott und flehte ihn an, wie er es auch sonst dreimal täglich machte. ¹²Da stürmten jene Männer herein und fanden Daniel, wie er seine Bitten vor Gott brachte und ihn um Erbarmen anflehte.

¹⁴Da berichteten sie [dem König]: »Daniel, einer der Gefangenen aus Judäa, missachtet sowohl dich, den König, als auch das Gesetz, das du unterschrieben hast. Dreimal am Tag betet er zu seinem Gott!« ¹⁵Als der König das hörte, fuhr es ihm durch Mark und Bein. Den ganzen Tag versuchte er einen Weg zu finden, wie er Daniel retten könne. Aber als die Sonne unterging, hatte er noch keinen Ausweg gefunden.

¹⁷Daraufhin befahl der König, Daniel herbeizubringen und ihn in die Löwengrube zu werfen. Der König sagte zu ihm: »Dein Gott, den du so treu verehrst, möge dich retten.«

²⁰Im Morgengrauen des nächsten Tages stand der König auf und lief so schnell er konnte zur Löwengrube. ²¹Ängstlich rief er schon von Weitem: »Daniel, du Knecht des lebendigen Gottes, hat dich dein Gott, den du so treu verehrst, vor den Löwen gerettet?«

²²Daniel antwortete ihm: »Lang lebe der König! ²³Mein Gott sandte seinen Engel. Der hat den Löwen das Maul verschlossen, sodass sie mir nichts antun konnten. Denn ich bin unschuldig vor meinem Gott und habe auch gegen dich nichts Unrechtes getan.« ²⁴Der König war überglücklich und befahl, Daniel aus der Löwengrube zu befreien. Nachdem man ihn herausgeholt hatte, fand man nicht den kleinsten Kratzer an ihm, denn er hatte auf seinen Gott vertraut.

²⁷»Ich befehle allen Bürgern meines Reiches, dass sie vor dem Gott Daniels zittern und sich vor ihm fürchten sollen. Denn er ist der lebendige Gott und er bleibt für alle Zeiten bestehen. Sein Reich kann niemals zerstört werden und seine Herrschaft endet nie.²⁸Er befreit und rettet sein Volk; er vollbringt Zeichen und Wunder, sowohl im Himmel als auch auf der Erde.«

Daniel: ein Jude, der als Teenager ins Exil verschleppt worden war und zunächst den Babyloniern und nun Darius, dem König von Persien, diente. Zur Zeit der hier berichteten Ereignisse war er etwa achtzig Jahre alt.

Königliche Bevollmächtigte (auch »Satrapen«): Gouverneure oder Beschützer des Königreiches³⁵

Sein Reich kann niemals zerstört werden: Darius erkannte, dass Daniels Gott ein mächtiges Wesen mit einem Königreich ist – ein Ort, wo alles getan wird, was Gott will (selbst von den Löwen).

 Hilfreiche Fragen und Stichwörter, um in die Geschichte einzusteigen:

1. Wie ist Daniel wohl damit zurechtgekommen, als Jude in Babylon zu leben? Was hat er vielleicht gedacht? Beziehen Sie in Ihre Überlegungen Daniels Herkunft und Charakter ein:

- Als die mächtige Nation der Babylonier in das israelitische Südreich Juda herfiel, zerstörte König Nebukadnezar den Tempel und raubte alle Tempelschätze. Er und seine Armee brachten ihre Kriegsgefangenen aus Juda nach Babylon (über 800 Kilometer entfernt) und machten sie zu Sklaven. Daniel wurde ausgebildet und als Regierungsbeamter eingesetzt. Wenn Daniel zum Zeitpunkt seiner Gefangennahme (605 v.Chr.) etwa sechzehn Jahre alt war, war er zur Zeit der hier berichteten Ereignisse mindestens zweiundachtzig Jahre alt, da die Perser Babylon um 539 v.Chr. unterwarfen.
- An keiner Stelle wird erwähnt, dass Daniel verbittert ist. Stattdessen schien er mit der Zeit ein recht enges Verhältnis zu und sogar Sympathie für Nebukadnezar entwickelt zu haben – den Mann, dessen Gefangener er war.
- Im Bibeltext wird angemerkt, dass Daniel »treu war und keinerlei Nachlässigkeit oder Schlechtes bei ihm zu finden waren« (V. 5 ELB).

2. Offenbar war Darius dem schmeichelnden Vorschlag erlegen, seine Untertanen sollen zu ihm und niemandem sonst beten. Wann ist es Ihnen schon einmal so ergangen, dass Sie die Folgen tragen mussten, weil jemand, der Ihnen übergeordnet war, eine unkluge Entscheidung getroffen hatte? Wie haben Sie sich dabei gefühlt? Was haben Sie getan?
3. Welcher Teil von Darius' Beschreibung von Gottes Königreich ist für Sie heute am bedeutsamsten?

- Gott ist ein lebendiger Gott, nicht nur eine »Macht« oder kaum existent.
- Gott ist beharrlich und gibt niemals auf.
- Das Reich Gottes ist unzerstörbar und bleibt ewig.
- Gott rettet Menschen und bringt Heil.
- Gott tut Wunder auf der Erde und im Kosmos.

4. Daniel hatte einen vorbildlichen Charakter. Er suchte niemals Ehre oder persönliche Bereicherung. Er war ein vertrauenswürdiger und unbestechlicher Regierungsbeamter. Er freundete sich mit Königen an, die ohne Weiteres hätten seine Feinde sein können. Der Schlüssel zu seinem Charakter war seine Beziehung zu Gott, die er mit zahlreichen geistlichen Übungen pflegte:

- Fasten und gesunde Ernährung (vgl. Daniel 1,8.12; 9,3; 10,3)
- Gebet (vgl. Daniel 2,18.20-23; 6,11; 9,3.20)
- Beichte (vgl. Daniel 9,4.20)
- Dienst/Gottesdienst (vgl. Daniel 6,5-6.)
- Schriftstudium (vgl. Daniel 9,2)
- Bescheidenheit (vgl. Daniel 5,17)
- Anbetung (vgl. Daniel 2,20-23)

Wie können diese Disziplinen dem Charakter eines Menschen zuträglich sein?

5. **Mäuschen spielen**
   Stellen Sie sich Daniel in der Löwengrube vor:

> Aller Wahrscheinlichkeit nach gab es oben eine Öffnung, durch die Daniel in die Grube hinabgelassen worden war und durch die der König später mit Daniel sprach, ebenso eine Öffnung an der Seite, durch welche die Löwen gefüttert wurden. Wahrscheinlich war es solch ein Seiteneingang, der versiegelt worden war; die obere Öffnung war ganz offensichtlich zu hoch, als dass man dort hindurch hätte fliehen können.[36]

6. **Biblische Parallelen: Jesus und sein Königreich**
   Das Reich Gottes existierte bereits zu alttestamentlicher Zeit (vgl. Psalm 145,13; Daniel 2,44; 7,14.27), doch Jesus brachte es auf neue Art und Weise auf die Erde. Er sagte: »Das Reich Gottes ist

mitten unter euch« (Lukas 17,21). Am Ende der Zeit werden wir das Reich Gottes in seiner Vollkommenheit erleben (vgl. Offenbarung 11,15).

7. Biblische Parallelen: Gottes Reich im zeitlichen Verlauf

Das Reich Gottes existierte bereits in alttestamentlicher Zeit. Die folgende Tabelle zeigt den zeitlichen Verlauf seiner Offenbarung in der Welt.

Bevor Jesus kam	Daniel, der nach der Zerstörung des israelischen Tempels im heidnischen Babylon lebte, sprach von einem ewigen Königreich und verstand, dass es niemals zerstört werden konnte (vgl. Daniel 2,44; 3,33; 6,27). Der Psalmist sprach von der herrlichen Pracht von Gottes ewigem Königreich (vgl. Psalm 145,11-13).
Zu Lebzeiten von Jesus	Jesus brachte Gottes Reich umfassender auf die Erde, sodass es seinen Zuhörern nah war. Jesus sagte, das Reich Gottes stünde »vor der Tür« (Lukas 10,9.11 MES) und sei »mitten unter euch« (Lukas 17,21). Das Reich Gottes stand auch im Mittelpunkt von allem, was Jesus lehrte (vgl. Markus 1,15; 4,11-30; 10,14.-15). Jesus demonstrierte die Gegenwart von Gottes Reich durch vollmächtige Wunder.
Zwischen Jesu Auferstehung und Himmelfahrt	Zwischen seiner Auferstehung und Himmelfahrt predigte Jesus vom Reich Gottes (vgl. Apostelgeschichte 1,3).
Urgemeinde bis Gegenwart	Die Apostel lehrten das Reich Gottes (vgl. Apostelgeschichte 8,12; 14,22; 19,8; 28,23.31) und zeigten es durch Wunder, die sie taten (vgl. Apostelgeschichte 3,1-10; 5,12-16; 9,34; 14,8-10). Paulus bezeichnete sich und seine Gefährten als Mitarbeiter im Reich Gottes (vgl. Kolosser 4,11; Römer 14,17; 1. Korinther 4,20).
Wenn Jesus wiederkommt und danach	Das Reich Gottes wird zu seiner vollkommenen Vollendung gelangen (vgl. Lukas 22,16.18) und Gott wird als König regieren (vgl. Offenbarung 22,4-5).

Nachdenken über die Einladung

Lesen Sie den Abschnitt noch einmal und stellen Sie sich die Szene so vor, als würden Sie einen Film schauen. Hören Sie die Worte deutlich mit Ihrem »inneren Ohr«.

- Wie entwickelt sich die Handlung? Was sehen Sie?
- Welcher Augenblick in der Geschichte, welches Wort oder welcher Satz fällt Ihnen auf? Stellen Sie sich vor, was Daniel wohl gedacht oder gefühlt hat. Können Sie sich damit identifizieren?
- Warum? Welche Bedeutung könnte das für Sie haben?

Weiterdenken
- Was hat dieser Abschnitt mit Ihrem Leben zu tun?
- Gibt es einen Gedanken, ein Gefühl oder eine Absicht, die Sie daraus mitnehmen sollen?
- Fordert Gott Sie auf, etwas zu sein, zu wissen, zu verstehen, zu fühlen oder sogar zu tun?

Seien Sie offen für die Stille und fühlen Sie sich nicht zu einer Antwort gedrängt.

 Nehmen Sie sich einige Minuten Zeit, um Gott im Gebet zu antworten. Was möchten Sie Gott über Ihre Erfahrung mit seinem Wort unbedingt sagen?

 Lassen Sie auf sich wirken, was Ihnen in diesem Abschnitt aufgefallen ist, und überlegen Sie: Wie empfinden Sie Gott oder sein Handeln in diesem Abschnitt? Was erfahren Sie dadurch über Gott?

Nehmen Sie sich einige Minuten Zeit, um die Gedanken, die Ihnen gekommen sind, auf sich wirken zu lassen. Das kann sich in Lobpreis ausdrücken oder einfach im Ruhen in Gottes Gegenwart.

 Wie wäre es, wenn Sie niederknien und Gott danken, dass er Sie in unangenehmen Situationen gehalten und versorgt hat?

Offen sein für den Heiligen Geist

Wir haben gern unter Kontrolle, was wir sehen und hören. Wir möchten zum Beispiel möglichst ohne Werbeunterbrechung fernsehen. Ebenso versuchen wir, die Bibel zu managen oder zu kontrollieren, indem wir uns Verse heraussuchen, die scheinbar das beweisen, wovon wir glauben oder hoffen, dass es wahr ist. Auf der Suche nach einer Lösung für ein bestimmtes Problem schlagen wir die Bibel auf und lesen sie durch diese Brille. Stattdessen sollten wir uns bemühen, die Kontrolle an den Heiligen Geist abzugeben. Wir sollten den Text für sich stehen lassen und warten, wie der Heilige Geist uns dadurch anspricht.

Eine solche Angreifbarkeit gegenüber dem Heiligen Geist erfordert, dass wir »die Botschaft Gottes, die er uns gegeben hat, demütig annehmen, denn sie hat die Kraft, unsere Seelen zu retten« (Jakobus 1,21). Wir sollten dem Wort Gottes mit der Bereitschaft begegnen, auf das zu hören, was der Heilige Geist uns zu sagen hat. Wir sollten auch darauf achten, uns nicht aufgrund dessen, was wir hören wollen, selbst etwas auszudenken. Die Gedanken, die uns kommen, mögen nicht neu oder außergewöhnlich sein. Vielleicht ist es etwas, das wir bereits wissen, aber tiefgründiger begreifen sollen. Oder vielleicht ist es genau das, was wir aufgrund der Lebensumstände heute – in diesem Augenblick – hören müssen. A. W. Tozer beschreibt dieses Phänomen folgendermaßen:

> Wer also Gott nachfolgen und ihn kennenlernen möchte, der sollte seine Bibel aufschlagen und daran glauben, dass sie zu ihm spricht. Er sollte jedoch nicht mit der Vorstellung kommen, die Bibel sei ein Ding, das man hin- und herschieben könne, wie es einem beliebt.[37]

Wir schieben die Heilige Schrift herum, wenn wir innerhalb eines vorgefassten Denksystems interpretieren, was sie bedeutet oder was sie heute für uns bedeutet. Der Versuch, beim Bibellesen in aller Eile so viel wie möglich zu schaffen, verhindert in aller Regel Angreifbarkeit oder Demut – und damit, dass beides uns hilft wahrzunehmen, was Gott sagt. Das Ziel der Interaktion mit Gott durch die Heilige Schrift ist nicht, ein Kapitel oder Buch fertigzulesen, sondern Gott zu begegnen.

Dr. Robert Mulholland nennt diese Erfahrung, dass Gott durch die Bibel zu uns spricht, »dynamische Inspiration« [38]. Er sagt, der Satz »Die ganze Schrift ist von Gottes Geist eingegeben« (2. Timotheus 3,16) lässt sich unterschiedlich übersetzen, weil Paulus unterschiedliche Bedeutungsschichten beabsichtigt hat. Die Inspiration der Schrift ist dynamisch, weil der Heilige Geist nicht nur den Schreiber des Buches inspiriert hat, sondern auch uns inspiriert, wenn wir es lesen. [39]

Es wird uns leichter fallen, für die Inspiration des Heiligen Geistes offen zu sein, wenn wir eine Warteschleife über den Wörtern oder Sätzen drehen, die uns auffallen. Dieses Offensein für den Heiligen Geist gibt Gott die Möglichkeit, ein Problem anzusprechen, das wir meinten, bereits gelöst zu haben, uns auf eine Beziehung hinzuweisen, die wir für geheilt gehalten hatten, oder uns zu zeigen, dass eine gewonnene Erkenntnis noch einmal überdacht werden muss. Bibelmeditation kann uns helfen, eine Situation ganz neu zu betrachten, sodass wir das Herz der betreffenden anderen Person verstehen und zu einer Barmherzigkeit finden können, wie wir vorher nicht hatten. Aus dieser Erfahrung gehen wir mit »erleuchteten Augen des Herzens« hervor (vgl. Epheser 1,18).

Das verborgene und doch kraftvolle Reich Gottes

Matthäus 13,24–32 und 36–40

 Kommen Sie ganz zu sich, indem Sie ruhig ein- und ausatmen. Lockern Sie Ihren Nacken und nehmen Sie sich Zeit, auch alle anderen Muskeln zu entspannen. Denken Sie über die folgende Frage nach: Welche Dinge sind verborgen, aber dennoch kraftvoll? Zum Beispiel ist Elektrizität an sich in der Regel nicht sichtbar, doch wir sehen ihre eindrucksvollen Auswirkungen. Was gibt es noch?

 Lesen Sie den Abschnitt still für sich selbst durch. Lesen Sie dann die darunterstehenden Anmerkungen zu den wichtigsten Wörtern und Formulierungen. Überlegen Sie, welchen Einfluss diese Details darauf haben, wie Sie die Geschichte verstehen. Lesen Sie sich nun den Abschnitt langsam laut vor. Nehmen Sie sich Zeit, die Worte an Ihre Ohren dringen zu lassen.

Matthäus 13,24–32 und 36–40

[24]Jesus erzählte noch ein anderes Gleichnis: »Das Himmelreich ist vergleichbar mit einem Bauern, der gutes Saatgut auf sein Feld säte. [25]Doch in der Nacht, als alles schlief, kam sein Feind und säte Unkraut zwischen den Weizen und ging wieder weg. [26]Als das Korn zu wachsen

begann und Ähren ausbildete, kam auch das Unkraut zum Vorschein. ²⁷Da kamen die Arbeiter des Bauern und sagten: ›Herr, das Feld, auf dem du gutes Saatgut gesät hast, ist voller Unkraut!‹

²⁸›Das hat mein Feind getan!‹, rief der Bauer aus.

›Sollen wir das Unkraut ausreißen?‹, fragten die Arbeiter.

²⁹Er antwortete: ›Nein, wenn ihr das tut, schadet ihr dem Weizen. ³⁰Lasst beides bis zur Zeit der Ernte wachsen. Dann will ich den Erntehelfern sagen, dass sie das Unkraut heraussammeln und verbrennen sollen. Den Weizen aber sollen sie in die Scheune bringen.‹«

³¹Jesus benutzte noch ein anderes Beispiel: »Das Himmelreich ist wie ein Senfkorn, das auf ein Feld gesät wird. ³²Es ist das kleinste von allen Samenkörnern, aber es wächst zur größten Pflanze heran und wird so groß wie ein Baum, sodass die Vögel in seinen Ästen Schutz finden.«

³⁶Danach ging Jesus ins Haus und ließ die Menschenmenge draußen stehen. Seine Jünger baten ihn: »Erkläre uns das Gleichnis vom Unkraut auf dem Feld.«

³⁷Jesus sagte: »Der Bauer, der den guten Samen aussät, ist der Menschensohn. ³⁸Das Feld ist die Welt, und der gute Same steht für die Kinder des Himmelreiches. Das Unkraut sind die Menschen, die zu Satan gehören. ³⁹Der Feind, der das Unkraut zwischen den Weizen ausgesät hat, ist der Teufel. Die Ernte ist das Ende der Welt, und die Erntehelfer sind die Engel. ⁴⁰Genauso, wie das Unkraut aussortiert und verbrannt wird, so wird es auch am Ende der Welt sein.«

Himmelreich: Matthäus nennt das Reich Gottes »Himmelreich«, vielleicht, weil Juden es vermeiden, Gottes Namen auszusprechen, oder vielleicht, weil Matthäus betonen wollte, wie nahe Gottes Reich ist. In der jüdischen Denkweise begann der Himmel auf der Erdoberfläche – in der Luft, die uns umgibt – und erstreckte sich nach oben.

Senfkorn: Die kleinen, runden Samen von Senfpflanzen sind meist nur ein bis zwei Millimeter groß. Sie können gelblich-weiß oder schwarz sein.

Menschensohn: So bezeichnete Jesus sich selbst.

 Hilfreiche Fragen und Stichwörter zum Text:

1. **Personen im Text: Bauer, Feind und Arbeiter**
   Sehen Sie sich selbst in einer der Figuren im Gleichnis vom Unkraut oder seiner Erklärung? Sind Sie:

- der fleißige Bauer, der den Weizen auf seinem Feld aussät?
- der Feind, der sich nachts heranschleicht und Unkraut auf das Feld sät?
- die verdutzten Arbeiter, die fragen, wie diese schlimme Sache passieren konnte?
- die lösungsorientierten Arbeiter, die das Unkraut ausreißen wollen?
- die Erntehelfer (Engel), die sowohl den Weizen als auch das Unkraut einsammeln?
- der Bauer, der auf den Moment wartet, den er für am besten hält, bevor er handelt – der die Beseitigung des Unkrauts hinauszögert, um die wertvolle Weizenernte zu schützen?
- die »Kinder des Himmelreichs«, die Seite an Seite mit den »Menschen, die zu Satan gehören« leben?

Warum identifizieren Sie sich mit dieser Person? Wenn Sie sich mit den Arbeitern identifiziert haben, wie schwierig wäre es für Sie, dem Bauern zu vertrauen? Wenn Sie den Text später in dieser Einheit noch einmal lesen, kann es sein, dass der Heilige Geist Sie dazu bewegt, sich mit einer anderen Person zu identifizieren.

2. Überrascht oder erschreckt Sie etwas an Jesu Erklärung zum Gleichnis vom Unkraut?

- Macht und Verborgenheit scheinen nicht zusammenzupassen. Mächtige Menschen sind für gewöhnlich sichtbar, nicht versteckt. Doch in diesen Gleichnissen ist das mächtige Reich Gottes immer irgendwie verborgen.

- Im Gleichnis vom Unkraut wird die Trennung von Weizen und Unkraut aufgeschoben, obwohl der Weizen nicht in seinem Wachstum beeinträchtigt zu sein scheint.
- Im Gleichnis vom Senfkorn wächst etwas, das so klein ist, dass man es leicht übersehen oder wegwerfen könnte, zur größten Pflanze im Garten heran, die anderen genau das gibt, was sie brauchen.

3. Gottes Methode von Aufschub und Verborgenheit steht im Gegensatz zu unserer Vorliebe nach Prominenz, Glamour und Selbstdarstellung, die heute so weit verbreitet ist. Im Reich Gottes erscheinen unsere Werte oft auf den Kopf gestellt. Von der Macht dieses Reiches zu lesen, ist ermutigend. Wie geht es Ihnen mit dem Gedanken, dass Gottes Reich verborgen und noch nicht ist?

- frustriert
- verblüfft
- beeindruckt
- Etwas anderes:

Was meinen Sie, warum Sie so reagieren?

4. Wenn Jesus lehrte, benutzte er oft Bilder von alltäglichen Gegenständen und Tätigkeiten. Wie ich an anderer Stelle einmal schrieb, scheint es, als nahm er, was in Reichweite war, und zeigte, wie es dem Reich Gottes ähnelte. Dazu nahm er, was gerade da war: einen Weinstock, einen Baum, ein Samenkorn, einen Pflug, ein Joch, eine Münze. Einmal, als die Jünger sich stritten, nahm er ein Kind in die Arme und erklärte: »Wenn ihr nicht umkehrt und werdet wie die Kinder, werdet ihr nie ins Himmelreich kommen« (siehe Matthäus 18,1-6). Jesus war ein so kluger Lehrer, dass er,

wenn er neben Ihnen säße, jeden Gegenstand zur Hand nehmen und erklären könnte, inwiefern das Reich Gottes diesem Gegenstand gleicht.[40] Schauen Sie sich um, was bei Ihnen gerade in Reichweite ist. Könnte man es irgendwie mit Gottes Reich vergleichen?

- der gute Geschmack und das tiefe Behagen, das man bei einer guten Tasse Kaffee empfindet
- Wasser, eine grundlegende Lebensvoraussetzung
- eine Decke, die Sie warm hält
- eine Leselampe, die Ihnen das Lesen ermöglicht, selbst wenn es dunkel ist
- Etwas anderes:

_____

_____

Nachdenken über die Einladung

Lesen Sie den Abschnitt noch einmal. Denken Sie dann in der Stille einige Minuten lang über folgende Fragen nach:

- Welches Wort oder welcher Satz fällt Ihnen auf?
- Warum fällt Ihnen gerade das auf?
- Vielleicht lädt Gott Sie mit diesem Abschnitt ein, ein tieferes Verständnis für ihn und sein Königreich zu entwickeln. Was möchte er Ihnen möglicherweise nahebringen?

Weiterdenken

Lesen Sie den Abschnitt gegebenenfalls noch einmal. Überlegen Sie dann:

- Was hat dieser Text mit Ihrem Leben zu tun?

- Gibt es einen Gedanken, ein Gefühl oder eine Absicht, die Sie daraus mitnehmen sollen?
- Fordert Gott Sie auf, etwas zu sein, zu wissen, zu verstehen, zu fühlen oder sogar zu tun?

Seien Sie offen für die Stille und fühlen Sie sich nicht zu einer Antwort gedrängt.

 Nehmen Sie sich einige Minuten Zeit, um Gott im Gebet auf das zu antworten, was Sie von ihm gehört haben. Was möchten Sie ihm über Ihre Beobachtungen in diesem Text unbedingt sagen?

Vielleicht sollten Sie Ihr Gebet auch aufschreiben, um Ihre Gedanken so klar wie möglich zu formulieren.

 Lassen Sie auf sich wirken, was Ihnen in diesem Bibeltext aufgefallen ist, und überlegen Sie: Wie empfinden Sie Gott oder sein Handeln in diesem Abschnitt? Was erfahren Sie dadurch über Gott?

Nehmen Sie sich einige Minuten Zeit, die Gedanken wahrzunehmen, die Ihnen gekommen sind. Das kann sich in Lobpreis ausdrücken oder einfach im Ruhen in Gottes Gegenwart.

 Halten Sie Ausschau nach Umständen oder Personen, deren Einfluss verborgen scheint und dennoch stark ist. Wenn Ihnen nichts einfällt, bitten Sie Gott, Ihnen zu helfen, sie zu erkennen.

Das verborgene und doch kraftvolle Reich Gottes – konkret

2. Könige 6,15-23

 Atmen Sie einige Male ruhig ein und aus. Lassen Sie alle Ablenkungen hinter sich. Bringen Sie Ihre Gedanken zum Schweigen und öffnen Sie sich für Gott.
Wenn Sie eine Konzentrationshilfe brauchen, denken Sie an Situationen, in denen Sie Feuer als schön oder majestätisch empfunden haben.

 Lesen Sie den Abschnitt still für sich selbst durch. Lesen Sie dann die darunterstehenden Anmerkungen zu den wichtigsten Wörtern und Formulierungen. Überlegen Sie, welchen Einfluss diese Details darauf haben, wie Sie die Geschichte verstehen. Lesen Sie sich nun den Abschnitt langsam laut vor. Nehmen Sie sich Zeit, die Worte an Ihre Ohren dringen zu lassen.

2. Könige 6,15-23

[15]Als der Diener des Propheten am nächsten Morgen aufstand und aus dem Haus trat, war die Stadt umgeben von Truppen, Pferden und Streitwagen. »Mein Herr, was sollen wir tun?«, rief er Elisa zu.

[16]»Hab keine Angst!«, sagte Elisa. »Denn es sind mehr auf unserer Seite als auf ihrer.« [17]Und er betete: »Herr, öffne ihm die Augen und lass ihn sehen.« Da öffnete der Herr dem Diener die Augen, und als er aufblickte, sah er, dass das Bergland um Elisa herum voll feuriger Pferde und Streitwagen war.

[18]Als das aramäische Heer gegen sie vorrückte, betete Elisa zum Herrn: »Mach sie doch alle blind.« Und der Herr tat, worum Elisa ihn gebeten hatte. [19]Daraufhin sagte Elisa zu ihnen: »Ihr habt den falschen Weg genommen. Das ist nicht die richtige Stadt! Folgt mir, ich will euch zu dem Mann bringen, den ihr sucht.« Und er führte sie nach Samaria. [20]Sobald sie in der Stadt waren, betete Elisa: »Bitte, Herr, öffne ihnen die Augen und lass sie sehen.« Der Herr tat es, und sie merkten, dass sie mitten in Samaria waren. [21]Als der König von Israel sie sah, rief er Elisa zu: »Mein Vater, soll ich sie töten?«

[22]»Auf gar keinen Fall!«, befahl Elisa. »Du würdest doch auch keine Krieger töten, die du im Kampf gefangen genommen hast. Gib ihnen Brot zu essen und Wasser zu trinken und schick sie zurück zu ihrem Herrn.« [23]Da ließ der König ein großes Fest für sie ausrichten und als sie gegessen und getrunken hatten, schickte er sie zu ihrem König zurück. Danach ließen die aramäischen Plünderer das Land Israel in Frieden.

Prophet (auch »Mann Gottes«): Elisa, ein Prophet im Nordreich Israel

... war die Stadt umgeben von Truppen, Pferden und Streitwagen: Die aramäische Armee, gegen die Israel kämpfte. Der König von Aram wollte Elisa gefangen nehmen, denn der Prophet berichtete dem König von Israel (auf wundersame Weise) zuverlässig, was der König von Aram sogar in seinem Schlafzimmer gesagt hatte, und verschaffte Israel so einen Vorteil in der Schlacht. Diese gesamte Armee war geschickt worden, um Elisa gefangen zu nehmen.

feurige Pferde und Streitwagen: Das erinnert an die himmlischen Heere in der Offenbarung, die von einem Reiter mit flammenden Augen auf einem weißen Pferd angeführt wurden (vgl. Offenbarung 19,11-12.14; siehe auch Psalm 68,18), oder auch an die

übernatürlichen Wagen, die Hesekiel sah (vgl. Hesekiel 1,13–21).

mein Vater: Der König von Israel hatte zu dieser Zeit
großen Respekt vor Elisa

Gib ihnen Brot zu essen und Wasser zu trinken ...: Elisa will Israels Feinden zu essen geben und sie unver-
sehrt zurückschicken.

**Danach ließen die aramäischen Plünderer das Land
Israel in Frieden.** Der aramäische König erlaubte
nicht mehr, dass plündernde Horden nach Israel ein-
fielen.

 Hilfreiche Fragen und Stichwörter,
um in die Geschichte einzusteigen:

1. Hintergrund zu den handelnden Personen: Elisa

♦ Wundertäter: Elisas Wunder drehten sich oft um einfache
menschliche Bedürfnisse, zum Beispiel, einen verlorenen Axtkopf
wiederzufinden, den jemand brauchte, um seinen Lebensunterhalt
zu verdienen – oder dass er das Gift aus einem Essen entfernte,
sodass seine Schüler es essen konnten (vgl. 2. Könige 6,4-7; 4,38-
41).

♦ Hoch geachtet: Der König von Aram schickte eine gesamte Armee, um einen Mann – Elisa – gefangen zu nehmen.

♦ Vertraut mit dem Unsichtbaren: Elisa wusste bereits, dass die feu-
rigen Wagen da waren. Er sprach von ihnen, um seinen Diener zu
beruhigen, der Angst hatte (V. 16).

♦ Sicher: Elisa hatte keine Angst. Er verstand, dass er in einem Königreich lebte, »das nicht zerstört werden kann« (Hebräer 12,28).

♦ Kein Angeber: Elisa wollte, dass die Augen des Dieners geöffnet
wurden, weil es für den Diener wichtig war, nicht etwa um anzu-
geben. Elisa unterstrich das, was der Apostel Paulus über das Un-
sichtbare sagte: »Deshalb geben wir nie auf. Unser Körper mag
sterben, doch unser Geist wird jeden Tag erneuert. Denn unsere jetzigen Sorgen und Schwierigkeiten sind nur gering und von

kurzer Dauer, doch sie bewirken in uns eine unermesslich große Herrlichkeit, die ewig andauern wird! So sind wir nicht auf das Schwere fixiert, das wir jetzt sehen, sondern blicken nach vorn auf das, was wir noch nicht gesehen haben. Denn die Sorgen, die wir jetzt vor uns sehen, werden bald vorüber sein, aber die Freude, die wir noch nicht gesehen haben, wird ewig dauern« (2. Korinther 4,16-18).

- Hatte Augen des Glaubens: Augen des Glaubens sehen die Realität von Gottes Gegenwart und Schutz. Die Pferde und Wagen waren Symbole von Gottes Kraft, und dass sie flammend waren, wies auf die Gegenwart Gottes hin. Diese Augen des Glaubens befähigten Elisa offenbar, vollmächtig im Sinne von Gottes Reich zu handeln.

Was fasziniert Sie am meisten an Elisa?

2. Biblische Parallelen: Feuer

- Gottes Gegenwart und Macht wurden oft durch Feuer signalisiert. Denken Sie zum Beispiel an den flammenden Feuerofen bei Gottes Bundesschluss mit Abraham (vgl. 1. Mose 15,17), den brennenden Dornbusch (vgl. 2. Mose 3,2-4), die Feuersäule auf dem Berg Sinai (vgl. 2. Mose 19,18) und die Flamme auf Manoachs Altar (vgl. Richter 13,20). Jahwe war »der Gott, der mit Feuer antwortet« (1. Könige 18,24.38).
- Zu vielen Opfern gehörte Feuer. In 3. Mose 9,24 heißt es, das Opferfeuer ging von der Herrlichkeit des Herrn aus. Feuer von Jahwe signalisierte die Annahme von bestimmten besonderen und einzelnen Opfern (vgl. Richter 6,21; 1. Könige 18,38; 1. Chronik 21,26). Das Altarfeuer durfte niemals ausgehen (vgl. 3. Mose 6,5-6); das Opfern von »fremdem Feuer« wurde bestraft, indem »Feuer vom Herrn« ausging (3. Mose 10,1-2). Auch bei der Weihe von Salomos Tempel kam Feuer vom Himmel (vgl. 2. Chronik 7,1).[41]

- »Die Manifestation in atmosphärischem Feuer wurde nahezu zu einem Routineereignis in Israels Geschichte, und zwar so sehr, dass Gott als ›verzehrendes Feuer‹ bekannt wurde (vgl. 5. Mose 4,24; Hebräer 12,19) – ein Feuer, das aber auch Liebe ist.«[42]

Warum ist Feuer ein angemessenes Element, um Gottes Gegenwart zu repräsentieren?

3. Mäuschen spielen

Stellen Sie sich die Wagen und das Reich Gottes vor. Die Pferde und Wagen aus Feuer ähneln den himmlischen Heerscharen in der Offenbarung, die von einem weißen Pferd und einem Reiter mit Augen wie Feuerflammen angeführt werden (vgl. Offenbarung 19,11.14; siehe auch Psalm 68,18), oder den übernatürlichen Wagen und Pferden, die Hesekiel sah: hell leuchtende Kreaturen, zwischen denen sich lodernde Fackeln hin und her bewegten und von denen Blitze ausgingen (vgl. Hesekiel 1,13-21). Die Wagen in der himmlischen Sphäre waren bereit, alles auszuführen, was Gott wollte. Sie nahmen einen Raum in Gottes Reich ein, zu dem Elisa mühelos Zugang hatte.[43] Was meinen Sie, wie der Diener reagierte, als er die Wagen aus Feuer sah? Wie hat er sich wohl gefühlt?

Nachdenken über die Einladung

Lesen Sie den Abschnitt noch einmal laut. Stellen Sie sich die Szene bildlich vor. Hören Sie die Worte deutlich mit Ihrem inneren Ohr.

- Wie entwickelt sich die Handlung? Was sehen Sie?
- Wie haben sich wohl Elisa, sein Diener oder der König von Israel in dieser Geschichte gefühlt? Können Sie sich damit identifizieren?
- Warum? Welche Bedeutung könnte das für Sie haben?

Weiterdenken

- Was hat dieser Text mit Ihrem Leben zu tun?
- Gibt es einen Gedanken, ein Gefühl oder eine Absicht, die Sie daraus mitnehmen sollen?
- Fordert Gott Sie auf, etwas zu sein, zu wissen, zu verstehen, zu fühlen oder sogar zu tun?

Seien Sie offen für die Stille und fühlen Sie sich nicht zu einer Antwort gedrängt.

 Nehmen Sie sich einige Minuten Zeit, um Gott auf Ihre Erfahrungen mit dem Text zu antworten. Was möchten Sie ihm unbedingt sagen?

 Lassen Sie auf sich wirken, was Ihnen in diesem Bibeltext aufgefallen ist, und überlegen Sie: Wie empfinden Sie Gott oder sein Handeln in diesem Abschnitt? Was erfahren Sie dadurch über Gott?

Nehmen Sie sich einige Minuten Zeit, die Gedanken wahrzunehmen, die Ihnen gekommen sind. Das kann sich in Lobpreis ausdrücken oder einfach im Ruhen in Gottes Gegenwart.

 Rufen Sie sich bewusst mehrmals am Tag einen der folgenden Sätze in Erinnerung:

- Ich lebe im unerschütterlichen Königreich Gottes. (Hebräer 12,28 MES)
- Es sind mehr auf unserer Seite als auf ihrer. (2. Könige 6,16)

Das gute Friedensreich Gottes

Jesaja 11,1-9

 Kommen Sie ganz zu sich, indem Sie ruhig ein- und ausatmen. Lockern Sie Ihren Nacken und nehmen Sie sich Zeit, auch alle anderen Muskeln zu entspannen. Wenn Sie Hilfe dabei brauchen, sich auf die Meditation einzulassen und sich zu konzentrieren, bitten Sie Gott, Sie an Orte der Welt zu erinnern, die den Frieden eines Lebens im Reich Gottes gebrauchen können (Völker, kulturelle Gruppen, Beziehungen von Menschen, die Sie kennen).

 Lesen Sie den Abschnitt still für sich selbst durch. Lesen Sie dann die darunterstehenden Anmerkungen zu den wichtigsten Wörtern und Formulierungen. Überlegen Sie, welchen Einfluss diese Details darauf haben, wie Sie die Geschichte verstehen. Lesen Sie sich nun den Abschnitt langsam laut vor. Nehmen Sie sich Zeit, die Worte an Ihre Ohren dringen zu lassen.

Jesaja 11,1-9

¹Aus dem Stumpf Isais wird ein Spross hervorgehen – ein neuer Trieb aus seinen Wurzeln wird Frucht tragen.
²Auf ihm wird der Geist des Herrn ruhen – der Geist der Weisheit und des Verstandes, der Geist des Rates und der

Macht, der Geist der Erkenntnis und der Furcht des Herrn. ³Er wird an der Furcht des Herrn Wohlgefallen haben.

Sein Urteil wird sich nicht auf Äußerlichkeiten gründen, er wird nicht aufgrund dessen, was er hört, entscheiden. ⁴Er sorgt für Gerechtigkeit unter den Armen und verschafft den Unterdrückten Recht. Er schlägt das Land mit der Rute seiner Lippen und tötet die Gottlosen mit dem Hauch seines Mundes. ⁵Gerechtigkeit ist sein Gürtel und Wahrheit sein Gurt.

⁶Dann werden der Wolf und das Lamm einträchtig zusammenleben; der Leopard und die Ziege werden beieinander lagern. Kalb, Löwe und Mastvieh werden Freunde und ein kleiner Junge wird sie hüten. ⁷Kuh und Bär werden miteinander weiden. Ihre Jungen werden nebeneinander ruhen. Der Löwe wird Stroh fressen wie das Vieh. ⁸Der Säugling spielt am Schlupfloch der Otter. Ja, ein Kleinkind steckt seine Hand in eine Giftschlangenhöhle. ⁹Auf meinem ganzen heiligen Berg wird niemand mehr etwas Böses tun oder Unheil stiften, denn wie das Wasser das Meer füllt, so wird die Erde mit der Erkenntnis des Herrn erfüllt sein.

Stumpf Isais: Der »Stumpf« war alles, was noch vom Stammbaum und den Nachkommen Davids (dessen Vater Isai war) übrig geblieben war. Der letzte König in dieser Linie wurde gefoltert und als Gefangener nach Babylon gebracht, wo er starb (vgl. Jeremia 52,11).

... ein neuer Trieb aus seinen Wurzeln wird Frucht tragen: Aus dem toten Stumpf wächst ein zarter Trieb hervor, der zu einem Zweig wird, der auf wundersame Weise Frucht trägt. Dieser Zweig ist der Messias.

Sein Urteil wird sich nicht auf Äußerlichkeiten gründen: Dieser Messias wird nicht nach dem äußeren Anschein oder Hörensagen urteilen, sondern nach dem, was recht und gerecht ist, und zwar in der Kraft des Heiligen Geistes. Dies ist ein weiterer Hinweis darauf, dass der Messias mehr als ein Mensch ist.

Er schlägt das Land mit der Rute seiner Lippen: Die Worte dieses Messias werden die Aufmerksamkeit der Menschen fesseln; sein Atem wird die Bösen besiegen (vgl. Sprüche 25,15: »Sanfte Worte können den heftigsten Widerstand brechen.«).

Dann werden der Wolf und das Lamm einträchtig zusammenleben: Dieser und die folgenden Verse beschreiben, wie Tiere, die natürliche Feinde sind, friedlich zusammenleben.

Stroh fressen: Der Löwe wird keine Beutetiere mehr töten, um sie zu fressen, sondern er wird sich von Stroh ernähren.

Der Säugling spielt am Schlupfloch der Otter: Dieses Königreich wird so friedlich sein, dass auch tödliche Schlangen keinem Kind mehr etwas antun werden.

so wird die Erde mit der Erkenntnis des Herrn erfüllt sein: Alle Völker, nicht nur Israel, werden Gott kennen.

 Hilfreiche Fragen und Stichwörter zum Text:

1. Die Verse 6-9 zeichnen ein Bild vom Reich Gottes in der Zukunft, wenn es keinen Kummer, Tod oder Schmerz mehr geben wird (vgl. Offenbarung 21,4). Der gesamte Abschnitt wird oft mit »Das Friedensreich« überschrieben.[44] »Jedes Tier wird im gleichen Atemzug mit einem anderen genannt, das natürlicherweise seine Beute wäre – eine Situation, die nur unter dem ›Friedefürst‹ möglich ist (vgl. Jesaja 65,25, Hesaja 34,25; Hosea 2,20), wenn die Rückkehr zur Beziehung zwischen Tier und Mensch, die im Garten Eden herrschte, erreicht ist.«[45] Wenn Jesaja in unserer Zeit und Kultur leben würde, welche natürlichen Feinde hätte er vielleicht noch in seinem Text über das Friedensreich Gottes genannt? Fallen Ihnen einige ein?

- ◆ konkurrierende politische Parteien
- ◆ verfeindete Völker
- ◆ konkurrierende Sportmannschaften

◆ Etwas anderes:

_____

_____

Überlegen Sie einmal, wie seltsam es wäre, wenn diese zwei Gruppen/Personen friedlich zusammenleben würden, wie es in diesem Abschnitt beschrieben ist.

2. Was ist in den Versen 1-5

◆ das Anziehendste am Messias?
◆ das Erstaunlichste am Messias?

Was ist in den Versen 6-9

◆ das Anziehendste am messianischen Friedensreich?
◆ das Erstaunlichste am messianischen Friedensreich?

Nachdenken über die Einladung
Vielleicht lädt Gott Sie in diesem Abschnitt ein, etwas Bestimmtes besser zu verstehen. Was könnte das sein? Lesen Sie den Text noch einmal und denken Sie dann in der Stille über die folgenden Fragen nach:

◆ Welches Wort oder welcher Satz fällt Ihnen auf?
◆ Warum fällt Ihnen gerade das auf?

Weiterdenken.
Lesen Sie den Abschnitt gegebenenfalls noch einmal. Überlegen Sie dann:

◆ Was hat dieser Text mit Ihrem Leben zu tun?

- Gibt es einen Gedanken, ein Gefühl oder eine Absicht, die Sie daraus mitnehmen sollen?
- Fordert Gott Sie auf, etwas zu sein, zu wissen, zu verstehen, zu fühlen oder sogar zu tun?

Seien Sie offen für die Stille und fühlen Sie sich nicht zu einer Antwort gedrängt.

 Nehmen Sie sich einige Minuten Zeit, um mit Gott im Gebet über Ihre Gedanken zu sprechen. Was möchten Sie ihm über das sagen, was Ihnen in diesem Abschnitt aufgefallen ist.?

 Lassen Sie den tiefen Frieden dieses Textes auf sich wirken. Wie reagiert Ihr Körper darauf? Lächeln Sie? Atmen Sie erleichtert auf?

Nehmen Sie sich einige Minuten Zeit, die Gedanken wahrzunehmen, die Ihnen gekommen sind. Das kann sich in Lobpreis ausdrücken oder einfach im Ruhen in Gottes Gegenwart.

 Stellen Sie sich problematische Situationen in der Welt heute vor, wie sie im messianischen Friedensreich wären.

Probieren Sie aus, wie es ist, durch den Tag zu gehen und dabei zuerst Gottes Reich und seine Gerechtigkeit zu suchen. Vielleicht tun Sie es mit diesen Worten: »Richtet eure gesamte Aufmerksamkeit auf das, was Gott jetzt tut, und macht euch keine Sorgen darum, was morgen geschieht oder nicht geschieht« (Matthäus 6,34 MES).

Höre ich wirklich Gottes Stimme oder bilde ich es mir nur ein?

Wenn Ihnen beim Meditieren über die Bibel Einsichten oder Gedanken kommen, fragen Sie sich vielleicht: Kam dieser Gedanke von Gott? Oder spielt mir mein Unterbewusstsein immer nur die gleichen alten Denkmuster vor? Oder versucht sogar der Feind, mich zu Fall zu bringen?

Je mehr Sie über die Bibel meditieren, umso besser werden Sie lernen, Gottes Stimme zu erkennen und von Ihrer eigenen Stimme zu unterscheiden. Ein Beispiel: »Die Stimme des Unterbewusstseins streitet mit Ihnen und versucht, Sie zu überzeugen; doch die Stimme Gottes in Ihnen streitet nicht und versucht nicht zu überzeugen. Sie spricht einfach. Sie fühlt sich an wie die Stimme Gottes.«[46]

Im Allgemeinen wird das, was wir von Gott hören, sich nicht nach dem anhören, was wir uns normalerweise selbst sagen, besonders, wenn Sie oft unter negativem Denken leiden. Sich etwas auszudenken, ist die subtile Version des Versuchs, die Meditation selbst zu kontrollieren, statt sich von Gott eine Erkenntnis schenken zu lassen. Da ist es gut, sich selbst zu fragen: Schreibe ich das Drehbuch oder nehme ich es in Empfang? Kann ich mich von dem überraschen lassen, was mir ins Bewusstsein kommt?

Was Gott uns am häufigsten durch die Bibelmeditation mitteilt, ist keine neue Offenbarung, sondern eine praktische Erkenntnis, eine Idee, die heute befreiend für Sie ist, oder ein Zusammenkommen von Dingen, die Sie bereits wussten, aber bisher nicht ganz begreifen konnten.

Wenn Sie sich nicht sicher sind, ob die Erkenntnis, die Ihnen gekommen ist, von Gott ist, könnten Sie sie mit jemandem besprechen, der weiser ist als Sie selbst. Es geht einfach darum, Gottes Stimme hören zu lernen. Sie arbeiten an Ihrer Fähigkeit, mit dem Vater im Himmel zu kommunizieren. Bibelmeditation ist das zuverlässigste Mittel, um Gott zu hören.

Teil 4

Verwandelt werden in das Ebenbild von Jesus

In Jesus bleiben

Johannes 15,1-11

 Kommen Sie ganz zu sich, indem Sie ruhig ein- und aus-
atmen. Lockern Sie Ihren Nacken und nehmen Sie sich
Zeit, auch alle anderen Muskeln zu entspannen.
Wenn Sie möchten, denken Sie über folgendes Zitat von Andrew
Murray nach, um Ihre Gedanken auf den heutigen Bibeltext auszu-
richten:

> All denen die lernen möchten, von einem Augenblick
> zum andern bewusst in der Gemeinschaft mit Jesus zu
> leben, möchte ich sagen: Übe dich darin, den gegen-
> wärtigen Augenblick zu nutzen. Jedes Mal, wenn du
> dich in Gedanken mit Jesus beschäftigst – ob du nun
> ausgiebig Zeit hast, dich Gottes Wort oder dem Gebet
> zu widmen, oder ob es nur einige flüchtige Sekunden
> sind – sage dir selbst: »Jetzt, in diesem Moment bleibe
> ich in Jesus!« es ist weder eine Sache des Gefühls noch
> der geistlichen Stärke; es kommt nur darauf an, ob du
> bereit bist, dich ihm zu überlassen und deine Stellung
> in Christus anzuerkennen, in der er dich haben will.[47]

Während Sie zur Ruhe kommen, legen Sie die Hände mit den Handflächen nach unten in den Schoß als Symbol dafür, dass Sie alle Sorgen abgeben. Wenn ein hartnäckiger Gedanke auftaucht, drehen Sie

die Handflächen nach oben als »Symbol dafür, dass Sie nun etwas vom Herrn empfangen möchten«.[48] Wenn Sie während der Meditation abgelenkt werden, wiederholen Sie die Übung.

Lesen Sie den Abschnitt still für sich selbst durch. Lesen Sie dann die darunterstehenden Anmerkungen zu den wichtigsten Wörtern und Formulierungen. Überlegen Sie, welchen Einfluss diese Details darauf haben, wie Sie die Geschichte verstehen. Lesen Sie sich nun den Abschnitt langsam laut vor. Nehmen Sie sich Zeit, die Worte an Ihre Ohren dringen zu lassen.

Johannes 15,1–11

[1]Ich bin der wahre Weinstock und mein Vater ist der Weingärtner. [2]Er schneidet jede Rebe ab, die keine Frucht bringt, und beschneidet auch die Reben, die bereits Früchte tragen, damit sie noch mehr Frucht bringen. [3]Ihr seid schon durch die Botschaft, die ich euch gegeben habe, beschnitten. [4]Bleibt in mir, und ich werde in euch bleiben. Denn eine Rebe kann keine Frucht tragen, wenn sie vom Weinstock abgetrennt wird, und auch ihr könnt nicht, wenn ihr von mir getrennt seid, Frucht hervorbringen.

[5]Ich bin der Weinstock; ihr seid die Reben. Wer in mir bleibt und ich in ihm, wird viel Frucht bringen. Denn getrennt von mir könnt ihr nichts tun. [6]Wer nicht in mir bleibt, wird fortgeworfen wie eine nutzlose Rebe und verdorrt. Solche Reben werden auf einen Haufen geworfen und verbrannt. [7]Doch wenn ihr mit mir verbunden bleibt und meine Worte in euch bleiben, könnt ihr bitten, um was ihr wollt, und es wird euch gewährt werden! [8]Darin wird mein Vater verherrlicht, dass ihr viel Frucht hervorbringt und meine Jünger werdet.

[9]Ich habe euch genauso geliebt, wie der Vater mich geliebt hat. Bleibt in meiner Liebe. [10]Wenn ihr mir gehorcht, bleibt ihr in meiner Liebe, genauso wie ich meinem Vater gehorche und in seiner Liebe bleibe. [11]Ich sage euch das,

damit meine Freude euch erfüllt. Ja, eure Freude soll vollkommen sein!

---

der wahre Weinstock: Propheten beschrieben Israel
häufig als Weinstock oder Weinberg, doch meist als
nutzlosen oder verwahrlosten Weinstock, der wilde
oder sogar schlechte Trauben hervorbrachte (vgl.
Jesaja 5,1-7; Hesekiel 15,1-6). Jesus sagt von sich, er
sei der wahre Weinstock.

beschneidet: Dies ähnelt dem Gedanken in Vers 3,
dass die Jünger gereinigt und von ablenkenden Am-
bitionen befreit werden, um Jesus zu folgen.

bleibt: Das griechische Wort an dieser Stelle lautet
menō, was »bleiben«, »fortbestehen«, »wohnen«,
»fortdauern«, »anwesend sein« oder »in Kontakt
bleiben mit« bedeutet.

verbrannt: Dürre Zweige sind gut für ein Lagerfeu-
er; das ist nützlich, aber nicht so nützlich, wie wenn
ein Ast mit dem Weinstock verbunden ist und Frucht
bringt.

... könnt ihr bitten, um was ihr wollt: Wenn wir am
Weinstock bleiben, sind unsere Bitten bereits durch
den Weinstock hindurchgegangen, also durch Jesus
Christus.

verherrlicht: Gott wird verherrlicht, wenn göttliche
Schönheit, Güte, Macht und Kraft für andere sichtbar gemacht werden.

Freude: Ein durchdringendes Gefühl des Wohl-Seins.

 Hilfreiche Fragen und Stichwörter zum Text:

1. Biblische Parallelen: Frucht

Manche interpretieren Frucht hier als die Frucht des Heiligen
Geistes, wie sie in Galater 5,22-23 beschrieben wird (Liebe, Freude, Frieden, Geduld, Freundlichkeit, Güte, Treue, Sanftmut und
Selbstbeherrschung), oder als Tugend im Allgemeinen. Andere
meinen, dass Frucht sich auf diejenigen bezieht, die sich auf das

Evangelium einlassen, wie es auch in Johannes 4,35-38 gemeint zu sein scheint:

> Doch etwas Grundlegenderes, etwas, das sowohl der missionarischen Arbeit als auch den ethischen Tugenden zugrunde liegt, scheint hier beabsichtigt zu sein. Die Entwicklung des Bildes in Vers 7-17 legt nahe, dass »Frucht bringen« sich auf den Besitz des ewigen Lebens selbst und besonders auf die Haupteigenschaften dieses Lebens, die Erkenntnis Gottes (vgl. 15,15) und die Liebe (15,9-14) bezieht. Jesus sagt, wenn seine Nachfolger viel Frucht bringen, zeigen sie damit, dass sie seine Jünger sind (15,8), und an anderer Stelle nennt er die Liebe als den Beweis, dass ein Mensch sein Jünger (13,35; 14,21.23) und in Einheit mit Gott und miteinander ist (17,21-23). Somit symbolisiert das Bild der Frucht das, was der Kern von christlichem Zeugnis und Ethik ist: Einheit mit Gott.[49]

Wie geht es Ihnen bei dem Gedanken, dass Einheit oder Einssein mit Gott nicht nur möglich, sondern wahrscheinlich ist, wenn wir in Christus bleiben? Kreuzen Sie die für Sie zutreffenden Antworten an.

- Ich habe noch nie darüber nachgedacht.
- Es erscheint mir unerreichbar oder jenseits meines Erfahrungsbereichs.
- Das will ich!
- Ich sehne mich nach Einheit mit Gott – nach dem Gefühl, wirklich zu ihm zu gehören.
- Etwas anderes:

2. Biblische Parallelen: Beschneiden/Reinigen

Jesus sagte seinen Jüngern, dass sie die Reben am Weinstock sind und dass sie damit rechnen müssen, beschnitten zu werden. Dieses Beschneiden oder Reinigen wurde in verschiedene Richtungen gedeutet, doch der Text zeigt, dass Gott derjenige ist, der den Beschnitt vornimmt. Es ist das Werk des Heiligen Geistes, Hindernisse aus dem Herzen eines Menschen zu beseitigen und seine Gedanken zu reinigen oder sogar sündige Neigungen wegzunehmen (vgl. 1. Thessalonicher 5,23-24).

Das oben erwähnte Zitat von Andrew Murray sprach davon, in Kontakt mit dem lebendigen Jesus zu treten und sich eindeutig und bewusst seinem segensreichen Einfluss zu unterwerfen. Das lässt sich im ganzen Leben erfahren: Jesus hat für uns eine Wohnung bei sich selbst gemacht. Einen bleibenden Wohnort, wo das ganze Leben und jeder Augenblick davon verbracht würde, wo die Arbeit Ihres täglichen Lebens erledigt wird und bei alledem man noch ungebrochene Gemeinschaftlichkeit mit Christus genießen kann.[50] Wie sieht der Kontakt mit Gott oder das Bleiben in Christus in Ihrem Leben aus? Was hilft Ihnen, mit Gott in Kontakt zu kommen?

- in der Natur zu sein: wandern oder an einem See oder am Meer spazieren zu gehen
- ein Baby im Arm zu halten
- über die Bibel zu meditieren
- jemandem zu helfen, der Hilfe braucht
- sich auf einen Kurs vorzubereiten, den man halten wird
- mit anderen Christen über den Glauben zu reden
- still dazusitzen und einen Sonnenauf- oder -untergang zu beobachten
- Etwas anderes:

3. Andrew Murray schreibt dazu:

> Der Gläubige kann Gott jeden Tag allein durch das gefallen, was er durch die Kraft Jesu tut, die in ihm wohnt. Der täglich zufließende Lebenssaft des Heiligen Geistes ist die einzige Kraft, die Frucht hervorbringt. Allein in ihm lebt der Gläubige, und jeden Moment ist er allein von ihm abhängig.[51]

- Unterstreichen Sie die Wörter oder Formulierungen in diesem Zitat, die etwas damit zu tun haben, in Christus zu bleiben.
- Kreisen Sie die Wörter oder Formulierungen ein, die etwas mit dem Gehorsam Christus gegenüber zu tun haben.
- Zeichnen Sie ein Kästchen um die Wörter oder Formulierungen, die etwas mit der Veränderung unseres Charakters zu tun haben.

4. Das Leben in Jesus bringt Freude hervor. Warum könnte das so sein? Was könnte Gehorsam damit zu tun haben?

5. **Mäuschen spielen**
Stellen Sie sich die Reben vor. Tote Reben sind trocken und brechen, wenn man sie knickt. Doch lebendige Reben haben Saft in sich, sodass es schwierig ist, sie abzuschneiden. Weil der Saft noch in ihnen fließt, braucht man zum Abschneiden scharfe Beschnittmesser. Stellen Sie sich vor, Sie sind eine Rebe und der Saft des Weinstocks fließt in Sie hinein.

Nachdenken über die Einladung
In diesem Bibeltext steht eine klare Einladung – oder vielleicht eine Anweisung, da es als Aufforderungsform formuliert ist: »Bleibt!« Wie wirkt das auf Sie? Gibt es noch andere Einladungen für Sie in diesem Abschnitt? Wenn ja, welche? Lesen Sie den Text noch einmal durch

und denken Sie dann in der Stille einige Minuten lang über die folgenden Fragen nach:

- ◆ Welches Wort oder welche Formulierung springt Ihnen ins Auge?
- ◆ Weshalb?

Weiterdenken
Vielleicht möchten Sie den Abschnitt noch einmal lesen. Überlegen Sie dann:

- ◆ Was hat dieser Abschnitt mit Ihrem Leben zu tun?
- ◆ Gibt es einen Gedanken, ein Gefühl oder eine Absicht, die Sie daraus mitnehmen sollen?
- ◆ Fordert Gott Sie auf, etwas zu sein, zu wissen, zu verstehen, zu fühlen oder sogar zu tun?

Seien Sie offen für die Stille und fühlen Sie sich nicht zu einer Antwort gedrängt.

 Nehmen Sie sich einige Minuten Zeit, um Gott im Gebet zu antworten. Was möchten Sie Gott über diese Meditation zu Johannes 15,1-11 unbedingt sagen?
Vielleicht möchten Sie Gott auch Fragen stellen, besonders dazu, wie das »Bleiben« für Sie aussieht. Wenn Sie möchten, schreiben Sie Ihr Gebet auf. Manchmal verhindert das, dass die Gedanken abschweifen.

 Lassen Sie den Hauptgedanken oder -satz, der Ihnen aufgefallen ist, auf sich wirken: Denken Sie dabei daran, dass Sie die Energie, die man für ein reiches, erfülltes Leben braucht, aus der Gegenwart Jesu beziehen, der in Ihnen wohnt – und nicht daraus, dass Sie versuchen, etwas zu fühlen oder zu sein.

Nehmen Sie sich einige Minuten Zeit, um die Gedanken, die Ihnen gekommen sind, auf sich wirken zu lassen. Das kann sich in Lobpreis ausdrücken oder einfach im Ruhen in Gottes Gegenwart.

 Gehen Sie spazieren, wandern Sie oder fahren Sie Rad und probieren Sie dabei aus, wie es ist, inmitten einer alltäglichen Aktivität in Christus zu bleiben.

Vom Gangster zum Geber

Lukas 19,1–10

 Kommen Sie ganz zu sich, indem Sie ruhig ein- und ausatmen. Lockern Sie Ihren Nacken und nehmen Sie sich Zeit, auch alle anderen Muskeln zu entspannen.

Falls Sie eine Konzentrationshilfe brauchen, denken Sie über die folgende Frage nach: Bei wem in Ihrem Bekanntenkreis würde es Sie schockieren herauszufinden, dass er sich entschieden hat, Jesus nachzufolgen?

 Lesen Sie den Abschnitt still für sich selbst durch. Lesen Sie dann die darunterstehenden Anmerkungen zu den wichtigsten Wörtern und Formulierungen. Überlegen Sie, welchen Einfluss diese Details darauf haben, wie Sie die Geschichte verstehen. Lesen Sie sich nun den Abschnitt langsam laut vor. Nehmen Sie sich Zeit, die Worte an Ihre Ohren dringen zu lassen.

Lukas 19,1–10

¹Jesus kam nach Jericho und ging durch die Stadt. ²Dort lebte ein Mann namens Zachäus. Als einer der mächtigsten Steuereintreiber war er sehr reich. ³Zachäus hatte versucht, einen Blick auf Jesus zu werfen, aber er war zu klein, um über die Menge hinwegschauen zu können. ⁴Deshalb lief er voraus und kletterte auf einen Maulbeer-

feigenbaum am Wegrand, um Jesus von dort aus vorübergehen zu sehen.

[5]Als Jesus kam, blickte er zu Zachäus hinauf und rief ihn beim Namen: »Zachäus!«, sagte er, »komm schnell herunter! Denn ich muss heute Gast in deinem Haus sein.« [6]Zachäus kletterte, so schnell er konnte, hinunter und geleitete Jesus voller Aufregung und Freude in sein Haus.

[7]Doch den Leuten in der Menge gefiel das nicht. »Bei einem berüchtigten Sünder kehrt er als Gast ein«, murrten sie.

[8]Währenddessen stellte Zachäus sich vor den Herrn hin und sagte: »Herr, ich werde die Hälfte meines Reichtums den Armen geben, und wenn ich die Leute bei der Steuer betrogen habe, werde ich es ihnen vierfach erstatten!«

[9]Jesus erwiderte: »Heute hat dieses Haus Rettung erfahren, denn dieser Mann hat sich als Sohn Abrahams erwiesen. [10]Der Menschensohn ist gekommen, um Verlorene zu suchen und zu retten.«

---

einer der mächtigsten Steuereintreiber: Steuereintreiber waren verhasst und galten als unrein. Sie hinterzogen Geld vom Einkommen anderer Steuereintreiber, die wiederum Geld vom Einkommen anderer jüdischer Bürger hinterzogen. Für sie war Lügen ein entschuldbares Übel.[52]

Maulbeerfeigenbaum: Zachäus musste auf einen Baum steigen, nicht nur, weil er klein war, sondern auch, weil ein so verhasster Mann ohne Schutz in einer Menschenmenge nicht sicher gewesen wäre. Ein Mann wie Zachäus hätte sich normalerweise nicht erniedrigt, indem er auf einen Baum stieg, doch vielleicht dachte er, dass der laubreiche Maulbeerfeigenbaum ihm einen Sichtschutz bieten würde.

Rettung: Das griechische Wort *sōtēria* bedeutet Rettung oder Sicherheit (körperlich oder moralisch), gerettet oder auch Gesundheit.

 Hilfreiche Fragen und Stichwörter,
um in die Geschichte einzusteigen:

1. Welche möglichen Gründe gibt es, dass ein Verbrecher wie Zachäus bereit war, sich so sehr anzustrengen, um Jesus zu sehen? Er
riskierte nicht nur, in der Menge von Menschen, die ihn zweifellos hassten, verletzt zu werden, sondern er blamierte sich auch,
indem er auf einen Baum stieg.

- Er hatte von anderen Steuereintreibern von Jesus gehört.
- Er hatte gehört, dass einer von Jesu Jüngern (Matthäus) auch ein
Steuereintreiber gewesen war.
- Er hatte Jesus schon einmal lehren gehört, vielleicht in Jerusalem.
- Seine Frau hatte Jesus lehren gehört und Zachäus von ihm erzählt.
- Etwas anderes:

_____

_____

2. Wenn Sie unter der Menschenmenge gewesen wären, was hätte
Ihrer Erwartung nach ein Rabbi zu Zachäus gesagt?

- Du bist ein sehr schlechter Mensch. Gib diesen Menschen sofort
ihr Geld zurück!
- Du musst dein Leben ändern. Komm und lerne bei mir.
- Warum verrätst du Israel und arbeitest für Rom?
- Etwas anderes:

_____

_____

Wie hätten Sie darauf reagiert, dass Jesus sich mit Zachäus abgab und darauf bestand, in seinem Haus zu Gast zu sein?

3. Jesus hatte eigentlich vor, durch Jericho nur hindurchzureisen. Mit anderen Worten, Jesus plante nicht, dort zu übernachten. Offenbar überlegte er es sich anders, als er Zachäus auf dem Baum sah. Wenn Sie einer von den Jüngern gewesen wären, die mit Jesus reisten und eingeladen wurden, mit Jesus bei Zachäus zu übernachten, wären Sie vielleicht entsetzt oder entrüstet gewesen. Jesus pflegte oft eher mit Menschen Umgang, die arm und unterdrückt waren (Witwen und Bettler), und es war ungewöhnlich, dass er Zeit mit einem reichen Unterdrücker verbrachte. Hätten Sie eingewilligt, bei Zachäus zu übernachten, oder hätten Sie sich geweigert? Warum?

4. **Mäuschen spielen**
Stellen Sie sich den Schauplatz vor. Schauen Sie sich noch einmal die Geschichte an und stellen Sie sich die große Menschenmenge vor, die Jesus folgt, und den riesigen Maulbeerfeigenbaum, dessen Äste über den Weg hängen. Stellen Sie sich vor, dass ein gut gekleideter, wohlhabender Mann auf einem der Äste sitzt.

5. **Mäuschen spielen**
Stellen Sie sich Jesu Verhalten und Gesichtsausdruck vor. Wir wissen nicht, woher Jesus Zachäus' Namen wusste. Vielleicht hatte er gehört, wie die Menschenmenge darüber lachte, dass Zachäus auf dem Baum saß. Jesus blieb bewusst stehen, rief Zachäus beim Namen und lud sich bei ihm zu Haus ein. Jesu Worte und Gesichtsausdruck führten dazu, dass Zachäus ihn fröhlich willkommen hieß. Wie sah Jesu Gesicht wohl aus, als er ihn rief?

Nachdenken über die Einladung
Lesen Sie den Abschnitt noch einmal durch. Denken Sie dann in der Stille einige Minuten lang über folgende Fragen nach:

- Welcher Augenblick oder welcher Gedanke in der Geschichte fällt Ihnen auf und löst das etwas bei Ihnen aus?
- Welches Wort oder welcher Satz fällt Ihnen auf?
- Warum? Was könnte das für Sie bedeuten?

Weiterdenken
- Was hat dieser Text mit Ihrem Leben zu tun?
- Gibt es einen Gedanken, ein Gefühl oder eine Absicht, die Sie daraus mitnehmen sollen?
- Fordert Gott Sie auf, etwas zu sein, zu wissen, zu verstehen, zu fühlen oder sogar zu tun?

Seien Sie offen für die Stille und fühlen Sie sich nicht zu einer Antwort gedrängt.

Nehmen Sie sich einige Minuten Zeit, um Gott darauf zu antworten. Was möchten Sie ihm über Ihre Erfahrung mit diesem Text unbedingt erzählen?

Lassen Sie auf sich wirken, was Ihnen in diesem Bibeltext aufgefallen ist, und überlegen Sie: Wie empfinden Sie Jesus oder sein Handeln in diesem Abschnitt? Was erfahren Sie dadurch über Gott?

Nehmen Sie sich einige Minuten Zeit, die Gedanken wahrzunehmen, die Ihnen gekommen sind. Das kann sich in Lobpreis ausdrücken oder einfach im Ruhen in Gottes Gegenwart.

Halten Sie Ausschau nach einem Zachäus in Ihrer Welt, nach jemandem, der andere nicht gut behandelt hat. Vielleicht sind Sie ja selbst so jemand. Fragen Sie Gott, was Sie über die betreffende Person wissen müssen. Selbst wenn er Sie nicht gleich zum Handeln in Bezug auf diese Person auffordert, überlegen Sie, wie Gott denjenigen oder diejenige sieht.,

Wenn Ihre Gedanken abschweifen

Wenn Sie ein aktives, hektisches Leben haben, ist dieser kontemplative Bibellesestil möglicherweise eine Herausforderung für Sie. Wenn Sie zur Ruhe kommen, fällt Ihnen vielleicht eine ganze Liste an Dingen ein, die Sie tun könnten. Vielleicht schlafen Sie auch ein. Hier sind ein paar Ideen, die Ihren abschweifenden Gedanken Frieden und Geduld bringen können.

Wie Chester P. Michael und Marie C. Norrisey uns sagen, ist es hilfreich, »die Tageszeit zu wählen, zu der wir am wachesten, am wenigsten abgelenkt, am wenigsten müde, am ausgeruhtesten und ohne Druck von außen sind«.[53] Für manche ist das direkt nach dem Aufwachen; für andere kann es am Vormittag sein oder vor dem Schlafengehen. Es ist auch hilfreich, die Bibelmeditation an einem Platz durchzuführen, an dem man alles greifbar hat, was man braucht (Bibel, Tagebuch, Farbstifte).

Wenn Sie sich leicht ablenken lassen, nutzen Sie die Vorschläge aus »Entspannen und Konzentrieren«. Wenn Sie den Text lesen, tun sie es laut und langsam, um sich mental auf die Worte zu konzentrieren. Gebete aufzuschreiben kann ebenfalls helfen, konzentriert zu bleiben. Für die meisten Menschen ist es besser, wenn das Mobiltelefon abgeschaltet und außer Reichweite platziert ist.

Der Versuch, sich nicht ablenken zu lassen, macht es in der Regel schlimmer. Es funktioniert besser, den ablenkenden Gedanken mit einem Satz aus der Bibel zu ersetzen, zum Beispiel »Hört auf und erkennt, dass ich Gott bin!« (Psalm 46,11) oder »Der Herr, dein starker Gott, der Retter, ist bei dir« (Zefanja 3,17).

Sie können auch noch einmal den Abschnitt »Hilfreiche Fragen und Stichwörter« lesen und dann wieder die Augen schließen. Manchmal hilft es auch, ein Blatt Papier parat zu haben, auf dem man Dinge aufschreiben kann, die man später erledigen muss. Legen Sie dann das Blatt bewusst beiseite und sagen Sie: Das ist für später.

Beziehen Sie Ihre ablenkenden Gedanken behutsam in Ihr Gebet ein: Hin und wieder kann es sein, dass Sie das Gefühl haben, der Ablenkung nachgehen zu müssen. Vielleicht haben Sie daran gedacht, für einen Freund zu beten. In diesem Fall beziehen Sie die Ablenkung in Ihr Gebet ein. Manchmal ist die Ablenkung aber auch eine Sorge, die Sie Gott bringen und überlegen müssen, was der Abschnitt vor Ihren Augen damit zu tun hat. Vielleicht sollten Sie sogar über einen Bibeltext meditieren, der mehr auf dieses Problem eingeht.

Vor allem sollten Sie sich aber nicht selbst tadeln, wenn Ihre Gedanken abschweifen. Das ist normal. Legen Sie die Ablenkung einfach ohne Ärger beiseite. Bitten Sie stattdessen Gott, Ihnen zu helfen.

Das alte Ich loslassen

Kolosser 3,1–11

 Atmen Sie einige Male tief ein und aus. Lassen Sie alle Ablenkungen hinter sich. Bringen Sie Ihre Gedanken zum Schweigen und öffnen Sie sich für Gott.
Wenn Sie eine Konzentrationshilfe brauchen, denken Sie über folgende Frage nach: Von was an Ihrem alten Ich wünscht Gott sich von Ihnen, dass Sie es loslassen?

 Lesen Sie den Abschnitt still für sich selbst durch. Lesen Sie dann die darunterstehenden Anmerkungen zu den wichtigsten Wörtern und Formulierungen. Überlegen Sie, welchen Einfluss diese Details darauf haben, wie Sie die Geschichte verstehen. Lesen Sie sich nun den Abschnitt langsam laut vor. Nehmen Sie sich Zeit, die Worte an Ihre Ohren dringen zu lassen.

Kolosser 3,1–11 (NGÜ)

¹Da ihr nun also zusammen mit Christus auferweckt worden seid, sollt ihr euch ganz auf die himmlische Welt ausrichten, in der Christus auf dem Ehrenplatz an Gottes rechter Seite sitzt. ²Richtet eure Gedanken auf das, was im Himmel ist, nicht auf das, was zur irdischen Welt gehört. ³Denn ihr seid dieser Welt gegenüber gestorben, und euer neues Leben ist ein Leben mit Christus in der Gegenwart Gottes. Jetzt ist dieses Leben den Blicken der

Menschen verborgen; [4]doch wenn Christus, euer Leben, in seiner Herrlichkeit erscheint, wird sichtbar werden, dass ihr an seiner Herrlichkeit teilhabt.

[5]Tötet daher, was in den verschiedenen Bereichen eures Lebens noch zu dieser Welt gehört: sexuelle Unmoral, Schamlosigkeit, ungezügelte Leidenschaft, böses Verlangen und die Habgier (Habgier ist nichts anderes als Götzendienst). [6]Wegen dieser Dinge bricht Gottes Zorn über die herein, die nicht bereit sind, ihm zu gehorchen. [7]Auch ihr habt euch früher so verhalten; euer ganzes Leben wurde von diesen Dingen bestimmt. [8]Doch jetzt legt das alles ab, auch Zorn, Aufbrausen, Bosheit und Verleumdung; kein gemeines Wort darf über eure Lippen kommen. [9]Belügt einander nicht mehr! Ihr habt doch das alte Gewand ausgezogen – den alten Menschen mit seinen Verhaltensweisen – [10]und habt das neue Gewand angezogen – den neuen, von Gott erschaffenen Menschen, der fortwährend erneuert wird, damit ihr Gott immer besser kennenlernt und seinem Bild ähnlich werdet. [11]Was diesen neuen Menschen betrifft, spielt es keine Rolle mehr, ob jemand Grieche oder Jude ist, beschnitten oder unbeschnitten, ungebildet oder sogar unzivilisiert, Sklave oder freier Bürger. Das Einzige, was zählt, ist Christus; er ist alles in allen.

---

sollt ihr euch ganz ... ausrichten (auch: »richtet euer Herz«): Das Herz ist der zentrale Teil des Menschen, ebenso wie der Wille oder der Geist. Seine Qualität zeigt sich in der Art und Weise, wie ein Mensch auf eine Situation reagiert. »Diese Reaktion auf unterschiedliche Situationen ist unser einzigartiger Beitrag zur Wirklichkeit. Es gehört uns, es entspricht uns, wie nichts anderes.«[54]

gestorben: Dem Ich sterben, also uns von unserem selbstsüchtigen Lebensstil abkehren.

unzivilisiert (eigentlich »Skythen«): die ungehobeltsten aller Barbaren. Sie hatten »schmutzige Gewohnheiten und wuschen sich nie mit Wasser; sie tranken das Blut des ersten in der Schlacht getöteten Feindes und machten Servietten aus den Kopfhäuten und Trinkschalen aus den Schädeln der Getöteten«.[55]

 Hilfreiche Fragen und Stichwörter,
um in die Geschichte einzusteigen:

1. Leuchtende Sätze

»Da ihr nun also zusammen mit Christus auferweckt worden seid, sollt ihr euch ganz auf die himmlische Welt ausrichten.« Sich ganz auf die himmlische Welt auszurichten bedeutet, sich auf Jesu Gebot zu konzentrieren, Gott und andere zu lieben, sodass das Leben mit Christus wie ein Radioprogramm ist, das ständig in Ihrem Inneren läuft. Was für ein Leben hat ein Mensch, der seine Aufmerksamkeit und Energie darauf konzentriert, Gott und andere zu lieben? Worin unterscheidet sich das Leben für solche Menschen? Worüber machen sie sich keine Sorgen mehr?

»Euer neues Leben ist ein Leben mit Christus in der Gegenwart Gottes. Jetzt ist dieses Leben den Blicken der Menschen verborgen.« Das Leben mit Jesus ist in dem Sinn »verborgen«, dass die Hinweise auf das Jesus-Leben in uns nicht nur äußerlicher Natur sind (Worte und Handlungen, wie sie für religiöse Menschen üblich sind), sondern ein innerliches Leben mit Gott sind, eine Einheit, die aus dem Bleiben in Christus folgt (vgl. Johannes 15,4) und daraus, dass der Heilige Geist in diesem Menschen wohnt. Welches Gefühl ruft dieser Gedanke, »in Christus verborgen« zu sein, in Ihnen hervor?

- Sicherheit
- das Gefühl, übersehen zu werden, weil ich verborgen bin
- das Gefühl dazuzugehören
- das Gefühl, dass es Hoffnung gibt und ich mich verändern kann, weil der Heilige Geist in mir wohnt
- Etwas anderes:

_____

_____

»Christus, euer Leben«. Jesus Christus selbst ist unser neues, in uns hineingepflanztes, göttliches Leben. Gerettet zu sein heißt, »Gott hat uns aus der Macht der Finsternis gerettet und in das Reich des geliebten Sohnes versetzt« (Kolosser 1,13).

> Wer gerettet ist, soll eine andere Lebensordnung haben als diejenigen, die es nicht sind. ... Gottes grundlegendes Rettungshandeln uns gegenüber ist die Übermittlung einer neuen Art von Leben, denn der Same – eines der Symbole, die unser Herr bevorzugt gebrauchte – trägt ein neues Leben in die es einschließende Erde. ... Dieses Leben ist im Begriff, zu einem Leben von derselben Qualität wie das Leben Christi zu werden, denn es ist in der Tat sein Leben. Er lebt tatsächlich in uns weiter.[56]

Weckt das Sehnsucht in Ihnen? Wenn ja, wonach? Wenn nicht, warum nicht?

»Alter Mensch« und »neuer Mensch«. Wenn der alte Mensch zu einem neuen Menschen umgewandelt wird, werden wir »fortwährend erneuert, damit ihr Gott immer besser kennenlernt und seinem Bild ähnlich werdet«. Dieser tiefgründige Satz wurde von anderen folgendermaßen umschrieben:

- Wir werden »fortschreitend umgestaltet, bis wir ganz das Denken des Schöpfers teilen«.[57]
- »Unsere Erkenntnis der Wirklichkeit wird der Sichtweise unseres Schöpfers angeglichen.«[58]
- Wir fangen an, die Dinge so zu sehen, wie sie in Gottes Augen wirklich sind.[59]

Unterstreichen Sie die Gedanken oder Formulierungen in diesen Umschreibungen, die Sie besonders ansprechen. Warum ist dieser Gedanke oder diese Formulierung für Sie von Bedeutung?

»Das Einzige, was zählt, ist Christus; er ist alles in allen.« Alle Menschen sind Gottes Geschöpfe, und die Erlösung durch Jesus Christus steht allen zur Verfügung. Keine Gruppe ist zum Leben mit Gott mehr »veranlagt« als eine andere, wie zum Beispiel Juden mehr als Nichtjuden. Paulus' Nennung der brutalen Skythen unterstreicht sein Argument, dass jeder in Gottes Rettung eingeschlossen ist. Sind Sie in Bezug auf eine bestimmte Gruppe (eventuell einen bestimmten Beruf, einen bestimmten sozialen Status oder eine bestimmte ethnische Herkunft) besonders froh, dass sie in Jesu Einladung zu diesem neuen Leben eingeschlossen ist?

2. Mäuschen spielen

Paulus' »Bergpredigt«. Dieser Text ähnelt in vielen Aussagen Jesu Bergpredigt in Matthäus 5–7 (innerlich nicht nur auf Essen und Trinken ausgerichtet sein, sondern zuerst Gottes Gerechtigkeit suchen; Begierden und Zorn abzulegen; Christus in seinem absoluten Gutsein als das vollkommene Vorbild). Hat Paulus sich dies vielleicht als seine Version der Bergpredigt vorgestellt? Ging er am Abend, bevor er dies schrieb, im Bett noch einmal die Bergpredigt durch und dachte: »Es ist wichtig, dass die Menschen das erfahren«?

Nachdenken über die Einladung

Vielleicht lädt Gott Sie in diesem Abschnitt ein, etwas Bestimmtes besser zu verstehen. Was könnte das sein? Lesen Sie den Text noch einmal durch und denken Sie dann in der Stille über die folgenden Fragen nach:

+ Welches Wort oder welche Formulierung springt Ihnen ins Auge?
+ Weshalb?

Weiterdenken

Lesen Sie gegebenenfalls den Abschnitt erneut und überlegen Sie dann:

- Was hat dieser Abschnitt mit Ihrem Leben zu tun?
- Gibt es einen Gedanken, ein Gefühl oder eine Absicht, die Sie daraus mitnehmen sollen?
- Fordert Gott Sie auf, etwas zu sein, zu wissen, zu verstehen, zu fühlen oder sogar zu tun?

Seien Sie offen für die Stille und fühlen Sie sich nicht zu einer Antwort gedrängt.

 Nehmen Sie sich einige Minuten Zeit, um Gott im Gebet darauf zu antworten. Was möchten Sie ihm über Ihre Erfahrung mit diesem Bibeltext unbedingt sagen?

 Lassen Sie auf sich wirken, was für eine Art von Leben in diesem Abschnitt beschrieben wird. Dieses Leben ist möglich, wenn wir »in Christus« leben. Wie geht es Ihnen mit dieser Möglichkeit?

Nehmen Sie sich einige Minuten Zeit, um die Gedanken, die Ihnen gekommen sind, auf sich wirken zu lassen. Das kann sich in Lobpreis ausdrücken oder einfach im Ruhen in Gottes Gegenwart.

 Überlegen Sie, wie Jesus und seine Liebe zu Ihrem inneren Radioprogramm werden können. Wie kann dies Ihr Denken in Situationen verändern, in denen Sie anfangen, sich um etwas Sorgen zu machen? Wie kann es Ihren Blick auf andere Menschen verändern? Wie kann es Ihre Tagesplanung verändern?

Mein neues Ich annehmen

Kolosser 3,12-17

 Kommen Sie ganz zu sich, indem Sie tief ein- und aus-
atmen. Lockern Sie Ihren Nacken und nehmen Sie sich
Zeit, auch alle anderen Muskeln zu entspannen.
Wenn Sie eine Konzentrationshilfe brauchen, denken Sie über fol-
gende Frage nach: Welcher Bereich in Ihrem Leben ist der, in dem
Sie sich am meisten Veränderung wünschen?

 Lesen Sie den Abschnitt still für sich selbst durch. Lesen
Sie dann die darunterstehenden Anmerkungen zu den
wichtigsten Wörtern und Formulierungen. Überlegen
Sie, welchen Einfluss diese Details darauf haben, wie Sie die Geschichte verstehen. Lesen Sie sich nun den Abschnitt langsam laut
vor. Nehmen Sie sich Zeit, die Worte an Ihre Ohren dringen zu
lassen.

Kolosser 3,12-17

[12]Da Gott euch erwählt hat, zu seinen Heiligen und Geliebten zu gehören, seid voll Mitleid und Erbarmen, Freundlichkeit, Demut, Sanftheit und Geduld. [13]Seid nachsichtig mit den Fehlern der anderen und vergebt denen, die
euch gekränkt haben. Vergesst nicht, dass der Herr euch
vergeben hat und dass ihr deshalb auch anderen vergeben müsst. [14]Das Wichtigste aber ist die Liebe. Sie ist das
Band, das uns alle in vollkommener Einheit verbindet.

[15]Euren Herzen wünschen wir den Frieden, der von Christus kommt. Denn als Glieder des einen Leibes seid ihr alle berufen, im Frieden miteinander zu leben. Und seid immer dankbar! [16]Gebt den Worten von Christus viel Raum in euren Herzen. Gebraucht seine Worte weise, um einander zu lehren und zu ermahnen. Singt Gott aus ganzem Herzen Psalmen, Lobgesänge und geistliche Lieder. [17]Doch alles, was auch immer ihr tut oder sagt, soll im Namen von Jesus, dem Herrn, geschehen, durch den ihr Gott, dem Vater, danken sollt!

---

seid nachsichtig: An anderen Stellen wird das Verb *anechomai* mit »ertragen« übersetzt, doch hier nicht. Es geht nicht darum, resigniert oder zynisch die Augen zu verdrehen, sondern andere großzügig und behutsam zu behandeln. Es bedeutet »die Schwächen von anderen berücksichtigen«[60].

Euren Herzen wünschen wir den Frieden ... (auch »der Friede regiere«): vom griechischen *brabeuō*: »als Schiedsrichter regeln oder fungieren«.

gebt ... viel Raum (auch »lasst wohnen«): vom griechischen *enoikeō*: »bewohnen«

ermahnen: vom griechischen *noutheteō*: »erinnern; behutsam ermahnen oder zurechtweisen; warnen«

im Namen von Jesus: Das heißt, anstelle von Jesus und in seinem Auftrag, in seiner Gegenwart und Vollmacht , Dinge so zu tun, wie er sie tun würde.

 Hilfreiche Fragen und Stichwörter zum Text:

1. In der Elberfelder Bibel steht als Fußnote zu »Erbarmen«, die wörtliche Übersetzung sei »Eingeweide des Erbarmens«. Der britische Bibelausleger Adam Clarke kommentierte diese seltsame Formulierung folgendermaßen: »Seid barmherzig, nicht bloß in der Tat, sondern auch in Geist und Gefühl. Lasst euer Herz eure Hand führen; lasst eure zärtlichsten Gefühle in Berührung mit dem Elend der Notleidenden kommen, sobald es sich je zeigt.«[61] Wen kennen Sie, der in einem solchen Ausmaß barmherzig ist?

Wenn Ihnen niemand einfällt: In welchen Situationen hatte Jesus solches Erbarmen?

2. Die folgenden Formulierungen aus Vers 16 und 17 geben uns Anhaltspunkte, wie es aussieht, wenn der Frieden und die Botschaft von Jesus Christus in uns wohnen. Paulus beispielsweise sang, während er im Gefängnis saß (vgl. Apostelgeschichte 16,25). Wie könnten Sie die folgenden Dinge tun, wenn Sie zum Beispiel das Auto waschen oder mit Verwandten zusammen essen?

◆ Gebraucht Jesu Worte weise, um einander zu lehren und zu ermahnen. (V. 16)
◆ Singt Gott aus ganzem Herzen Psalmen, Lobgesänge und geistliche Lieder. (V. 16)
◆ Doch alles, was auch immer ihr tut oder sagt, soll im Namen von Jesus, dem Herrn, geschehen. (V. 17)
◆ durch den ihr Gott, dem Vater, danken sollt! (V. 17)

Wenn dies Ihre normale Routine wäre, wie würde Ihr Leben dann aussehen?

3. Achten Sie einmal darauf, wie oft in den Versen 15, 16 und 17 von Dankbarkeit die Rede ist. Warum ist diese Eigenschaft wohl so wichtig, wenn wir Christus immer ähnlicher werden wollen?

4. **Biblische Parallelen: Gottes Liebe zu uns**
Der erste Absatz beginnt damit, dass wir geliebt sind, und endet damit, dass wir zu Menschen werden, die andere lieben. Der Ausdruck »Heilige und Geliebte« ist der Formulierung aus 1. Johannes 3,1 ähnlich: »Seht, wie viel Liebe unser himmlischer Vater für uns hat, denn er erlaubt, dass wir seine Kinder genannt werden – und das sind wir auch!« Gottes Liebe zu empfangen und von Herzen anzunehmen, löst in uns eine natürliche Reaktion aus: Wir können andere lieben und wollen barmherzig, freundlich, bescheiden, sanftmütig und geduldig werden.

Nachdenken über die Einladung

Vielleicht lädt Gott Sie in diesem Abschnitt ein, etwas Bestimmtes besser zu verstehen. Was könnte das sein? Lesen Sie den Text noch einmal und denken Sie dann in der Stille über die folgenden Fragen nach:

- Welches Wort oder welcher Satz fällt Ihnen auf?
- Warum fällt Ihnen gerade das auf?
- Gibt es ein Wort oder eine Formulierung oder einen Gedanken, der Sie bewegt? Warum?

Weiterdenken

Lesen Sie den Abschnitt gegebenenfalls noch einmal. Überlegen Sie dann:

- Was hat dieser Text mit Ihrem Leben zu tun?
- Gibt es einen Gedanken, ein Gefühl oder eine Absicht, die Sie daraus mitnehmen sollen?
- Fordert Gott Sie auf, etwas zu sein, zu wissen, zu verstehen, zu fühlen oder sogar zu tun?

Seien Sie offen für die Stille und fühlen Sie sich nicht zu einer Antwort gedrängt.

 Stellen Sie sich einmal einen Augenblick lang vor, dass jemand bei Ihrer eigenen Beerdigung folgende Worte über Sie sagt. Setzen Sie Ihren Namen in die Lücke ein.

_____ wusste, dass sie/er von Gott geliebt war.

_____ war so durchdrungen von Barmherzigkeit, Güte, Demut, Sanftmut und Geduld, dass sie wie eine zweite Haut für sie/ihn waren.

_____ konnte nachsichtig mit Menschen umgehen und ihnen so vergeben, wie Jesus ihr/ihm vergeben hatte.

Alles, was _____ tat, war von Liebe gekennzeichnet.

Mir fiel oft auf, dass der Friede von Jesus bei

_____ sehr stark war – alles, was sie/er tat, schien davon durchdrungen zu sein. Sie/er bedankte sich immer bei anderen! Was Jesus lehrte, zeigte sich deutlich in ihrem/seinem Leben. Das konnten wir sehen, denn

_____ äußerte ihre/seine Gedanken mit Weisheit und ging immer mit einem Lied auf den Lippen und einem Lächeln im Gesicht durch die Welt.

Ich bin so froh, _____ gekannt zu haben, denn durch sie/ihn habe ich Jesus besser kennengelernt. Ich bin Gott so dankbar für diesen kleinen Blick auf Jesus!«

Nehmen Sie sich einige Minuten Zeit, um sich diese Szene vorzustellen. Antworten Sie Gott dann im Gebet darauf.

 Lassen Sie das Bild von sich selbst auf sich wirken, das Sie sich in dem imaginären Nachruf von eben vorgestellt haben. Warum wünscht sich Gott ein solches Leben für Sie?

Nehmen Sie sich einige Minuten Zeit, die Gedanken wahrzunehmen, die Ihnen gekommen sind. Das kann sich in Lobpreis ausdrücken oder einfach im Ruhen in Gottes Gegenwart.

 Eine Möglichkeit, uns mit Charaktereigenschaften wie Barmherzigkeit und Demut einzukleiden, besteht darin, geistliche Disziplinen zu praktizieren, die helfen können,

mit mehreren Versionen dieser Tugenden zu experimentieren. Um Demut zu üben, könnte es beispielsweise helfen, einfacher zu reden. Das könnte heißen, nicht immer das letzte Wort zu haben oder nicht immer Ratschläge zu erteilen. Um Güte oder Großzügigkeit zu üben, könnten Sie einmal am Tag etwas Besonderes für jemanden tun. Bitten Sie Gott um eine Idee, wie Sie Barmherzigkeit, Güte, Demut, Sanftmut oder Geduld ganz praktisch umsetzen können.

Dem eigenen Ich sterben

Johannes 13,1-14

 Atmen Sie einige Male tief ein und aus. Lassen Sie alle Ablenkungen hinter sich. Bringen Sie Ihre Gedanken zum Schweigen und öffnen Sie sich für Gott.

Wenn Sie möchten, denken Sie über folgendes Zitat und die anschließende Frage nach, um Ihre Gedanken auf den heutigen Bibeltext auszurichten:

> Dem Selbst zu sterben heißt, täglich mit Christus gekreuzigt zu werden (Galater 2,20). Es ist nicht zu verwechseln mit dem Tod des Selbst, denn Gott möchte uns nicht auslöschen oder verschwinden lassen. Gott schätzt jeden Einzelnen von uns und respektiert uns. Dem Selbst zu sterben heißt, den Wunsch loszulassen, dass alles nach meinen Vorstellungen gehen muss, und offen dafür zu sein, wie Gott mich heute führt.[62]

Wie geht es Ihnen bei der Vorstellung, dem Selbst zu sterben?

- Das klingt mir zu selbstlos.
- Das ist verwirrend.
- Das klingt beängstigend.
- Warum sollte irgendjemand das wollen?
- Ich habe keine Ahnung, wie das gehen soll.

- Ich kenne niemanden, der »dem Selbst stirbt«.
- Das erklärt ein bisschen, warum ich mich nicht verändere.
- Etwas anderes:

Lesen Sie den Abschnitt still für sich selbst durch. Lesen Sie dann die darunterstehenden Anmerkungen zu den wichtigsten Wörtern und Formulierungen. Überlegen Sie, welchen Einfluss diese Details darauf haben, wie Sie die Geschichte verstehen. Lesen Sie sich nun den Abschnitt langsam laut vor. Nehmen Sie sich Zeit, die Worte an Ihre Ohren dringen zu lassen.

Johannes 13,1-14

[1]Vor dem Passahfest wusste Jesus, dass für ihn die Zeit gekommen war, diese Welt zu verlassen und zu seinem Vater zurückzukehren. Nun bewies er seinen Jüngern das ganze Ausmaß seiner Liebe.
[2]Es war Zeit für das Abendessen, und der Teufel hatte Judas, den Sohn des Simon Iskariot, schon dazu verleitet, seinen Plan wahr zu machen und Jesus zu verraten. [3]Jesus aber wusste, dass der Vater ihm uneingeschränkte Macht über alles gegeben hatte und dass er von Gott gekommen war und zu Gott zurückkehren würde. [4]Er stand vom Tisch auf, zog sein Obergewand aus, band sich ein Handtuch um die Hüften [5]und goss Wasser in eine Schale. Dann begann er, seinen Jüngern die Füße zu waschen und sie mit dem Handtuch abzutrocknen, das er sich umgebunden hatte.
[6]Als er zu Simon Petrus kam, sagte Petrus zu ihm: »Herr, warum willst du mir die Füße waschen?«
[7]Jesus antwortete: »Du verstehst jetzt nicht, warum ich das tue; eines Tages wirst du es verstehen.«

[8]»Nein«, protestierte Petrus. »Du sollst mir niemals die Füße waschen!«

Jesus erwiderte: »Wenn ich dich nicht wasche, gehörst du nicht zu mir.«

[9]Da rief Simon Petrus: »Dann wasche mir auch die Hände und den Kopf, Herr, und nicht nur die Füße!«

[10]Jesus erwiderte: »Wer gebadet hat, braucht sich – ausgenommen die Füße – nicht zu waschen, um völlig rein zu sein. Ihr seid rein, allerdings nicht jeder hier.« [11]Denn Jesus wusste, wer ihn verraten würde. Das meinte er mit dem Satz: »Nicht jeder hier von euch ist rein.«

[12]Nachdem er ihnen die Füße gewaschen hatte, zog Jesus sein Obergewand wieder an, setzte sich und fragte: »Versteht ihr, was ich getan habe? [13]Ihr nennt mich ›Meister‹ und ›Herr‹ und damit habt ihr recht, denn das bin ich. [14]Und weil ich, der Herr und Meister, euch die Füße gewaschen habe, sollt auch ihr einander die Füße waschen.«

---

vor dem Passahfest: Jesus stand kurz vor seiner Verhaftung und Kreuzigung. Dieser Abschnitt kommt nach dem Streit der Jünger darüber, wer wohl als der Größte galt (vgl. Lukas 22,24–30). Sie hatten über ihre Rechte diskutiert, über ihre Privilegien und darüber, was sie ihrer Ansicht nach verdienten.

... dass der Vater ihm uneingeschränkte Macht über alles gegeben hatte: Trotzdem wählte Jesus in dieser Szene die machtlose Rolle eines Sklaven und später die machtlose Rolle eines Kriminellen, der am Kreuz hingerichtet wird.

... zog sein Obergewand aus, band sich ein Handtuch um die Hüften: So war ein Sklave gekleidet.

... seinen Jüngern die Füße zu waschen: Zur damaligen Zeit gingen die Menschen zu Fuß; dabei trugen sie Sandalen oder gingen barfuß. Daher waren die Füße ähnlichen Strapazen ausgesetzt wie die Reifen unserer Autos heutzutage.

 Hilfreiche Fragen und Stichwörter,
um in die Geschichte einzusteigen:

1. **Kultureller Hintergrund**
   Anderen die Füße zu waschen war für die Jünger »wie für uns,
   den Komposteimer oder den Nachttopf zu leeren. Die Szene ist
   verkehrtherum: Von den Jüngern eines Rabbis wurde erwartet,
   persönliche Dienste für ihren Lehrer zu verrichten; doch stattdessen dient der Lehrer ihnen. Offenbar ist kein Sklave da, der
   diese Arbeit tun könnte, und keiner von ihnen hat sich freiwillig
   gemeldet, weil die Aufgabe unter ihrer Würde ist.«[63] Dies könnte
   vor allem deswegen stimmen, weil die Jünger sich gerade erst ge-
   stritten hatten, wer als der Größte von ihnen betrachtet werden
   sollte (vgl. Lukas 22,24-27).

2. Wenn Sie einer der Jünger gewesen wären, wie hätten Sie sich
   gefühlt, als Sie sahen, dass Jesus mit der Schüssel auf Sie zukam?
   Und als Ihr Lehrer Ihnen tatsächlich die Füße wusch, wie hätten
   Sie reagiert?

   * den Blick abgewendet
   * Jesus angeschaut, der Sie vielleicht anlächelte
   * sich verkrampft, denn dies ist eine seltsame, vielleicht sogar ver-
     abscheuenswerte Erfahrung
   * sich geschämt, im Mittelpunkt der Aufmerksamkeit zu stehen
   * Etwas anderes:

   _____

   _____

3. Wie ging es wohl Judas, als Jesus ihm die Füße wusch? Judas stand
   kurz davor, Jesus für dreißig Silberstücke an die Obrigkeit zu verraten. Und wie ging es Jesus, als er Judas die Füße wusch, wohl

wissend, dass es die Füße von jemandem waren, der sich bewusst zu seinem Feind gemacht hatte und nun ein falscher Freund war?

4. Mäuschen spielen

Stellen Sie sich vor, wie Jesus diese Arbeit tat. Nach allem, was Sie über Jesus wissen, mit welcher Haltung hat er seinen Jüngern wahrscheinlich die Füße gewaschen? Hier ein paar Ideen, angelehnt an 1. Korinther 13,4-7:

- geduldig – er war nicht in Eile
- gütig – er achtete behutsam auf schwierige Stellen
- ohne Neid oder Stolz – er klopfte sich nicht für seine Demut auf die Schulter, und er versuchte auch nicht, seine Jünger bloßzustellen
- nicht grob oder eigennützig – er gab keine Kommentare über ihre abgenutzten Füße ab, sondern behandelte jeden Fuß als Teil eines Menschen, den er von Herzen liebte
- nicht leicht zu verärgern – er verdrehte nicht die Augen über den unmöglichen Petrus!
- immer beschützend – vielleicht betete er für jeden einzelnen Jünger, während er ihm die Füße wusch
- Etwas anderes:

_____

_____

5. Leuchtende Sätze

Jesus wusste, dass für ihn die Zeit gekommen war, diese Welt zu verlassen und zu seinem Vater zurückzukehren. Nun bewies er seinen Jüngern das ganze Ausmaß seiner Liebe. Selbstloser Dienst, wie zum Beispiel, anderen die Füße zu waschen, ist nicht das, was die meisten von uns tun würden. Jesus konnte die Rolle eines Sklaven einnehmen, weil er wusste, wer er war und wozu er gekommen war (»er liebte sie«). Wenn wir in Christus bleiben und in Gemeinschaft mit Gott leben, wird Gottes selbstaufopfernde Liebe aus uns heraus überfließen.

6. Dem Ich sterben: Eine Verwandlung

Dieser Abschnitt mag vielleicht nicht gerade passend für einen Meditationskomplex zur Veränderung sein. Er wurde ausgewählt, weil zu Veränderung nicht nur gehört, den guten und wunderbaren Charakter Jesu anzunehmen, sondern auch die Dinge loszulassen, die uns quälen oder davon ablenken, Gott zu folgen. Dies lässt sich unter dem Begriff »ichbezogenes Leben« zusammenfassen: von sich eingenommen sein, egozentrisch, eigennützig, nur an sich selbst interessiert. Dem Ich zu sterben heißt, dieses ichbezogene Denken aufzugeben und im Königreich Gottes voranzugehen.

Nachdenken über die Einladung

Lesen Sie den Abschnitt noch einmal und stellen Sie sich die Szene vor, so als würden Sie einen Film schauen. Hören Sie die Worte deutlich mit Ihrem »inneren Ohr«.

* Wenn Sie sich den Abschnitt vorstellen, welcher Augenblick oder welche Handlung wirkt am echtesten auf Sie?
* Wie entwickelt sich das Geschehen? Was sehen Sie? Welche Gedanken und Gefühle ruft das in Ihnen hervor?
* Warum hat Gott vielleicht ausgerechnet diesen Augenblick, dieses Wort oder diese Formulierung für Sie hervorgehoben?
* Was für ein Gefühl hinterlässt diese Geschichte bei Ihnen?
* In welcher Situation in Ihrem Leben hatten Sie schon einmal das gleiche Gefühl, den gleichen Gedanken, den gleichen Wunsch, auch wenn die Situation vielleicht ganz anders war?

Weiterdenken
* Was hat dieser Abschnitt mit Ihrem Leben zu tun?

- Gibt es einen Gedanken, ein Gefühl oder eine Absicht, die Sie daraus mitnehmen sollen?
- Fordert Gott Sie auf, etwas zu sein, zu wissen, zu verstehen, zu fühlen oder sogar zu tun?

Seien Sie offen für die Stille und fühlen Sie sich nicht zu einer Antwort gedrängt.

 Nehmen Sie sich einige Minuten Zeit, um Gott im Gebet darauf zu antworten. Wenn Sie sich in die Rolle eines Jüngers hineinversetzt und sich vorgestellt haben, dass Jesus Ihnen die Füße wäscht: Was möchten Sie Jesus sagen?

 Lassen Sie auf sich wirken, was Ihnen in diesem Abschnitt aufgefallen ist, und überlegen Sie: Wie empfinden Sie Jesu Handeln in diesem Abschnitt? Was erfahren Sie dadurch über Gott?

Nehmen Sie sich einige Minuten Zeit, um die Gedanken, die Ihnen gekommen sind, auf sich wirken zu lassen. Das kann sich in Lobpreis ausdrücken oder einfach im Ruhen in Gottes Gegenwart.

 Erledigen Sie eine »niedrige« Aufgabe, wie Ihren Fußboden zu putzen oder die Auffahrt des Nachbarn zu fegen. Stellen Sie sich einen Augenblick lang vor, Sie wären Jesus. Mit welcher Herzenshaltung hätte Jesus diese Arbeit erledigt?

Noch nicht reif?

Manchmal, wenn ich einen Bibeltext lese, erscheint mir etwas darin – das Verhalten der Hauptperson oder ein Gebot in dem Abschnitt – als weit jenseits meiner eigenen Fähigkeiten. Es kommt mir fremd vor. Ich spüre, dass ich das niemals könnte. Vielleicht möchte ich es nicht einmal. Einer dieser Texte ist der, wie Jesus seinen Jüngern die Füße wäscht. Ich habe nicht dieses dienende Herz. Wenn das geschieht, kann man sich leicht unzulänglich und entmutigt fühlen.

Tappen Sie nicht in diese Falle. Sie müssen sich nicht zum Mittelpunkt dessen machen, was Sie lesen. In dem Text geht es ganz offensichtlich nicht um Sie, obwohl er eine Vision davon enthalten kann, zu was für einem Menschen Gott Sie verändern möchte, langsam, ,aber sicher. Bekennen Sie Gott, dass Sie ganz und gar nicht so sind, wie es in dem Text beschrieben wird.

Wenn Jesus in dem Text eine Rolle spielt (und irgendwie tut er das immer), können wir ihn bewundern und anbeten. Doch allzu oft meinen Menschen, dass Jesus uns ganz ähnlich ist, nur netter. Doch Gott ist vollkommene Liebe. Die Dreieinigkeit ist ganz anders. Das heißt, es ist nur angemessen, mit Staunen und Lob zu antworten.

Sie können das Gelesene auch als schöne Vision des Lebens in Gottes Reich betrachten. Zu diesem Leben lädt Gott uns ein. Manche von uns bewegen sich langsamer dahin als andere. Und wenn Sie staunend betrachten, wie es in Gottes Reich zugeht, sehnen Sie sich vielleicht danach, dass Gottes Reich »im Himmel wie auf Erden« ist – in Ihnen so wie in Christus.

Teil 5

Umgang mit Ängsten, Frust und Entmutigungen

EINHEIT 21

Mitten im Sturm Mut fassen

Markus 4,35-41

Atmen Sie einige Male tief ein und aus. Lassen Sie alle Ablenkungen hinter sich. Bringen Sie Ihre Gedanken zum Schweigen und öffnen Sie sich für Gott. Während Sie zur Ruhe kommen, können Sie, wenn Sie möchten, die in der Einleitung beschriebene Handflächen-Technik einsetzen. Legen Sie die Hände mit den Handflächen nach unten in den Schoß als Symbol dafür, dass Sie alle Sorgen abgeben. Wenn ein hartnäckiger Gedanke auftaucht, drehen Sie die Handflächen nach oben als »Symbol dafür, dass Sie nun etwas vom Herrn empfangen möchten«[64]. Wenn Sie während der Meditation abgelenkt werden, wiederholen Sie die Übung.

In dieser Einheit geht es darum, sich der Angst zu stellen. Wenn Sie eine Konzentrationshilfe brauchen, denken Sie an eine Situation, in der Gott Ihre Ängste gestillt hat. Wie war das für Sie? Erinnern Sie sich an den Frieden oder die Gelassenheit, die Sie damals empfunden haben.

Lesen Sie den Abschnitt still für sich selbst durch. Lesen Sie dann die darunterstehenden Anmerkungen zu den wichtigsten Wörtern und Formulierungen. Überlegen Sie, welchen Einfluss diese Details darauf haben, wie Sie die Geschichte verstehen. Lesen Sie sich nun den Abschnitt langsam laut vor. Nehmen Sie sich Zeit, die Worte an Ihre Ohren dringen zu lassen.

Markus 4,35–41

[35]Als es Abend wurde, sagte Jesus zu seinen Jüngern: »Wir wollen auf die andere Seite des Sees fahren.« [36]Jesus war schon im Boot. So entließen die Jünger die Menge, stiegen zu ihm ins Boot und fuhren los. Einige andere Boote fuhren mit ihnen. [37]Doch bald darauf erhob sich ein heftiger Sturm, und hohe Wellen schlugen ins Boot, bis es fast ganz voll Wasser gelaufen war. [38]Währenddessen schlief Jesus hinten im Boot mit dem Kopf auf einem Kissen. In ihrer Verzweiflung weckten sie ihn schließlich und riefen: »Lehrer, macht es dir denn gar nichts aus, dass wir umkommen?«

[39]Jesus erwachte, bedrohte den Wind und befahl dem Wasser: »Schweig! Sei still!« Sogleich legte sich der Wind, und es herrschte tiefe Stille.

[40]Und er fragte die Jünger: »Warum seid ihr so ängstlich? Habt ihr immer noch keinen Glauben?«

[41]Voll Furcht sagten sie zueinander: »Wer ist dieser Mann, dass ihm sogar Wind und Wellen gehorchen?«

Als es Abend wurde ...: Jesus hatte den ganzen Tag über gelehrt, zuerst die Menschenmenge und dann nur die Jünger (Markus 4,1–2.10.34).

bedrohte: wies zurecht, ordnete an, befahl

 Hilfreiche Fragen und Stichwörter, um in die Geschichte einzusteigen:

1. **Mäuschen spielen**
   Stellen Sie sich den Sturm vor. Stellen Sie sich die Jünger in einem heftigen Sturm vor, während ihr Boot sich mit Wasser füllt. Was taten sie wohl?

• Zusehen, wie die anderen Jünger versuchen, das Wasser aus dem Boot zu schöpfen. Keiner kann sich gut bewegen, weil das Boot von den Wellen hin- und hergeworfen wird und das Wasser tiefer wird. Vielleicht können sie wegen Wind und Regen auch kein Land sehen.

◆ Das Tosen des Windes und dagegen die schwachen Stimmen hören, die versuchen, über den Lärm hinwegzurufen. Sie hören, wie das Wasser im Boot umherschwappt.

◆ Den Schweiß der Freunde riechen, die sich unglaublich anstrengen, das Boot am Kentern zu hindern und das Wasser aus dem Boot zu schöpfen.

◆ Die Wellen spüren, die ihnen wahrscheinlich ins Gesicht schlagen; sie frieren, nicht nur wegen Wind und Regen, sondern auch wegen des steigenden Wassers im Boot.

Wie haben sich die Jünger inmitten all dieser Sinneseindrücke wohl gefühlt?

2. Mäuschen spielen

Stellen Sie sich den Augenblick vor, nachdem Jesus den Sturm gestillt hat. Stellen Sie sich die Jünger in diesem Moment vor: »Sogleich legte sich der Wind, und es herrschte tiefe Stille«. Sie können stehen, ohne sich an etwas festzuhalten. Der schreckliche Lärm ist verschwunden. Die Wellen haben sich gelegt. Was haben sie wohl in diesem Augenblick empfunden oder gedacht?

3. Mäuschen spielen

Stellen Sie sich vor, wie Jesus spricht. Überlegen Sie einmal, in wie vielen Varianten Jesus hätte sagen können »Warum seid ihr so ängstlich? Habt ihr immer noch keinen Glauben?« Manchmal meinen Menschen, Jesus habe die Jünger getadelt, so als ob er dachte, sie hätten wissen müssen, dass er Wind und Wellen gebieten konnte. Doch das konnten sie nicht wissen. Wenn er sie getadelt oder sogar gestichelt hätte, wäre das erniedrigend und ganz uncharakteristisch für Jesus gewesen. Wie hätte Jesus diese Worte noch sagen können?

- Jesus beruhigte sie und lud sie ein, ihre Angst loszulassen und ihm immer zu vertrauen.
- Jesus lud sie ein, ihn als jemanden zu betrachten, dem sie immer vertrauen können.
- Jesus lächelte, so als wollte er sagen: »Seht ihr? Ihr könnt mir vertrauen – sogar, wenn es stürmt.«
- Jesus forderte sie heraus, das eben Erlebte mit den anderen Naturwundern zusammenzubringen, die sie bereits von ihm gesehen hatten, beispielsweise, als er Wasser in Wein verwandelte. Was sagten ihnen diese Wunder darüber, wer er wirklich ist?
- Anderes:

_____

_____

4. Mäuschen spielen

Stellen Sie sich die Szene anhand von Rembrandts Gemälde »Christus im Sturm auf dem See Genezareth« vor.[65] Dieses Gemälde stellt die Bandbreite der Reaktionen der Jünger gut dar. Manche versuchen panisch, das Boot vor dem Kentern zu bewahren; andere sind aufgebracht und schreien Jesus vielleicht sogar an; wieder andere kauern sich voller Furcht zusammen; ein armer Jünger ist seekrank.[66] Sehen Sie sich in einem oder mehreren der Jünger auf dem Gemälde? Wenn ja, was empfinden Sie? Was möchten Sie Jesus in diesem Moment sagen? Rembrandt fügte sich oft selbst in seine Gemälde ein. Man nimmt an, dass er der Mann ist, der vor Jesus kniet.

Nachdenken über die Einladung

Lesen Sie den Abschnitt noch einmal laut. stellen Sie sich die Szene bildlich vor. Hören Sie die Worte deutlich mit Ihrem »inneren Ohr«.

- Wenn Sie sich die Handlung vorstellen, welcher Augenblick, welche Handlung oder welche Formulierung fällt Ihnen auf?
- Wenn Sie das Geschehen beobachten, was sehen Sie? Welche Gedanken oder Gefühle ruft es in Ihnen hervor?
- Warum hat Gott vielleicht ausgerechnet diesen Augenblick, dieses Wort oder diese Formulierung für Sie hervorgehoben?
- Was für ein Gefühl hinterlässt diese Geschichte bei Ihnen?

Weiterdenken
- Was hat dieser Text mit Ihrem Leben zu tun?
- Gibt es einen Gedanken, ein Gefühl oder eine Absicht, die Sie daraus mitnehmen sollen?
- Fordert Gott Sie auf, etwas zu sein, zu wissen, zu verstehen, zu fühlen oder sogar zu tun?

Seien Sie offen für die Stille und fühlen Sie sich nicht zu einer Antwort gedrängt.

 Die Jünger reagieren auf dieses Ereignis mit Schrecken und fragen einander, wer Jesus eigentlich ist. Jesus wollte, dass sie ihre Angst loslassen und ihm vertrauen. Nehmen Sie sich einige Minuten Zeit, um Gott auf Ihre Erfahrungen mit dem Text zu antworten. Was möchten Sie ihm vor allem sagen?

Vielleicht möchten Sie Ihr Gebet aufschreiben. Benutzen Sie Farbstifte, um Ihre Gefühle zu beschreiben oder um die Szene aufzuzeichnen, wie Sie sie sehen. Vielleicht möchten Sie Gott auch Fragen stellen, auf die er Ihnen vielleicht erst später Antworten gibt.

 Lassen Sie auf sich wirken, was Ihnen in diesem Bibeltext aufgefallen ist, und überlegen Sie: Wie empfinden Sie Jesus oder sein Handeln in diesem Abschnitt? Was erfahren Sie dadurch über Gott?

Nehmen Sie sich einige Minuten Zeit, die Gedanken wahrzunehmen, die Ihnen gekommen sind. Das kann sich in Lobpreis ausdrücken oder einfach im Ruhen in Gottes Gegenwart.

Erinnern Sie sich an Augenblicke in Ihrem Leben, in denen Sie Angst hatten – vielleicht Angst davor, vorzutreten und jemandem zu helfen, etwas zu riskieren, oder auch Angst davor, was andere sagen, wenn Sie das Richtige tun. Bitten Sie Jesus, Sie zu beruhigen und Ihnen zu versichern, dass Sie ihm vertrauen können.

Sprungbrett-Bibelmeditation

Ein Student sagte mir einmal, dass er gern ein Mindestmaß an Hintergrundrecherche zu Bibeltexten macht, um Wissen über den historischen und biblischen Kontext zu erwerben. Seiner Ansicht nach verhindert das eine Bibellese-Methode, die er »Sprungbrett-Bibelmeditation« nannte. Damit meinte er die Art und Weise, wie manche Menschen sich einfach unüberlegt in den Bibeltext stürzen – in eine Richtung, die weit von der eigentlichen Aussage des Textes entfernt ist. Häufig ist das eine Methode, um den Text so zu manipulieren, dass er aussagt, was der Betreffende hören will. Die Praxis der *lectio divina* – darauf zu warten, dass sich ein Wort oder eine Formulierung hervorhebt – ist keine solch oberflächliche Behandlung der Bibel. Dieses Buch geht davon aus, dass Studium (linke Gehirnhälfte) und Meditation (rechte Gehirnhälfte) zusammen besser funktionieren.

Bei der *lectio divina* geht es nicht darum, den Intellekt auszuschalten. Es stimmt: Die Methode entstand in einer Zeit, in der gewöhnliche Menschen wenig Zugang zu Büchern hatten und sich nicht weiterbilden konnten. Anfangs wurde sie oft von Mönchen geleitet, von denen viele Gelehrte waren, die davon ausgingen, dass dabei viel mehr als nur Intellekt ins Spiel kommt.

In jener Zeit vor der Aufklärung, bevor das Wissen in Verstandes- und Erfahrungswissen unterteilt wurde, verstanden die Menschen, dass der Intellekt und der Geist keine Feinde sind. Vielmehr arbeiten sie zusammen. Sie verstanden auch, wie Dallas Willard einmal schrieb, dass »das Wort Gottes als Heilige Schrift kein Buch für Gelehrte ist, sondern für einfache Menschen. Es spricht einfache Menschen an. Dafür müssen wir Raum lassen.«[67]

Bei der *lectio divina* geht es also nicht darum, Dinge rational zu erdenken. Im Gegenteil, es geht darum, nicht der Versuchung zu erliegen, den Text in eine Form zu pressen, die unseren eigenen Vorstellungen oder Wünschen entspricht, und stattdessen offen für den Heiligen Geist zu sein.

Eine furchterregende Reise

Psalm 91

 Atmen Sie einige Male tief ein und aus. Lassen Sie alle Ablenkungen hinter sich. Bringen Sie Ihre Gedanken zum Schweigen und öffnen Sie sich für Gott.
Vielleicht möchten Sie zum Einstieg über folgende Frage nachdenken: N.T. Wright zufolge lautet der häufigste Befehl in der Bibel »Hab keine Angst« oder »Fürchte dich nicht«.[68] Warum ist dieser Befehl so wichtig? Wovon kann Angst uns abhalten?

 Lesen Sie den Abschnitt still für sich selbst durch. Lesen Sie dann die darunterstehenden Anmerkungen zu den wichtigsten Wörtern und Formulierungen. Überlegen Sie, welchen Einfluss diese Details darauf haben, wie Sie die Geschichte verstehen. Lesen Sie sich nun den Abschnitt langsam laut vor. Nehmen Sie sich Zeit, die Worte an Ihre Ohren dringen zu lassen.

Psalm 91

[1]Wer im Schutz des Höchsten lebt, der findet Ruhe im Schatten des Allmächtigen. [2]Der spricht zu dem Herrn: Du bist meine Zuflucht und meine Burg, mein Gott, dem ich vertraue.
   [3]Denn er wird dich vor allen Gefahren bewahren und dich in Todesnot beschützen. [4]Er wird dich mit seinen

Flügeln bedecken, und du findest bei ihm Zuflucht. Seine Treue schützt dich wie ein großer Schild.

[5]Fürchte dich nicht vor den Angriffen in der Nacht und habe keine Angst vor den Gefahren des Tages, [6]vor der Pest, die im Dunkeln lauert, vor der Seuche, die dich am hellen Tag trifft.

[7]Wenn neben dir auch Tausende sterben, wenn um dich herum Zehntausende fallen, kann dir doch nichts geschehen. [8]Du wirst es mit eigenen Augen sehen, du wirst sehen, wie Gott die Gottlosen bestraft.

[9]Wenn der Herr deine Zuflucht ist, wenn du beim Höchsten Schutz suchst, [10]dann wird das Böse dir nichts anhaben können, und kein Unglück wird dein Haus erreichen.

[11]Denn er befiehlt seinen Engeln, dich zu beschützen, wo immer du gehst. [12]Auf Händen tragen sie dich, damit du deinen Fuß nicht an einen Stein stößt. [13]Löwen und giftige Schlangen wirst du zertreten, wilde Löwen und Schlangen wirst du mit deinen Füßen niedertreten!

[14]Der Herr spricht: »Ich will den erretten, der mich liebt. Ich will den beschützen, der auf meinen Namen vertraut. [15]Wenn er zu mir ruft, will ich antworten. Ich will ihm in der Not beistehen und ihn retten und zu Ehren bringen. [16]Ich will ihm ein langes Leben schenken und ihn meine Hilfe erfahren lassen.«

---

vor allen Gefahren: eigentlich »vor der Schlinge des Vogelstellers« (ELB)

großer Schild: eigentlich »Schild und Schutzwehr« (ELB)

Unglück: eigentlich »Plage« (ELB).

 Hilfreiche Fragen und Stichwörter zum Text:

1. Mäuschen spielen

Stellen Sie sich eine gefährliche Reise vor. Manche Ausleger sind der Ansicht, dass dieser Psalm von einem Reisenden handelt, »der an gefährlichen Orten unterwegs sein muss«. Im Altertum war

Reisen riskant, doch dieser Reisende, obwohl ihm »von überall Gefahren drohten«, erlebt eine »sichere Reise«.[69] Der Psalmist beschreibt eine Reise voller Bedrohungen: Jäger, Krankheit, fliegende Pfeile und wilde Tiere. Überall wurden Menschen vom Tod ereilt. Bei Tag und Nacht tauchten allenthalben Gefahren auf.

Manchmal betrachten wir die Psalmen als süße, nette kleine Gedichte, die bei Dämmerlicht in einem gemütlichen Zimmer geschrieben wurden. Doch die Wahrheit sieht ganz anders aus. Die Psalmen entspringen aus echten, lebensbedrohlichen Situationen. Psalm 91 erinnert an den Buchklassiker *Die Pilgerreise* mit ihren ständigen Gefahren. Er spricht uns in unseren dunkelsten Momenten an.

2. Haben Sie aktuell oder in der Vergangenheit einmal etwas unternommen, bei dem überall Gefahren lauerten? War es ein Studienabschluss? Eine neue Arbeit? Sind Sie Vater oder Mutter geworden? Ging es um eine Operation oder vielleicht um eine schwierige finanzielle Situation? Welche Formulierungen in Vers 3-13 beschreiben die Gefahren Ihrer Reise am besten? Wenn Sie heute zurückschauen, wie hat Gott für Sie gesorgt?

♦ Hat er Sie vor größerem Schaden bewahrt?
♦ Hat er Menschen geschickt, die Sie beschützt oder ermutigt haben?
♦ Hat er Ihnen einen Ausweg gezeigt?
♦ Etwas anderes:

_____

_____

3. **Majestät und Nähe**
Vers 1 und 2 verbinden die Majestät Gottes (»der Höchste«, »der Allmächtige«, »der Herr«) mit seinem persönlichen Schutz in

der Nähe seines Schattens (»meine Zuflucht und meine Burg«). Diese Verbindung steht sowohl einem allzu vertraulichen »Gott ist mein Kumpel« entgegen als auch dem Gedanken, dass Gott eine weit entfernte Gottheit ist, die Besseres zu tun hat, als über einfache Sterbliche nachzudenken. Gott ist gleichzeitig sowohl majestätisch als auch nah – transzendent und immanent. Welcher Gedanke ist für Sie schwieriger: Gottes Nähe zu Ihnen oder seine göttliche Majestät? Versuchen Sie einmal, Vers 1-2 laut zu lesen und beide Gedanken gleichzeitig zu erfassen.

4. **Gottes überraschende Rede**
In den Psalmen scheint Gott hier und da den Psalmbeter abrupt zu unterbrechen. Vers 14-16 ist »die direkte Rede Jahwes in Form einer Zusicherung«. Wie Walter Brueggemann erklärt, sprudeln diese Einwürfe nur so über mit Gottes Zusagen: »›Ich werde retten, ich werde schützen, ich werde antworten, ich werde bei ihm sein, ich werde befreien, ich werde sättigen, ich lasse schauen.‹ Das Versprechen, das in menschlicher Zusicherung geäußert wurde, wird nun durch die göttliche Rede bestätigt. Das letzte Wort wird nicht von uns gesprochen, sondern zu uns.«[70]

◆ Überlegen Sie, in welchem Tonfall Gott wohl Vers 14-16 zu einem Menschen sagen würde: kühn, sanft, still, donnernd, gewiss. Alles davon ist möglich.
◆ Vielleicht würde Gott das wiederholte »will« stark betonen, oder vielleicht das darauf folgende Verb (retten, schützen usw.). Gott weiß zweifellos, welcher Tonfall jeweils nötig ist.
◆ Versuchen Sie, sich die Verse laut vorzulesen, und zwar in dem Tonfall, den Gott vielleicht in diesem Augenblick Ihnen gegenüber gebrauchen würde, weil Sie es nötig haben:

Ich will den erretten, der mich liebt. Ich will den beschützen, der auf meinen Namen vertraut. [15]Wenn er zu mir ruft, will ich antworten. Ich will ihm in der Not beistehen und ihn retten und zu Ehren bringen. [16]Ich will ihm ein langes Leben schenken und ihn meine Hilfe erfahren lassen.

Nachdenken über die Einladung

Vielleicht lädt Gott Sie in diesem Abschnitt ein, etwas Bestimmtes besser zu verstehen – in Bezug auf ihn selbst oder auf etwas, das Ihnen geschehen ist oder gerade geschieht. Was könnte das sein? Lesen Sie den Text noch einmal und denken Sie dann in der Stille über die folgenden Fragen nach:

- Welches Wort oder welche Formulierung springt Ihnen ins Auge?
- Weshalb?

Weiterdenken.

Lesen Sie gegebenenfalls den Abschnitt erneut und überlegen Sie dann:

- Was hat dieser Text mit Ihrem Leben zu tun?
- Gibt es einen Gedanken, ein Gefühl oder eine Absicht, die Sie daraus mitnehmen sollen?
- Fordert Gott Sie auf, etwas zu sein, zu wissen, zu verstehen, zu fühlen oder sogar zu tun?

Seien Sie offen für die Stille und fühlen Sie sich nicht zu einer Antwort gedrängt.

 Nehmen Sie sich einige Minuten Zeit, um Gott auf Ihre Erfahrungen mit dem Text zu antworten. Was möchten Sie ihm unbedingt sagen?

Wenn Sie möchten, beten Sie den Psalm als Antwort an Gott und setzen Sie entsprechend »Danke, dass …« oder »Ich bin froh, dass …« ein. Ein solches Gebet könnte so beginnen: »Danke, dass ich in deinem Schutz lebe, du Höchster, dass ich in deinem Schatten bleiben darf, du Allmächtiger. Ich bin froh, dass ich zu dir sagen kann: ›Du bist meine Zuflucht … ‹«

 Lassen Sie auf sich wirken, was Ihnen in diesem Bibeltext aufgefallen ist, und überlegen Sie: Wie empfinden Sie Gott oder sein Handeln in diesem Abschnitt?
Nehmen Sie sich einige Minuten Zeit, die Gedanken wahrzunehmen, die Ihnen gekommen sind. Das kann sich in Lobpreis ausdrücken oder einfach im Ruhen in Gottes Gegenwart.

 Lesen oder hören Sie Nachrichten. Wenn Sie etwas von jemandem hören, der sich in einer gefährlichen Situation befindet, beten Sie diesen Psalm für die Menschen, die von dieser Situation betroffen sind.

Jesus voller Wut, Trauer und Erbarmen

Markus 3,1-6

Atmen Sie einige Male tief ein und aus. Lassen Sie alle Ablenkungen hinter sich. Bringen Sie Ihre Gedanken zum Schweigen und öffnen Sie sich für Gott.

Um sich auf die heutige Meditation einzustellen, denken Sie an eine Situation, in der Sie frustriert oder traurig über eine Situation waren.

Lesen Sie den Abschnitt still für sich selbst durch. Lesen Sie dann die darunterstehenden Anmerkungen zu den wichtigsten Wörtern und Formulierungen. Überlegen Sie, welchen Einfluss diese Details darauf haben, wie Sie die Geschichte verstehen. Lesen Sie sich nun den Abschnitt langsam laut vor. Nehmen Sie sich Zeit, die Worte an Ihre Ohren dringen zu lassen.

Markus 3,1-6

¹Wieder ging Jesus in die Synagoge. Dort bemerkte er einen Mann mit einer verkrüppelten Hand. ²Seine Gegner beobachteten ihn ganz genau. Wenn er am Sabbat die Hand des Mannes heilen würde, dann könnten sie ihn anklagen. ³Jesus sagte zu dem Mann: »Komm her und

tritt in die Mitte.« ⁴Dann wandte er sich an seine Gegner und fragte: »Ist es nach dem Gesetz erlaubt, am Sabbat Gutes zu tun, oder ist es ein Tag, um Böses zu tun? Ist dies ein Tag, um Leben zu retten oder zu vernichten?« Doch sie schwiegen. ⁵Zornig und erschüttert über ihre Hartherzigkeit sah er sie an. Dann forderte er den Mann auf: »Streck deine Hand aus.« Der Mann streckte seine Hand aus und sie wurde wieder gesund! ⁶Daraufhin zogen sich die Pharisäer zurück und trafen sich heimlich mit den Anhängern des Herodes, um zu planen, wie sie Jesus töten könnten.

---

seine Gegner: die Pharisäer (vgl Markus 2,24).

am Sabbat: Die Pharisäer betrachteten Heilen als Arbeit, die am Sabbat verboten war. Für sie war Jesus ein respektloser Prediger jenseits von Recht und Gesetz.

zornig: Das griechische Wort orgē wird oft mit »außer sich vor Wut« übersetzt, ein Hinweis auf heftige Leidenschaft und Entrüstung.

... trafen sich heimlich mit den Anhängern des Herodes, um zu planen, wie sie Jesus töten könnten: Das extreme Wachen der Pharisäer über dem Gesetz wendete sich dahingehend, dass sie nun gewalttätige Pläne schmiedeten, wie man Jesus umbringen könnte. Jesu Zorn hingegen brachte keine Gewalt, sondern Heilung.

 Hilfreiche Fragen und Stichwörter, um in die Geschichte einzusteigen:

1. Biblische Parallelen: Jesus und das Gesetz

In Matthäus' Bericht finden wir mehr Details:

> Die Pharisäer fragten Jesus: »Ist es nach dem Gesetz erlaubt, am Sabbat Kranke zu heilen?« Sie hofften natürlich, dass er Ja sagen würde, damit sie einen Grund hatten, ihn anzuzeigen. Er antwortete: »Wenn ihr nur ein einziges Schaf hättet und es fiele am Sabbat in

einen Brunnen, würdet ihr nicht alles daransetzen, es herauszuziehen? Ganz bestimmt. Wie viel mehr ist ein Mensch wert als ein Schaf! Daher ist es erlaubt, am Sabbat Gutes zu tun!« (Matthäus 12,10-12)

Damals wie heute stellen manche Menschen Jesus gern als rebellische Figur dar, doch das war nicht sein Ziel. Jesus kannte das Gesetz des Mose und hielt es ein. Es war die Gesetzesauslegung der religiösen Führer, der er widersprach. Jesus berief sich auf das Gesetz, um zu zeigen, dass es richtig und gut war, den notleidenden Mann zu heilen:

* Wenn ihr das Rind oder den Esel eures Feindes umherirren seht, dann bringt ihm sein Tier zurück. Wenn ihr seht, dass der Esel eures Feindes unter seiner schweren Last zusammengebrochen ist, lasst ihn nicht mit dem Tier allein, sondern helft dem Tier mit ihm zusammen wieder auf. (2. Mose 23,4-5)
* Genauso sollt ihr vorgehen, wenn einer eurer Landsleute einen Esel, ein Kleidungsstück oder sonst etwas verloren hat und ihr es findet. Verweigert keinem eure Hilfe. Wenn ihr seht, wie ein Esel oder ein Rind von einem eurer Landsleute auf der Straße stürzt, dann geht nicht einfach weiter, sondern helft dem Tier mit ihm zusammen wieder auf die Beine. (5. Mose 22,3-4)
* Verweigere keinem die nötige Hilfe, wenn es in deiner Macht steht. (Sprüche 3,27)

Es ist durchaus möglich, dass Jesus die Beziehung der Pharisäer zu Gott am Herzen lag und er wusste, dass Hilfe vorzuenthalten zerstörerische Wirkungen haben kann. Können Sie dem zustimmen? Wenn ja, wie wirkt sich das Vorenthalten von Hilfe auf unsere Beziehung zu Gott oder auf unseren Charakter aus? Wenn nein, warum nicht?

2. Gründe für Jesu Zorn. Jesus war zornig, weil er erschüttert über ihre Hartherzigkeit war. Er war traurig über den Herzenszustand der Pharisäer als geistliche Leiter des jüdischen Volkes. Offenbar hatten sie den behinderten Mann benutzt, um Jesus in die Falle zu locken. So lesen wir es in Lukas 6,7: »Die Schriftgelehrten und Pharisäer passten genau auf, ob Jesus den Mann am Sabbat heilen würde, denn sie suchten nach einem Vorwand, Anklage gegen ihn zu erheben.« Die Abfolge von Jesu Emotionen und entsprechenden Handlungen war zunächst Zorn, dann Trauer und schließlich Erbarmen.

Warum werden Menschen normalerweise wütend? Vielleicht, wenn sie ihren Kopf durchsetzen wollen und ihre Pläne durchkreuzt werden. Oder vielleicht, wenn sie abgelehnt oder ungerecht behandelt wurden. Wie sehen die Gründe für Jesu Zorn im Vergleich zu dem aus, weshalb die meisten Menschen wütend werden?

3. Wenn Menschen wütend sind, sind sie meist die schlechteste Version ihrer selbst. Manchmal werden sie zu jemandem, den sie selbst nicht einmal wiedererkennen würden. Wenn Jesus zornig war, war er immer noch er selbst. Er heilte oft Menschen; selbst wenn er zornig war, heilte er noch. Er war oft betrübt über die Hartherzigkeit von Menschen; auch wenn er zornig war, war er noch traurig. Jesus stellte seine Frage (»Ist es nach dem Gesetz erlaubt ...?«) und sagte dann nichts weiter. Im Text lesen wir von seinem Zorn, doch seine einzigen Worte und Taten zielten darauf ab, den Mann mit der verkrüppelten Hand zu heilen. Inwiefern verhielt Jesus sich im Zorn anders als die meisten Menschen?

4. **Mäuschen spielen**
Stellen Sie sich die Synagoge in Kapernaum vor. Das war die Heimatsynagoge von Petrus, Andreas, Jakobus und Johannes und Schauplatz vieler dramatischer Ereignisse. Dort hatte Jesus einen von Dämonen besessenen Mann geheilt (vgl. Markus 1,21-28).

Nachdem er Petrus' Schwiegermutter geheilt hatte, versammelte sich die ganze Stadt Kapernaum vor der Tür und Jesus heilte sie (vgl. Markus 1,29-34). Einige Monate nach dem Vorfall mit dem Mann mit der verkrüppelten Hand weckte Jesus die Tochter von Jaïrus, dem Synagogenvorsteher, von den Toten auf und heilte die Frau, die zwölf Jahre lang unter Blutungen gelitten hatte (Markus 5,21-43).

Nachdenken über die Einladung

Lesen Sie den Abschnitt noch einmal und stellen Sie sich vor, Sie wären eine Kirchenmaus in der Synagoge. Was sehen, hören, schmecken, fühlen oder riechen Sie? Vielleicht können Sie sich auch mit bestimmten Personen identifizieren. Wie haben sich diese Personen wohl gefühlt?

* Die Pharisäer waren bibeltreue Personen. Sie meinten, Jesus würde Gottes Gesetze nicht beachten, obwohl er in Wirklichkeit nur die zusätzlichen Details ignorierte, die sie dem Gesetz hinzugefügt hatten.
* Die Jünger. Mehrere von ihnen kannten wahrscheinlich jeden im Raum, da Kapernaum ihre Heimatstadt war.
* Der Mann mit der verkrüppelten Hand – besonders, wenn man ihn gezwungen oder sogar bezahlt hatte, um Jesus zu provozieren. Vor diesem Ereignis war es sicher schwer für ihn, Arbeit zu finden etc.
* Die Frau oder Familie des Mannes, wenn er denn eine hatte.

Weiterdenken

* Was hat dieser Text mit Ihrem Leben zu tun?
* Gibt es einen Gedanken, ein Gefühl oder eine Absicht, die Sie daraus mitnehmen sollen?
* Fordert Gott Sie auf, etwas zu sein, zu wissen, zu verstehen, zu fühlen oder sogar zu tun?

Seien Sie offen für die Stille und fühlen Sie sich nicht zu einer Antwort gedrängt.

 Nehmen Sie sich einige Minuten Zeit, um Gott darauf zu antworten. Was möchten Sie Jesus unbedingt zu seinem Verhalten an jenem Tag sagen?

Wenn Sie Fragen für Jesus über seinen Zorn haben, oder über den Zorn, den Sie manchmal empfinden, dann stellen Sie ihm diese Fragen.

 Lassen Sie auf sich wirken, was Ihnen in diesem Bibeltext aufgefallen ist, und überlegen Sie: Wie empfinden Sie Jesus in diesem Abschnitt? Jesus ist ein »Schnappschuss« von Gott (»das Ebenbild seines Wesens«, Hebräer 1,3 LUT). Was sagen Ihnen Jesu Worte, Gefühle und Handlungen in dieser Szene über Gott?

Nehmen Sie sich einige Minuten Zeit, die Gedanken wahrzunehmen, die Ihnen gekommen sind. Das kann sich in Lobpreis ausdrücken oder einfach im Ruhen in Gottes Gegenwart.

 Suchen Sie sich eine Situation aus, die Sie verärgert oder frustriert. Worüber sind Sie in dieser Situation traurig? Erzählen Sie Gott davon. Was meinen Sie, wie reagiert Gott auf Ihren Kummer?

Von Skepsis zu Hoffnung

Psalm 27

Es kann hilfreich sein, über diesen Psalm über zwei Tage (V. 1-6 und 7-14) oder vier Tage hinweg (V. 1-3, 4-6, 7-10, 11-14) zu meditieren.

 Kommen Sie ganz zu sich, indem Sie ruhig ein- und ausatmen. Lockern Sie Ihren Nacken und nehmen Sie sich Zeit, auch alle anderen Muskeln zu entspannen.

Um sich auf die heutige Meditation einzustellen, denken Sie über folgende Frage nach: Wann wurden Sie schon einmal von Angst, Frustration oder Entmutigung befreit?

 Lesen Sie den Abschnitt still für sich selbst durch. Lesen Sie dann die darunterstehenden Anmerkungen zu den wichtigsten Wörtern und Formulierungen. Überlegen Sie, welchen Einfluss diese Details darauf haben, wie Sie die Geschichte verstehen. Lesen Sie sich nun den Abschnitt langsam laut vor. Nehmen Sie sich Zeit, die Worte an Ihre Ohren dringen zu lassen.

Psalm 27

[1]Der Herr ist mein Licht und mein Heil – vor wem sollte ich mich fürchten? Der Herr beschützt mich vor Gefahr – vor wem sollte ich erschrecken?

[2]Wenn böse Menschen kommen, um mich zu vernichten, wenn meine Feinde und Verfolger mich angreifen, dann werden sie stolpern und stürzen. [3]Ein mächtiges Heer umzingelt mich, dennoch fürchte ich mich nicht. Auch wenn sie mich angreifen, bleibe ich voller Zuversicht.

[4]Eine einzige Bitte habe ich an den Herrn. Ich sehne mich danach, solange ich lebe, im Haus des Herrn zu sein, um seine Freundlichkeit zu sehen und in seinem Tempel still zu werden. [5]Denn er wird mich aufnehmen, wenn schlechte Zeiten kommen, und mir in seinem Heiligtum Schutz geben. Er wird mich auf einen hohen Berg stellen, wo mich niemand erreichen kann. [6]Dann werde ich über meine Feinde, die mich umzingeln, triumphieren. Jubelnd will ich ihm Opfer darbringen und den Herrn loben und ihm singen.

[7]Hör meine Bitten, Herr. Sei barmherzig und erhöre mich! [8]Ich erinnere mich, dass du gesagt hast: »Suchet meine Nähe.« Und ich habe geantwortet: »Herr, dich suche ich.« [9]Verbirg dich nicht vor mir und verstoße deinen Knecht nicht im Zorn! Du hast mir immer geholfen, darum verlass mich jetzt nicht. Gott, mein Retter, lass mich nicht im Stich! [10]Wenn selbst Vater und Mutter mich verlassen, wird doch der Herr mich aufnehmen. [11]Herr, zeige mir, wie ich leben soll, und führe mich den Weg, der richtig ist, denn meine Feinde warten nur darauf, dass ich falle. [12]Gib mich nicht in ihre Hände, denn sie beschuldigen mich vieler Dinge, die ich nicht getan habe, und werden mir Grausames antun.

[13]Doch ich vertraue fest darauf, dass ich noch sehen werde, wie gut Gott ist, solange ich lebe. [14]Vertraue auf den Herrn! Sei mutig und tapfer und hoffe geduldig auf den Herrn!

Licht: In der Bibel steht Licht meist für Kraft, Wahrheit und Liebe.[71]

Heil: Das hebräische Wort *yesha* bedeutet Freiheit, Rettung, Wohlstand und Sicherheit (Befreiung aus Übeln nahezu jeglicher Art, seien sie materiell oder geistlich).[72] Theologisch beschreibt es den gesamten Prozess, durch den wir von allem befreit werden, das

uns daran hindert, Gottes höchste Segnungen zu genießen.[73]

... beschützt mich vor Gefahr (wörtlich: »ist meines
Lebens Schutzburg«): ein Ausdruck für eine Zu-
fluchtsstätte, einen Verteidigungsstand oder eine
militärische Festung.

um seine Freundlichkeit zu sehen: Brueggemann beschreibt dies als »Begegnung mit der lebensspen-
denden göttlichen Gegenwart«.[74]

... [ich werde] triumphieren (oder »mein Haupt wird
sich erheben«): ein Ausdruck des Sieges.

Verbirg dich nicht vor mir: Eine Bitte an Gott, seine
Gegenwart nicht zu entziehen.

... denn meine Feinde warten nur darauf, dass ich
falle: Vielleicht brachten die Feinde des Psalmbeters
ihn vom rechten Weg ab.

... solange ich lebe (oder »im Land der Lebendigen«):
zu Lebzeiten des Psalmbeters

 Hilfreiche Fragen und Stichwörter zum Text:

1. Psalm 27 (so wie Psalm 23 und 91) ist ein »Lied der Zuversicht«[75].
   Welche Worte finden Sie in Psalm 27, die Verzweiflung oder Zuversicht ausdrücken? Listen Sie sie einmal auf:

Verzweiflung	Zuversicht
fürchten, erschrecken, ...	Heil, ...

2. Wann haben Sie Gott in Ihrem Alltag als Kraft, Wahrheit oder Liebe erlebt?

3. Wann haben Sie Gott als Rettung aus Krankheit, innerer Aufruhr, Schwierigkeiten mit anderen Menschen oder Machthabern erlebt?

4. Im Buch der Psalmen ist Warten kein passiver, ungeduldiger Moment voller Frustration. Es ist ein aktives Warten, voller Hoffnung und Glauben. Genau genommen tauchen die Worte warten und hoffen häufig zusammen auf (vgl. Psalm 39,8; 130,5), besonders auch in Psalm 62,6: »Ich will fest auf Gott vertrauen, denn er ist meine Hoffnung.« Solch hoffnungsvolles Warten ist erwartungsvoll, mit Augen, die weit für die Möglichkeit geöffnet sind, dass Gott jeden Moment handelt. Wie würden Sie vor diesem Hintergrund Vers 14 umschreiben?

Nachdenken über die Einladung

Vielleicht lädt Gott Sie in diesem Abschnitt ein, etwas Bestimmtes besser zu verstehen. Was könnte das sein? Lesen Sie den Text noch einmal und denken Sie dann in der Stille über die folgenden Fragen nach:

* Welches Wort oder welche Formulierung springt Ihnen ins Auge?
* Weshalb?

Weiterdenken

Lesen Sie gegebenenfalls den Abschnitt erneut und überlegen Sie dann:

* Was hat dieser Text mit Ihrem Leben zu tun?
* Gibt es einen Gedanken, ein Gefühl oder eine Absicht, die Sie daraus mitnehmen sollen?
* Fordert Gott Sie auf, etwas zu sein, zu wissen, zu verstehen, zu fühlen oder sogar zu tun?

Seien Sie offen für die Stille und fühlen Sie sich nicht zu einer Antwort gedrängt.

 Nehmen Sie sich einige Minuten Zeit, um Gott darauf zu antworten. Was möchten Sie ihm vor allem über Ihre Erfahrung mit diesem Bibeltext sagen?

 Setzen oder stellen Sie sich etwas gerader hin und atmen Sie selbstbewusst aus. Lassen Sie auf sich wirken, was Ihnen in diesem Bibeltext aufgefallen ist, und überlegen Sie: Wie könnte Gott Ihnen heute Zuversicht schenken?

Nehmen Sie sich einige Minuten Zeit, die Gedanken wahrzunehmen, die Ihnen gekommen sind. Das kann sich in Lobpreis ausdrücken oder einfach im Ruhen in Gottes Gegenwart.

 Wenn Sie allein sind (idealerweise vielleicht auf einem Spaziergang), sagen Sie Vers 1 zu Gott. Wenn Sie sich nicht unwohl dabei fühlen, setzen Sie den ganzen Körper mit ein. Zum Beispiel:

»Du bist mein Licht – meine Kraft – und meine Befreiung von dem, was mich quält!« *(Arme heben)*

»Wen sollte ich fürchten?« *(Hände entschlossen in die Hüften stemmen)*

»Du beschützt mich vor Gefahr!« *(Arme heben und Fäuste ballen)*

»Vor wem sollte ich erschrecken?« *(erneut Hände in die Hüften stemmen)*

Wenn Sie möchten, verfahren Sie mit den nächsten Versen genau so, und vergessen Sie nicht Vers 3: »Dennoch bleibe ich voller Zuversicht!«

Was, wenn nichts passiert?

Machen Sie sich keine Sorgen, wenn Ihnen beim Nachdenken über einen Bibeltext nichts einfällt. Bibelmeditation lässt sich nicht kontrollieren. Überlassen Sie Gott die Führung. »Wenn Gebet echt ist, werden wir nie die ›Steuernden‹ sein.«[76] Die Ergebnisse können sehr unterschiedlich ausfallen, weil die Bibel zu einem großen Teil zunächst neue Fakten, interessante Geschichten und klug formulierte Einsichten bietet. Was Gott uns bei der Meditation eingibt, betrifft in der Regel unsere Persönlichkeit in ihrem tiefsten Kern.

Vielleicht empfinden Sie Stille als unangenehm. Nach und nach können Sie lernen, die Stille zu begrüßen und zu verstehen, dass es eine Zeit großer Fruchtbarkeit und großen Wachstums ist, nicht der Leere. Stille bringt Empfänglichkeit für Gott hervor, denn Stille ist eine äußerliche Form der innerlichen Kapitulation. Die Fähigkeit, still zu werden, ist das Geheimnis, um Gott in der Meditation gut zu hören. Dallas Willard formulierte es so: »Neun Zehntel der Meditation bestehen darin, Dinge zu ignorieren und loszulassen. Es ist die Kunst, Dinge bewusst von sich abfallen zu lassen.«[77] Madeleine L'Engle verglich die Meditation mit Zwiebelstecken im Garten:

Sie verschwinden still im Boden und bleiben dort in der Stille und im Dunkeln. Und dann brechen diese kleinen grünen Sprösslinge durch. Ich glaube, so ist es auch in unserem geistlichen Leben: Dinge ins Dunkel zu legen und sie wachsen zu lassen.[78]

Wenn also nichts passiert, genießen Sie die Zeit der Bibelmeditation einfach als mit Gott verbrachte Zeit. Sie haben keine Zeit verschwendet. Sie haben ein wenig davon erlebt, was es heißt, in Christus zu bleiben (vgl. Johannes 15,4-10). Die Stille ist nicht leer. Gott ist vollkommen und gegenwärtig und Sie haben in seiner Liebe geborgen geruht.

Teil 6

Heilung der Wunden meines Lebens

Gott hören – inmitten von Entmutigung

1. Könige 19,3–18

Es kann hilfreich sein, diese Meditation über zwei oder mehrere Tage zu verteilen.

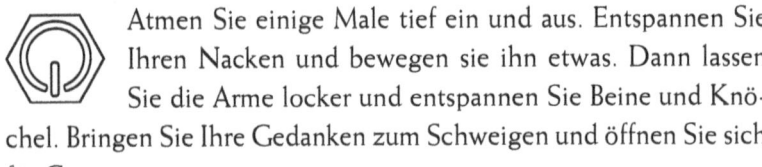 Atmen Sie einige Male tief ein und aus. Entspannen Sie Ihren Nacken und bewegen sie ihn etwas. Dann lassen Sie die Arme locker und entspannen Sie Beine und Knöchel. Bringen Sie Ihre Gedanken zum Schweigen und öffnen Sie sich für Gott.

Wenn Sie zur Ruhe gekommen sind, stellen Sie sich die folgende Frage, um sich besser auf die heutige Meditation einzustellen: Hätten Sie schon einmal am liebsten gesagt: »Ich habe genug, Herr«? Wenn nicht, welche Erfahrung könnte möglicherweise solche Gefühle hervorbringen?

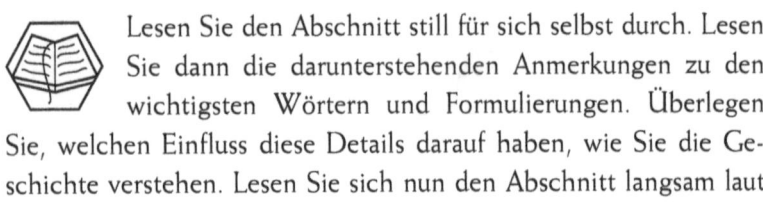 Lesen Sie den Abschnitt still für sich selbst durch. Lesen Sie dann die darunterstehenden Anmerkungen zu den wichtigsten Wörtern und Formulierungen. Überlegen Sie, welchen Einfluss diese Details darauf haben, wie Sie die Geschichte verstehen. Lesen Sie sich nun den Abschnitt langsam laut

vor. Nehmen Sie sich Zeit, die Worte an Ihre Ohren dringen zu lassen.

1. Könige 19,3-18

[3]Da bekam Elia Angst und floh um sein Leben. Er ging nach Beerscheba in Juda; dort ließ er seinen Diener zurück. [4]Er aber ging allein eine Tagesstrecke weit in die Wüste. Schließlich sank er unter einem Ginsterstrauch nieder, der dort stand, und wollte nur noch sterben. »Ich habe genug, Herr«, sagte er. »Nimm mein Leben, denn ich bin nicht besser als meine Vorfahren.« [5]Dann legte er sich hin und schlief unter dem Strauch ein.

Doch plötzlich berührte ihn ein Engel und sagte zu ihm: »Steh auf und iss!« [6]Er blickte um sich und sah ein Stück auf heißen Steinen gebackenes Brot und einen Krug Wasser bei seinem Kopf stehen. Also aß und trank er und legte sich wieder hin.

[7]Da kam der Engel des Herrn ein zweites Mal, berührte ihn und sagte: »Steh auf und iss, denn vor dir liegt eine lange Reise!« [8]Er erhob sich, aß und trank, und das Essen gab ihm genug Kraft, um 40 Tage und Nächte bis zum Berg Gottes, dem Horeb, zu wandern. [9]Dort fand er eine Höhle, in der er die Nacht verbrachte.

Doch der Herr sprach zu ihm: »Was tust du hier, Elia?«

[10]Elia antwortete: »Ich habe dem Herrn, Gott, dem Allmächtigen, von ganzem Herzen gedient. Denn die Israeliten haben ihren Bund mit dir gebrochen, deine Altäre niedergerissen und deine Propheten getötet. Ich allein bin übrig geblieben, und jetzt wollen sie auch mich umbringen.«

[11]Da sprach der Herr zu ihm: »Geh hinaus und stell dich auf den Berg vor den Herrn, denn der Herr wird vorübergehen.«

Zuerst kam ein heftiger Sturm, der die Berge teilte und die Felsen zerschlug, vor dem Herrn her. Doch der Herr war nicht im Sturm. Nach dem Sturm bebte die Erde, doch der Herr war nicht im Erdbeben. [12]Und nach dem Erdbeben kam ein Feuer, doch der Herr war nicht im Feuer. Und nach dem Feuer ertönte ein leises Säuseln.

¹³Als Elia es hörte, zog er seinen Mantel vors Gesicht, ging nach draußen und stellte sich in den Eingang der Höhle. Eine Stimme sprach: »Was tust du hier, Elia?«
¹⁴Er sagte: »Ich habe dem Herrn, Gott, dem Allmächtigen, von ganzem Herzen gedient. Aber die Israeliten haben ihren Bund mit dir gebrochen, deine Altäre niedergerissen und deine Propheten umgebracht. Ich allein bin übrig geblieben, und jetzt wollen sie auch mich noch umbringen.«
¹⁵Da sprach der Herr zu ihm: »Geh zurück auf dem Weg, den du gekommen bist, durch die Wüste nach Damaskus. Wenn du dort bist, salbe Hasaël zum König von Aram. ¹⁶Dann salbe Jehu, den Sohn Nimschis, zum König von Israel, und salbe Elisa, den Sohn Schafats aus Abel-Mehola, an deiner Stelle zum Propheten. ¹⁷Wer Hasaël entkommt, den wird Jehu töten, und wer Jehu entkommt, den wird Elisa umbringen! ¹⁸Doch 7000 Menschen in Israel will ich verschonen: alle, die sich nie vor Baal niedergeworfen und ihn geküsst haben."

---

bekam Angst: Ahab und Isebel, das Königspaar von Israel, verehrten Baal, eine ausländische Gottheit, gegen die Elia Prophezeiungen ausgesprochen hatte. Elia hatte die Baalspropheten zu einem Wettbewerb herausgefordert, bei dem Elia Gottes Kraft bewies, indem er Feuer vom Himmel fallen ließ, das sein Opfer verzehrte. Die Baalspropheten bekamen keine Antwort von ihrem Gott, verloren den Wettbewerb und wurden getötet.

Brot: flache Brotlaibe, Fladenbrote. Dieses Grundnahrungsmittel gab Elia Energie für seine 40-tägige, rund 330 Kilometer weite Reise.

Engel des Herrn: Der »Engel des Herrn« erschien Hagar in der Wüste und kam ihr zu Hilfe. Er erschien Abraham, um ihn daran zu hindern, Isaak zu opfern. Er erschien Mose im brennenden Dornbusch, Gideon an der Weinkelter, Manoachs Frau, um die Geburt von Simson vorauszusagen, und Bileam auf seinem Esel (vgl. 1. Mose 16,7-11; 22,11-19; 2. Mose 3,1-2; 4. Mose 22,22-35; Richter 13,3-21).

[wanderte] 40 Tage und Nächte: Elia floh von Norden nach Süden durch ganz Israel (etwa 150 Kilometer).

Dann floh er zum Berg Horeb an der südlichen Spitze von Arabien (weitere 330 bis 490 Kilometer, je nach Route).[79]

Horeb: ein anderer Name für den Berg Sinai, an dem Gott Jahrhunderte zuvor mit Mose gesprochen hatte. Es ist möglich, dass Elia beabsichtigte, Moses spektakuläre Begegnungen mit Gott nachzuahmen (vgl. 2. Mose 24,15–18; 33,17–23).

Ich allein bin übrig geblieben: Isebel hatte den Tod aller Propheten Jahwes befohlen (vgl. 1. Könige 18,4).

leises Säuseln: kann unter anderem auch als »Ton eines dahinschwebenden Schweigens« (NeÜ) übersetzt werden.

salben: für einen bestimmten Zweck absondern. Eine der vielen Pflichten eines Propheten.

Hasaël: Der König von Syrien, der gegen das Nordreich Israel ziehen und es »von außen« reinigen würde.

Jehu: Jehu sollte der neue König von Israel werden, der Israel »von innen« reinigen würde. Durch die Salbung von Hasaël und Jehu bekam Elia die Zusicherung, dass Gott das Nordreich Israel nicht in seinem moralisch verfallenen Zustand belassen würde.

Elisa: Elisa sollte Elias Nachfolger werden und sein Prophetenamt fortführen, Israel zum Gehorsam Gott gegenüber aufrufen und Wunder tun.

7000 Menschen: Neben diesen 7000 hatte Elia wohl auch die 100 Propheten Jahwes vergessen, von denen Obadja ihm erzählt hatte (vgl. 1. Könige 18,4).

 Hilfreiche Fragen und Stichwörter, um in die Geschichte einzusteigen:

1. Elias Angst ist rätselhaft. Zuvor hatte er sich Isebel und Ahab widersetzt (vgl. 1. Könige 17,1; 18,17-40), doch plötzlich fürchtet er sich vor ihnen. Nachdem er Feuer vom Himmel herabgerufen hatte, war Elia sicher eine Art Prominenter in Israel. Wenn er floh, nur weil er vor Isebel Angst hatte, hätte er sich ohne Weiteres

nach Juda retten können, wo er bei König Joschafat sicher gewesen wäre. Stattdessen floh Elia bis nach Beerscheba (südlich von Juda) und beabsichtigte, noch weiter zu gehen.

Vielleicht wurde aus seiner furchtsamen Flucht eine Pilgerreise. Er ging von Beerscheba weiter zum Berg Sinai, wo Mose seine weithin bekannte Begegnung mit Gott hatte. Hoffte Elia auf eine ähnliche Begegnung? Die Höhle erinnert an die Felsspalte, wo Jahwe Mose erschien (vgl. 2. Mose 33,17-23). Welche anderen Gründe neben seiner Angst gab es womöglich für Elias Flucht?

◆ Nach emotionalen Höhenflügen (wie dem Sieg über die Baalspropheten) können emotionale Tiefpunkte folgen.
◆ Er fühlte sich ohne andere Propheten Jahwes allein.
◆ Er war ausgebrannt; dies war nur der Tropfen, der das Fass zum Überlaufen brachte.
◆ Er hatte gehofft, dass Ahab und Isebel nachgeben würden, doch das taten sie nicht.
◆ Etwas anderes:

_____

_____

2. Wenn wir mit einer biblischen Geschichte allzu vertraut sind, können wir unempfindlich für den Ernst der Umstände werden. Versetzen Sie sich in Elias Lage und überlegen Sie, wie Sie auf die folgenden Erlebnisse reagieren würden. Ordnen Sie die folgenden Punkte von 1-4, wobei 1 der Punkt wäre, der Sie am meisten belastet hätte.

◆ ___ eine Morddrohung erhalten

◆ ___ mit Selbstmordgedanken spielen

* ___ eine lange Reise zu Fuß unternehmen

* ___ eine Begegnung mit einem Engel

3. Welches Detail am Dienst des Engels für Elia ist für Sie das bedeutsamste?

* Der Engel respektierte Elias Bedürfnis nach Ruhe und ermöglichte sie.
* Der Engel sorgte dafür, dass Elia ein fertig zubereitetes Essen bekam (»ein Stück auf heißen Steinen gebackenes Brot«).
* Die Mahlzeit, die der Engel bereitstellte, war nahrhaft genug, um Elia vierzig Tage lang durchhalten zu lassen.
* Die Versorgung des Engels war einfach: ein paar Worte und schlichtes, aber nahrhaftes Essen.

4. Obwohl Gott von Elias Problemen wusste, fragte er trotzdem: »Was tust du hier, Elia?« Genau genommen stellt Gott diese Frage zwei Mal (V. 9.13), vor und nach Elias' Erlebnis. Inwiefern könnte das für Elia hilfreich gewesen sein?

* Direkt mit Gott zu sprechen, ist wichtig.
* Manchmal hilft es, Probleme zu klären, wenn wir unsere Gedanken und Gefühle in hörbare Worte fassen.
* Über etwas zu sprechen und zu spüren, dass es gehört wird, ist oft eine Erleichterung.
* Zwei Mal gefragt zu werden, hilft uns dabei, über unsere fertige, allzu einfache Antwort hinauszudenken.
* Etwas anderes:

_____

_____

5. Gott antwortete dem entmutigten Propheten unter anderem damit, dass er ihm noch mehr Arbeit auftrug, unter anderem, seinen Nachfolger Elisa zu salben. Mit Elisa an seiner Seite sollte Elia nie wieder das Gefühl haben, er sei allein übrig geblieben. Haben Sie sich schon einmal einsam gefühlt, doch dann hat Gott Ihnen eine unerwartete Quelle der Freude und Gemeinschaft geschenkt? Wenn ja, wann?

6. Viele Menschen finden die folgende Beschreibung von Elia beruhigend. Inwiefern ist das beruhigend?

> Elia war ein Mensch wie wir, doch als er darum betete, dass kein Regen fallen sollte, regnete es dreieinhalb Jahre lang nicht auf der Erde! Dann betete er um Regen, und es regnete vom Himmel. Das Gras wurde grün, und die Erde brachte wieder Früchte hervor. (Jakobus 5,17-18)

Elia betete und wurde erhört.

- Elia hörte, wie Gott zu ihm sprach, selbst als er »in einem Häufchen Elend zusammensank«.[80]
- Gott zu hören, ist keine Wissenschaft.

7. Mäuschen spielen

Stellen Sie sich Elia unter dem Ginsterbusch vor. In einem Gewand aus Haarstoff und einem breiten Gürtel brach Elia unter einem einzeln stehenden Ginsterbusch in der Wüste zusammen. Ein Ginsterbusch kann bis zu vier Meter hoch werden.[81] Mitten in einer dürren, baumlosen Wüste mit Tieren und skurrilen Felsformationen fand er einen Unterschlupf, wo normalerweise keiner zu finden war. Elias mentaler und emotionaler Zustand ähnelte dem eines Menschen, der auf einer Brücke steht und herunterspringen will. Der Engel sah Elia und bot ihm Wasser, Nahrung und Ruhe.

Nachdenken über die Einladung

Lesen Sie den Text noch einmal laut und stellen Sie sich vor, wie die einzelnen Szenen aussehen würden:

* Elia, wie er unter dem Ginsterbusch sitzt.
* Gott, der Elia in herzlichem Erbarmen versorgt: mit Schlaf, Nahrung und Mitgefühl.
* Elia, der an einen noch entlegeneren Ort flieht, um Gott zu suchen.
* Elia, der beobachtet, wie der große, mächtige Wind die Berge teilte und die Felsen zerschlägt, der das Erdbeben und das Feuer sieht. Am Ende kommt dann der leise Hauch.
* Elia, wie er mit allem ausgerüstet wird, was er braucht, um nach Hause zurückzukehren.

Wenn Sie sich den Abschnitt so bildlich vorstellen, welcher Augenblick, welche Handlung oder welche Formulierung fällt Ihnen auf? Oder wenn Sie die Handlung verfolgen, was sehen Sie?

* Welche Gedanken und Gefühle ruft das in Ihnen hervor?
* Warum hat Gott vielleicht diesen Augenblick, dieses Wort oder diese Formulierung für Sie hervorgehoben?

Weiterdenken

* Was hat dieser Text mit Ihrem Leben zu tun?
* Gibt es einen Gedanken, ein Gefühl oder eine Absicht, die Sie daraus mitnehmen sollen?
* Fordert Gott Sie auf, etwas zu sein, zu wissen, zu verstehen, zu fühlen oder sogar zu tun?
* In welchen Bereichen Ihres Lebens spüren Sie, dass Gott Sie zu einer Kapitulation auffordert?

Seien Sie offen für die Stille und fühlen Sie sich nicht zu einer Antwort gedrängt.

 Nehmen Sie sich einige Minuten Zeit, um Gott darauf zu antworten. Was möchten Sie ihm unbedingt über Ihre Erfahrung mit diesem Bibeltext sagen?

 Lassen Sie auf sich wirken, welche Szene, Formulierung, Emotion oder Interaktion Ihnen in diesem Bibeltext aufgefallen ist, und überlegen Sie: Wie wirkt Gott oder sein Handeln in diesem Abschnitt auf Sie? Was sagt Ihnen das über Gottes Wesen?

Nehmen Sie sich einige Minuten Zeit, die Gedanken wahrzunehmen, die Ihnen gekommen sind. Das kann sich in Lobpreis ausdrücken oder einfach im Ruhen in Gottes Gegenwart.

 Unternehmen Sie Ihre eigene Pilgerreise zu einem Ort, an dem Sie eine Begegnung mit Gott hatten oder der Ihnen aus irgendeinem Grund heilig erscheint. Bitten Sie dort Gott um seine Hilfe, um Ihre Angst, Frustration und Entmutigung noch mehr loslassen zu können.

Von Gebrechen befreit

Lukas 13,10-17

 Atmen Sie einige Male tief ein und aus. Lassen Sie alle Ablenkungen hinter sich. Bringen Sie Ihre Gedanken zum Schweigen und öffnen Sie sich für Gott.
Überlegen Sie, für wen Sie sich wünschen würden, dass er/sie in irgendeiner Hinsicht frei wird.

 Lesen Sie den Abschnitt still für sich selbst durch. Lesen Sie dann die darunterstehenden Anmerkungen zu den wichtigsten Wörtern und Formulierungen. Überlegen Sie, welchen Einfluss diese Details darauf haben, wie Sie die Geschichte verstehen. Lesen Sie sich nun den Abschnitt langsam laut vor. Nehmen Sie sich Zeit, die Worte an Ihre Ohren dringen zu lassen.

Lukas 13,10-17

[10]Als Jesus einmal an einem Sabbat in der Synagoge lehrte, [11]sah er eine Frau, die durch einen bösen Geist verkrüppelt war. Seit achtzehn Jahren war sie verkrümmt und konnte nicht gerade stehen. [12]Als Jesus sie sah, rief er sie zu sich und sagte: »Frau, du bist von deiner Krankheit erlöst!« [13]Dann berührte er sie, und sofort konnte sie sich aufrichten. Da lobte sie Gott und dankte ihm!

[14]Der Synagogenvorsteher war jedoch empört darüber, dass Jesus die Frau an einem Sabbat geheilt hatte. »Die

Woche hat sechs Tage, an denen man arbeiten kann«, sagte er zu den Versammelten: »Kommt an diesen Tagen, um euch heilen zu lassen, aber nicht am Sabbat.«

[15]Doch der Herr sagte: »Ihr Heuchler! Arbeitet ihr nicht auch am Sabbat, wenn ihr euren Ochsen oder Esel im Stall losbindet und zur Tränke hinausführt? [16]War es denn nicht genauso dringend, dass ich diese gute Frau – auch wenn gerade Sabbat ist – von der Fessel befreite, in der der Satan sie seit achtzehn Jahren gefangen hielt?« [17]Damit beschämte er seine Feinde. Und alle anderen freuten sich über die wunderbaren Dinge, die er tat.

... durch einen bösen Geist verkrüppelt: wörtlich »durch einen Geist der Schwäche«. Dieser Satz von Lukas, dem Arzt, bedeutet wahrscheinlich, dass »keiner medizinisch erklären konnte, wieso sie so verkrümmt ging. Manche denken heute, dass ihre Krankheit psychische Ursachen haben könnte. Vielleicht war sie in jüngeren Jahren dauernd verbal oder körperlich misshandelt worden, bis ihre verknoteten Gefühle sich auf ihren Körper übertrugen und sie nicht mehr aufrecht gehen konnte.«[82] Viele meinen, »Geist der Schwäche« bedeutet, dass sie von großem Kummer und schweren Belastungen niedergebeugt war, vielleicht Verbitterung oder Schuld. Dieser Geist zeigt sich anders als Besessenheit normalerweise in den Evangelien beschrieben wird, obwohl Jesus später den Einfluss des Teufels erwähnt (V. 16).

Erlöst, befreit: (V. 12.16). Die griechischen Worte *apolyō* und *lyō* bedeuten »völlig befreien, erleichtern, freilassen, entlassen, begnadigen«.

 Hilfreiche Fragen und Stichwörter, um in die Geschichte einzusteigen:

1. **Mäuschen spielen**

Judäa, nicht Galiläa. In Galiläa hatte Jesus bereits Menschen am Sabbat geheilt, doch diese Heilung fand in Judäa statt. Hier wurden die Regeln strenger eingehalten, denn Jerusalem lag in

Judäa; das hieß, dass viele religiöse Amtsträger in der Nähe waren (»seine Feinde«, V. 17). Außerdem ereignete sich diese Begebenheit in den letzten sechs Monaten von Jesu Leben. Zu diesem Zeitpunkt hatte er sich bereits vielfach zur Frage von Heilungen am Sabbat geäußert. Und inzwischen hatte er auch viele Feinde.

2. Personen im Text: Die behinderte Frau

Bevor Sie den Text noch einmal lesen, machen Sie eine Pause und gehen Sie weit vornüber gebeugt durch den Raum. Achten Sie darauf, was Sie sehen und nicht sehen können. Stellen Sie sich einen Moment lang vor, wie Sie versuchen, mit jemandem zu sprechen, und nehmen Sie wahr, wie sehr Sie sich dazu verdrehen müssen. Nehmen Sie wahr, wie es Ihrem Kopf und Rücken nach einigen Minuten in dieser Haltung geht. Wie hat ein Leben in diesem Zustand wohl die mentale und emotionale Verfassung der Frau beeinträchtigt? Jesus rief sie zu sich; das heißt, sie bat nicht selbst um Hilfe. Welche Gründe könnte es dafür geben?

- Sie dachte: Jesus kann mir nicht helfen, oder Jesus wird mir nicht helfen wollen.
- Sie dachte: Mein Problem ist ja nicht lebensbedrohlich.
- Sie dachte: Vielleicht will Gott ja, dass ich verkrüppelt bin, weil ich irgendwie gesündigt habe, und das soll mir eine Lehre erteilen.
- Sie hatte Angst wegen der »Feinde«, die anwesend waren (V. 17).
- Etwas anderes:

_____

_____

3. Als die Frau sich aufrichtete, sah die Welt für sie sicher ganz anders aus. Sie sah das Gesicht desjenigen, der sie von ihrer Schwäche geheilt hatte. Wie war es wohl für sie, sich zum ersten Mal aufzurichten und Jesus ins Gesicht zu schauen? Hat sie die Augen

weit aufgerissen? Vielleicht stockte ihr der Atem. Vielleicht fing sie an zu weinen. Wie war dieser Augenblick wohl für Jesus, als er sah, wie sie sich aufrichtete und befreit wurde?

4. Personen im Text: Der Synagogenvorsteher

Obwohl er empört über das war, was Jesus tat, sprach er Jesus nicht direkt an. Stattdessen versuchte er, einem Machtkampf mit Jesus aus dem Weg zu gehen, und tadelte stattdessen die anderen Anwesenden. Vielleicht war Jesus verärgert über den Synagogenvorsteher und seine Feinde, doch andere Möglichkeiten sind eher denkbar.

- Er war traurig, so wie er es gewesen war, als den Pharisäern und Schriftgelehrten ihre Sabbatregeln wichtiger waren als die Heilung des Mannes mit der verkrüppelten Hand (vgl. Markus 3,1-6).
- Er konnte die Wahrheit in Liebe sagen, als er indirekt angegriffen wurde (vgl. Epheser 4,15).
- Vielleicht lachte er auch, so als wollte er sagen: »Ich weiß doch, dass ihr barmherzige Menschen seid! Ich weiß das, weil ihr euch um eure Esel kümmert. Warum sollte diese Frau länger leiden als ein Esel? Warum das zweierlei Maß? Eine Heilung ist doch perfekt für den Sabbat! Welchen besseren Tag könnte es geben, um Leiden zu lindern?«
- Etwas anderes:

_____

_____

5. Warum freuten sich die Leute wohl über Jesu Antwort?

- Sie wussten, dass die Heilung Gott verherrlichte, und freuten sich über die Schönheit dieser Wahrheit.

- Sie waren die religiösen Leiter leid, denen sie offenbar nicht ernsthaft am Herzen lagen.
- Andere Gründe:

_____

_____

Nachdenken über die Einladung

Lesen Sie den Abschnitt noch einmal und stellen Sie sich vor, Sie wären eine Kirchenmaus in der Synagoge. Was sehen, hören, schmecken, fühlen oder riechen Sie? Vielleicht können Sie sich auch mit bestimmten Personen identifizieren. Wie haben sich diese Personen wohl gefühlt?

- die verkrüppelte Frau
- jemand in der Synagoge, der sie kannte und nicht leiden konnte
- der Synagogenvorsteher

Wenn Sie sich den Abschnitt bildlich vorstellen, welcher Moment, welche Handlung oder welche Formulierung fällt Ihnen auf?

- Wie entwickelt sich das Geschehen? Was sehen Sie? Welche Gedanken und Gefühle ruft das in Ihnen hervor?
- Warum hat Gott vielleicht ausgerechnet diesen Augenblick, dieses Wort oder diese Formulierung für Sie hervorgehoben?

Weiterdenken

- Was hat dieser Abschnitt mit Ihrem Leben zu tun?
- Lädt Gott Sie dazu ein, über etwas nachzudenken oder sogar von etwas zu träumen? Welche Möglichkeiten könnte Gott Ihnen anbieten?
- Welche Gefühle löst dieser Abschnitt in Ihnen aus?

Seien Sie offen für die Stille und fühlen Sie sich nicht zu einer Antwort gedrängt.

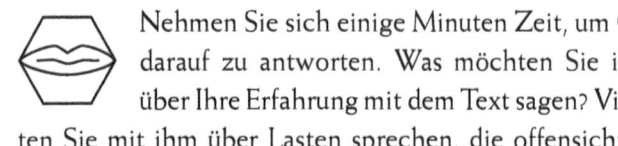 Nehmen Sie sich einige Minuten Zeit, um Gott im Gebet darauf zu antworten. Was möchten Sie ihm unbedingt über Ihre Erfahrung mit dem Text sagen? Vielleicht möchten Sie mit ihm über Lasten sprechen, die offensichtlich oder verborgen sind, körperlich oder mental.

Sie können Gott auch Fragen stellen und vielleicht erhalten Sie später Antworten darauf. Wenn Sie möchten, schreiben Sie Ihr Gebet auf. Manchmal hilft das, damit die Gedanken nicht abschweifen.

 Lassen Sie das Bild auf sich wirken, wie Jesus mit der Frau umgeht. Was ist Ihnen am Verhalten von Jesus am wichtigsten? Welchen Eindruck macht er hier auf Sie? Was erfahren Sie dadurch über Gott?

Nehmen Sie sich einige Minuten Zeit, um die Gedanken, die Ihnen gekommen sind, auf sich wirken zu lassen. Das kann sich in Lobpreis ausdrücken oder einfach im Ruhen in Gottes Gegenwart.

 Verbringen Sie einige Zeit in der Stille und fragen Sie Gott, ob Sie tiefere Verletzungen haben, die er heilen möchte. Falls Sie spüren, dass dem so ist, fragen Sie Gott, was der nächste Schritt sein könnte. Wenn es jemanden gibt, dem Sie dies anvertrauen können, bitten Sie Gott, dass er Ihnen eine Gelegenheit zum Gespräch schenkt.

Wissen, dass Gott mich hört

Markus 5,24-34

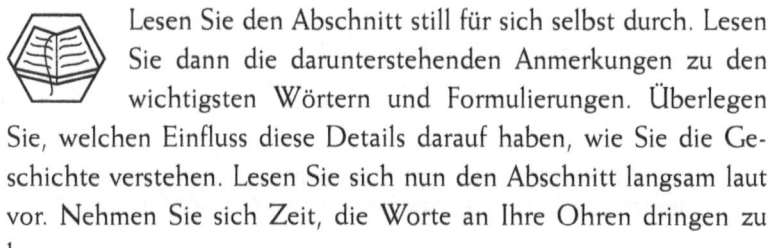

Atmen Sie einige Male tief ein und aus und lassen Sie die Gedanken los, die Sie bisher beschäftigt haben.

Wenn Sie eine Konzentrationshilfe brauchen, überlegen Sie einmal, wann Sie sich das letzte Mal wirklich von jemandem gehört gefühlt haben.

Lesen Sie den Abschnitt still für sich selbst durch. Lesen Sie dann die darunterstehenden Anmerkungen zu den wichtigsten Wörtern und Formulierungen. Überlegen Sie, welchen Einfluss diese Details darauf haben, wie Sie die Geschichte verstehen. Lesen Sie sich nun den Abschnitt langsam laut vor. Nehmen Sie sich Zeit, die Worte an Ihre Ohren dringen zu lassen.

Markus 5,24-34

²⁴Jesus ging mit ihm, gefolgt von einer dichten Menschenmenge.

²⁵In der Menge war auch eine Frau, die seit zwölf Jahren an Blutungen litt. ²⁶Sie hatte in dieser Zeit bei vielen Ärzten Schlimmes durchgemacht. Ihr ganzes Vermögen hatte sie eingebüßt, um sie zu bezahlen, ohne dass es ihr besser ging. Es war sogar schlimmer geworden. ²⁷Diese Frau hatte von Jesus gehört. Sie kämpfte sich durch die Menge in seine Nähe und berührte den Saum seines

Gewandes. [28]Denn sie sagte sich: »Wenn ich nur seine Kleider berühre, werde ich gesund.« [29]Und im selben Augenblick hörte die Blutung auf, und sie spürte, dass sie geheilt war!

[30]Jesus merkte sofort, dass eine heilende Kraft von ihm ausgegangen war. Er wandte sich um und fragte: »Wer hat meine Kleider berührt?«

[31]Seine Jünger sagten zu ihm: »Die Menschen umdrängen dich von allen Seiten, wie kannst du da fragen: ›Wer hat mich berührt?‹«

[32]Aber er schaute weiter umher, um festzustellen, wer es gewesen war. [33]Zitternd vor Angst trat die Frau auf ihn zu, denn sie wusste, was mit ihr geschehen war. Sie warf sich ihm zu Füßen und sagte ihm, was sie getan hatte. [34]Und er sagte zu ihr: »Tochter, dein Glaube hat dich gesund gemacht. Geh in Frieden. Du bist geheilt.«

---

mit ihm: Diese Aussage bezieht sich auf *Jaïrus*, den Synagogenvorsteher, der Jesus angefleht hatte, zu seiner im Sterben liegenden Tochter zu kommen und sie zu heilen.

... die seit zwölf Jahren an Blutungen litt: Diese Blutungen machten die Frau rituell unrein (vgl. 3. Mose 15,25-27) und schlossen sie von gesellschaftlichem Kontakt mit anderen aus. Dazu gehörte auch der Besuch der Synagoge.

... seine Kleider berühren: Hautkontakt mit Jesus hätte ihn ebenfalls rituell unrein gemacht. Vielleicht dachte die Frau, dass sie ihn nicht in Gefahr brachte, wenn sie nur seine Kleidung berührte, oder selbst wenn doch, dass er es wenigstens nicht merken würde.

»Wer hat meine Kleider berührt?«: Vielleicht wusste Jesus nicht, wer es war. Vielleicht wusste er es auch, wollte die Frau aber persönlich kennenlernen. Es war wichtig, dass sie sich ihm zeigte.

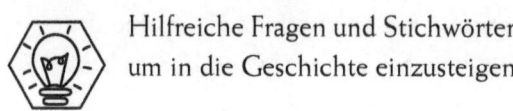 Hilfreiche Fragen und Stichwörter,
um in die Geschichte einzusteigen:

1. Kultureller Hintergrund: Gesundheit im Judentum

- Die rechtliche Seite: Wenn jemand geheilt worden war, ging er zu den Priestern, die damals auch das »Gesundheitsamt« waren. Die Priester bestätigten die Heilung und erklärten die betreffende Person für rein. Wenn man in aller Öffentlichkeit geheilt worden war, erleichterte dies das Verfahren, da es Zeugen für die Heilung gab.
- Öffentliche Interaktion: In all den Jahren war diese Frau gemieden worden. Sie durfte nicht einmal in die Synagoge oder auf den Markt gehen. Sie durfte ihre Familie nicht umarmen.
- Gesellschaftliche Wiederherstellung: Nach ihrer Heilung durfte sie nicht nur einfach wieder unter die Menschen gehen, sondern sie war sicher auch eine Berühmtheit in ihrer Stadt, denn Jesus hatte sie in aller Öffentlichkeit für ihren Glauben gelobt: »Tochter, dein Glaube hat dich gesund gemacht.« Der Menschenmenge fiel sicherlich auf, dass Jesus die Frau mit Tochter ansprach, eine sehr liebevolle Anrede!

2. Diese Frau hatte viele Gründe, verzweifelt zu sein:

- Sie war bei vielen Ärzten gewesen. Der Talmud nennt elf Heilmittel für dauerhafte Blutungen: Toniken, Adstringenzien und sogar abergläubische Methoden, wie zum Beispiel, im Sommer ein Straußenei in einem Leinentuch bei sich zu tragen und im Winter in einem Baumwolltuch.[83]
- Sie hatte all ihr Geld ausgegeben.
- Es ging ihr immer nur schlechter statt besser.

In welchen Situationen waren Sie verzweifelt? Hat es Sie dazu getrieben, etwas Außergewöhnliches zu tun? Wenn ja, was haben Sie unternommen?

3. Mäuschen spielen

Stellen Sie sich vor, wie die Frau die ganze Wahrheit sagt. Es dauerte sicher eine Weile, bis die Frau Jesus die ganze Wahrheit gesagt hatte, unter anderem, dass sie diejenige war, die seine Kleider berührt hatte. Vielleicht erzählte sie Jesus auch:

- warum sie seine Kleider berührt hatte, statt direkt mit ihm zu reden (dass sie ihn davor bewahrt hatte, durch den Kontakt mit ihr unrein zu werden)
- ihre Krankheitsgeschichte (bei wie vielen Ärzten sie schon gewesen war und wie viel Geld sie ausgegeben hatte)
- wie sie sich dabei fühlte, dass man auf sie als unrein und unfähig, am Gottesdienst teilzunehmen, herabsah
- die sozialen und psychologischen Folgen dessen, dass sie zwölf Jahre lang unrein gewesen war

Vielleicht hatte die Frau auch mit sich gerungen, ob sie sich überhaupt Jesus nähern sollte. Hier ein paar mögliche Argumente dafür und dagegen:

Dagegen	Dafür
Angst (Was, wenn sie ertappt wurde? Was, wenn jemand sie erkannte?)	Aberglaube, dass seine Kleider vielleicht besondere Kräfte an sich haben
Scham, in aller Öffentlichkeit über eine solche Krankheit zu reden	Wenn sie sich von hinten an ihn heranschlich und seine Kleider berührte, würde man sie vielleicht nicht bemerken.
Sorge, dass Jesus durch den Kontakt mit ihr unrein wird	Vielleicht wäre es ja in Ordnung, wenn Jesus sie nicht berührte, sondern sie nur seine Kleider berührte.
Er war in Eile, weil er Jaïrus' Tochter helfen wollte.	Sie konnte seine Kleider berühren, ohne ihn aufzuhalten.

Etwas anderes:	Etwas anderes:

4. Stellen Sie sich vor, dass die Frau vor Jesus niederfiel; doch wahrscheinlich hatte sie doch deutlichen Blickkontakt mit ihm, als sie ihm ihre Geschichte erzählte. Vielleicht war es so:

> Von dem Augenblick an, als Jesus der Frau Auge in Auge gegenüberstand, schien es nur noch ihn und sie zu geben. Es geschah mitten in der Menschenmenge; doch die Menge war vergessen und Jesus sprach mit dieser Frau und behandelte sie, als sei sie der einzige Mensch auf der Welt.[84]

Wenn Sie möchten, stellen Sie sich einmal vor, Sie seien diese Frau. Schließen Sie die Augen und stellen Sie sich vor, vor Jesus zu stehen oder zu sitzen. Er hört zu, wie Sie ihm Ihre ganze Wahrheit erzählen. Es ist so, als gäbe es nur Sie und ihn. Dieses Bild spiegelt wider, wie aufmerksam Gott Ihren Gebeten tatsächlich zuhört (vgl. Psalm 65,3; 66,19; 102,18; 145,18-19). Denken Sie einige Minuten lang still darüber nach.

5. Wenn Sie all diese Faktoren in Betracht ziehen, was denken Sie: Mit welchem Gesichtsausdruck hörte Jesus der Frau zu?

6. **Kultureller Hintergrund: Der Mantel**
Männer trugen direkt auf der Haut ein Untergewand und darüber ein Obergewand, das in der Taille mit einem breiten Tuch oder

Ledergürtel zusammengebunden wurde. Nach dem jüdischen Gesetz musste dieses Obergewand an vier Seiten Fransen haben: zwei davon am unteren Ende und zwei, die über die Schultern hingen (vgl. 4. Mose 15,37-40; 5. Mose 22,12). Wahrscheinlich berührte die Frau die Fransen von Jesu Mantel. Außerdem trugen große Lehrer, die von den Juden als Rabbis angesehen wurden (Jesus wurde Rabbi genannt – siehe Johannes 1,49; 6,25) einen Tallit, ein rechteckiges oder quadratisches Obergewand, das über der Kleidung um den Oberkörper getragen wurde. Dieser hatte eine Quaste oder Fransen an allen vier Ecken.[85]

Nachdenken über die Einladung

Lesen Sie den Abschnitt noch einmal laut. Stellen Sie sich die Szene bildlich vor. Hören Sie die Worte deutlich mit Ihrem »inneren Ohr«. Spüren Sie das Gedränge einer lauten, wimmelnden Menschenmenge. Überall riecht es nach Schweiß.

- Welcher Augenblick in der Geschichte, welche Handlung oder Formulierung fällt Ihnen dabei auf?
- Wie entwickelt sich die Handlung? Was sehen Sie? Welche Gedanken und Gefühle ruft das in Ihnen hervor?
- Warum hat Gott vielleicht ausgerechnet diesen Augenblick, dieses Wort oder diese Formulierung für Sie hervorgehoben?

Weiterdenken

- Was hat der Text mit Ihrem Leben zu tun?
- Gibt es einen Gedanken, ein Gefühl oder eine Absicht, die Sie daraus mitnehmen sollen?
- Fordert Gott Sie auf, etwas zu sein, zu wissen, zu verstehen, zu fühlen oder sogar zu tun?

Seien Sie offen für die Stille und fühlen Sie sich nicht zu einer Antwort gedrängt.

 Nehmen Sie sich einige Minuten Zeit, um Gott darauf zu antworten. Vielleicht möchten Sie Gott die »ganze Wahrheit« über etwas sagen. Denken Sie dabei daran, dass Gott aufmerksam zuhört, wenn wir sprechen.

 Lassen Sie das Bild auf sich wirken, wie Jesus mit der Menschenmenge und der Frau umgeht. Was ist Ihnen dabei am wichtigsten an Jesus? Wie wirkt er auf Sie? Nehmen Sie sich einige Minuten Zeit, um die Gedanken, die Ihnen gekommen sind, auf sich wirken zu lassen. Das kann sich in Lobpreis ausdrücken oder einfach im Ruhen in Gottes Gegenwart.

 Halten Sie nach jemandem in Ihrem Leben Ausschau, die/der es nötig hat, dass man ihr/ihm zuhört. In dem Augenblick, in dem Sie dies spüren, bitten Sie Gott um die Fähigkeit, ganz präsent zu sein und dieser Person sorgfältig Aufmerksamkeit zu schenken. Denken Sie dabei daran, dass Jesus sich genauso verhielt.

„Willst du geheilt werden?"

Johannes 5,1-9

 Atmen Sie einige Male tief ein und aus. Lassen Sie alle Ablenkungen hinter sich. Bringen Sie Ihre Gedanken zum Schweigen und öffnen Sie sich für Gott.

Um sich besser auf den heutigen Bibeltext konzentrieren zu können, denken Sie zunächst über folgende Frage nach: Was ist es für ein Gefühl, wenn sich Ihr Leben im Stillstand befindet?

 Lesen Sie den Abschnitt still für sich selbst durch. Lesen Sie dann die darunterstehenden Anmerkungen zu den wichtigsten Wörtern und Formulierungen. Überlegen Sie, welchen Einfluss diese Details darauf haben, wie Sie die Geschichte verstehen. Lesen Sie sich nun den Abschnitt langsam laut vor. Nehmen Sie sich Zeit, die Worte an Ihre Ohren dringen zu lassen.

Johannes 5,1-9

¹Danach ging Jesus zu einem der jüdischen Feste nach Jerusalem hinauf. ²Innerhalb der Stadtmauern, in der Nähe des Schaftores, befindet sich ein Teich mit fünf Säulenhallen, der auf Hebräisch Bethesda genannt wird. ³Scharen von kranken Menschen – Blinde, Gelähmte oder Verkrüppelte – lagen in den Hallen.

⁵Einer der Männer, die dort lagen, war seit achtunddreißig Jahren krank. ⁶Als Jesus ihn sah und erfuhr, wie

lange er schon krank war, fragte er ihn: »Willst du gesund werden?«

[7]»Herr, ich kann nicht«, sagte der Kranke, »denn ich habe niemanden, der mich in den Teich trägt, wenn sich das Wasser bewegt. Während ich noch versuche hinzugelangen, steigt immer schon ein anderer vor mir hinein.«

[8]Jesus sagt zu ihm: »Steh auf, nimm deine Matte und geh!« [9]Im selben Augenblick war der Mann geheilt! Er rollte die Matte zusammen und begann umherzugehen.

Scharen von kranken Menschen: Es kann sein, dass Jesus viele von diesen Menschen oder sogar alle heilte, doch Johannes konzentrierte sich bewusst auf die Heilung dieses Mannes, weil sie später unter den Pharisäern noch viel Staub aufwirbelte (vgl. Johannes 5,10-15).

geheilt: Diese Heilung war komplex. Nicht nur, dass die eigentlich körperliche Behinderung des Mannes geheilt wurde, sondern auch der daraus folgende Muskelabbau von 38 Jahren. Außerdem können Menschen oft nicht aufstehen, ohne in Ohnmacht zu fallen, wenn sie einige Wochen nicht auf den Beinen waren. Doch dieser Mann stand auf und ging umher, offenbar ohne zu hinken, in Ohnmacht zu fallen oder zu stürzen.

Hilfreiche Fragen und Stichwörter, um in die Geschichte einzusteigen:

1. **Mäuschen spielen**

Stellen Sie sich den Teich Bethesda vor. Diese Heilung fand am Schaftor in der riesigen Stadtmauer von Jerusalem statt, an einem Becken mit fünf Säulenhallen. Historiker können dieses Gebäude nicht zweifelsfrei identifizieren, deshalb wissen wir nicht genau, wie es aussah. Vielleicht war es eine Art fünfeckiges pavillonartiges Bauwerk, in dessen Mitte sich ein Becken befand. In Jerusalem gibt es noch heute Mineralquellen an der Ostseite der

Stadt; vielleicht wurde das Becken aus einer davon gespeist.[86] Das könnte erklären, warum sich das Wasser bewegte und ihm eine heilende Wirkung zugeschrieben wurde. Das Bett, das der Mann am Ende forttrug, war wahrscheinlich eine Matte aus Webstoff oder -tuch.

2. Kontext: Jesus ergreift die Initiative zur Heilung

Meist heilte Jesus Menschen, die ihn um Hilfe baten, oder wenn eine dem Kranken nahestehende Person um Hilfe bat. Doch bei etwa einem Drittel der Heilungen, von denen in den Evangelien berichtet wird, ergriff Jesus selbst die Initiative. Oft geschah dies in einer Synagoge, zum Beispiel bei dem Mann mit der verkrüppelten Hand oder der verkrümmten Frau (vgl. Markus 3,1-6; Lukas 13,10-17). Diese Heilung ist insofern ungewöhnlich, als dass Jesus an einem öffentlichen Ort auf den behinderten Mann zuging. Außerdem fragte Jesus den Mann: »Willst du gesund werden?«, obwohl der Mann sich bereits an einem Ort platziert hatte, wo angeblich Heilungen stattfanden. Warum stellte Jesus diese Frage?

- Jesus fragte den Mann, weil der Mann ihn nicht fragte.
- Der Mann hatte die Hoffnung verloren und hatte Angst zu fragen, falls die Heilung doch nicht funktionierte.
- Der Mann bat Jesus nicht um Hilfe, weil er an Jesu Macht oder Wohlwollen zweifelte.
- Der Mann hatte aufgegeben; er rechnete nicht mehr damit, gesund zu werden.
- Die Vorstellung, gesund zu werden, machte ihm vielleicht Angst, denn das bedeutete, dass er sich selbst versorgen und normale Beziehungen pflegen musste.
- Andere Gründe:

3. **Bereitschaft**

   Wenn der Mann die Hoffnung aufgegeben hatte, gesund zu werden, fühlte er sich vielleicht gefangen und hilflos. Haben Sie sich schon einmal so sehr an eine schlimme Situation gewöhnt, dass Sie aufgehört haben, sie ändern zu wollen?

4. Denken Sie über die Antwort des Mannes nach: »Ich habe niemanden, der mir hilft.« Können Sie sich an eine Situation erinnern, in der niemand da war, um Ihnen zu helfen, und Sie nicht vorankamen? Vielleicht hatten Sie nicht die nötigen Mittel. Nennen Sie einige Bereiche in Ihrem Leben, die sich gerade im Stillstand befinden:

_____

_____

Nachdenken über die Einladung

Lesen Sie den Abschnitt noch einmal laut. Stellen Sie sich die Szene bildlich vor. Offenbar befanden sich viele Menschen an diesem Ort. Hören Sie auf das, was Jesus und der Mann sagen. Stellen Sie sich vor, wie der Mann vorsichtig versucht aufzustehen und feststellt, dass er es kann. Was für einen Gesichtsausdruck hatte er wohl dabei?

◆ Welcher Augenblick in der Geschichte, welche Handlung oder Formulierung fällt Ihnen auf, wenn Sie sie sich bildlich vorstellen?

◆ Wie entwickelt sich die Handlung? Was sehen Sie? Welche Gedanken und Gefühle ruft das in Ihnen hervor?

◆ Warum hat Gott vielleicht ausgerechnet diesen Augenblick, dieses Wort oder diese Formulierung für Sie hervorgehoben?

Weiterdenken

Lesen Sie gegebenenfalls den Abschnitt erneut und überlegen Sie dann:

- Was hat dieser Abschnitt mit Ihrem Leben zu tun?
- Gibt es einen Gedanken, ein Gefühl oder eine Absicht, die Sie daraus mitnehmen sollen?
- Fordert Gott Sie auf, etwas zu sein, zu wissen, zu verstehen, zu fühlen oder sogar zu tun?

Seien Sie offen für die Stille und fühlen Sie sich nicht zu einer Antwort gedrängt.

 Nehmen Sie sich einige Minuten Zeit, um Gott im Gebet darauf zu antworten. Gibt es etwas, das Sie riskieren sollten? Gibt es einen Bereich in Ihrem Leben, in dem Sie »gesund« werden wollen? Was möchten Sie Gott über Ihre Erfahrung mit diesem Bibeltext unbedingt sagen?

 Lassen Sie das Bild auf sich wirken, wie Jesus mit diesem Mann umgeht. Was ist Ihnen am wichtigsten an Jesus? Wie wirkt er auf Sie? Was erfahren Sie dadurch über Gottes Wesen?

Nehmen Sie sich einige Minuten Zeit, um die Gedanken, die Ihnen gekommen sind, auf sich wirken zu lassen. Das kann sich in Lobpreis ausdrücken oder einfach im Ruhen in Gottes Gegenwart.

 Seien Sie offen dafür, dass Gott Sie auffordert, in einer Situation, die Sie für abgeschlossen oder jenseits aller Hilfe gehalten hatten, etwas zu riskieren. Vielleicht möchte Gott Sie an dieser Stelle heilen. Vielleicht möchte er auch, dass Sie sich von dieser schwierigen Situation lösen und weitergehen. Fragen Sie Gott, was Sie darüber wissen müssen oder in dieser Situation unternehmen sollen.

Gebete aufschreiben?

Die dritte Phase der *lectio divina* ist die *oratio*, das Antworten. *Oratio* heißt wörtlich übersetzt »die Rede«, aber auch »das Gebet«. Wenn jemand mit uns spricht, ist es höflich zu antworten. Also antworten wir auch auf das, was Gott zu uns gesagt hat. Das geschieht nicht automatisch. Manchmal durchsuchen wir die Bibel nach »Goldstücken«, sind zufrieden, wenn wir sie finden, und gehen dann weiter, ohne Gott zu antworten. Dadurch entgeht uns ein lebhafterer Dialog mit Gott in der Heiligen Schrift.

Gott zu antworten ist äußerst wichtig. Der vierphasige Prozess der *lectio divina* verlangt von uns, Gottes Wort zu »verstoffwechseln«. Er lädt uns zu einem Zwiegespräch mit Gott ein.

Überlegen Sie während der *oratio*-Phase: Was möchten Sie Gott vor allem über Ihre Erfahrung mit seinem Wort sagen? Was ist Ihnen aufgefallen? Hat es Sie gestört oder gefreut? Müssen Sie Gott fragen, was der nächste Schritt ist?

Wenn Sie Ihr Gebet formulieren und aufschreiben, sind Sie gezwungen, klarer und konkreter nachzudenken. Einen Stift in der Hand zu halten, ist eine Verankerung im Hier und Jetzt. Wenn es Ihnen hilft, Farbstifte zu verwenden, um damit zu schreiben oder aufzumalen, wie die Szene für Sie aussieht, tun Sie es doch! Diese konkrete Antwort wird dazu führen, dass tiefere Gedanken und Gefühle auftauchen. Sie werden vielleicht überrascht sein, wie tiefgründig Sie Gott antworten.

Wenn Sie befürchten, jemand könnte finden, was Sie aufschreiben, können Sie das Blatt ja zerreißen, wenn Sie fertig sind. Oder Sie können Ihr Gebet am Computer schreiben und anschließend wieder löschen. Tun Sie, was immer nötig ist, um Gott eine ehrliche Antwort zu geben.

Vom Trauern zum Tanzen

Psalm 30

 Kommen Sie ganz zu sich, indem Sie langsam ein- und ausatmen. Entspannen Sie Ihren Nacken und atmen Sie nochmals aus. Lassen Sie die Schultern locker.
Überlegen Sie, aus welchen Gruben Gott Sie in der Vergangenheit schon geholt hat.

 Lesen Sie den Abschnitt still für sich selbst durch. Lesen Sie dann die darunterstehenden Anmerkungen zu den wichtigsten Wörtern und Formulierungen. Überlegen Sie, welchen Einfluss diese Details darauf haben, wie Sie die Geschichte verstehen. Lesen Sie sich nun den Abschnitt langsam laut vor. Nehmen Sie sich Zeit, die Worte an Ihre Ohren dringen zu lassen.

Psalm 30

¹ Ein Psalm Davids, zu singen bei der Tempelweihe.
²Ich will dich loben, Herr, denn du hast mich gerettet und hast meinen Feinden keinen Grund gegeben, sich über mich zu freuen.
³Herr, mein Gott, zu dir habe ich um Hilfe geschrien, und du hast mich wieder gesund gemacht. ⁴Du hast mich aus dem Grab geholt, Herr, und hast mich nicht sterben lassen.

⁵Singet dem Herrn, ihr, die ihr zum Herrn gehört, und lobt seinen heiligen Namen! ⁶Sein Zorn trifft uns einen Augenblick, doch seine Güte umgibt uns unser Leben lang! Die Nacht ist noch voll Weinen, doch mit dem Morgen kommt die Freude.

⁷Als es mir gut ging, sagte ich: »Nichts kann mir geschehen!« ⁸Denn deine Güte, Herr, hatte mich fest und stark gemacht wie ein Fels. Aber dann hast du dich von mir abgewandt, und ich erschrak. ⁹Ich rief zu dir, Herr, und bat um Barmherzigkeit und sagte: ¹⁰»Was hast du davon, wenn ich jetzt sterbe? Kann dich denn mein Staub noch aus dem Grab heraus loben? Kann er deine Treue verkünden? ¹¹Herr, höre mich! Sei mir gnädig und hilf mir!«

¹²Du hast meine Trauer in einen Tanz voller Freude verwandelt. Du hast mir die Trauergewänder ausgezogen und mir Freude geschenkt, ¹³damit ich dich preise und nicht schweige. Herr, mein Gott, für immer will ich dir danken!

Sein Zorn trifft uns einen Augenblick: Gottes Zorn ist nicht launisch, missmutig oder jähzornig, sondern eine Dimension göttlicher Gerechtigkeit und Fairness. Wie das Stechen einer Grippeimpfung oder die mit einer Operation verbundenen vorübergehenden Beschwerden tut Gottes Zorn sein Werk sehr schnell.

Trauergewänder: Zur Zeit des Psalmbeters kleideten sich Menschen im Trauerfall in kratzige, raue Stoffe, die sie – meist um die Taille gebunden – direkt auf der Haut trugen. Oft zerrissen sie ihre Kleider, um ihre Trauer zum Ausdruck zu bringen.

 Hilfreiche Fragen und Stichwörter zum Text:

1. Personen im Text: Gott und vorübergehender Zorn

Psalm 103 beschreibt Gott als langsam zum Zorn. Gott fährt nicht aus der Haut. Stattdessen ist er außergewöhnlich geduldig. »Er wird uns nicht für immer Vorwürfe machen und nicht ewig zornig sein« (Psalm 103,9). Gott schmollt nicht und ist auch nicht nachtragend. Denken Sie einmal über Folgendes nach:

- Gottes Zorn ist nicht wie der Zorn von Menschen. Menschen betrachten Gott häufig als Projektion ihrer eigenen Persönlichkeit. Wer im Zorn am liebsten andere schlagen würde, der geht vielleicht davon aus, dass es bei Gott genauso ist. Wer schmollt und die Wut eher nach innen richtet, der handelt vielleicht so, als würde Gott innerlich über ihn kochen.
- Gottes Zorn ist anders als der Zorn von Menschen: »denn ich bin Gott und kein Mensch. Ich bin der Heilige, der mitten unter euch wohnt, und ich will nicht voller Zorn über euch herfallen« (Hosea 11,9). Gott wird zornig über das moralische Versagen von Menschen, doch er hat keine Wutanfälle. Anders als wir schafft er es, fair zu bleiben, selbst wenn er zornig ist. Gott freut sich an Barmherzigkeit, nicht an Machtdemonstrationen durch irrationale, gedankenlose Handlungen (vgl. Micha 7,18).[87]

In Psalm 86, 103 und 145 ist »langsam zum Zorn« verbunden mit »voll großer Gnade«. Warum ist es wichtig, das Wesen von Gottes Zorn zu verstehen?

2. Gegenwartsbezug: Feinde

Feinde können viele Formen annehmen. Manchmal sind sie:

- Menschen, die schwierig sind und die wir deswegen meiden
- Menschen, die wir einfach irgendwie nicht lieben können
- Menschen, die sich allem entgegenstellen, was wir tun
- Menschen, die uns in der Vergangenheit in den Rücken gefallen sind
- wir selbst, wenn wir in Verhaltensweisen verharren, die nicht Gottes Willen für unser Leben entsprechen
- wir selbst, wenn unsere Gedanken sich in einem negativen Strudel verlieren
- Anderes:

3. Gegenwartsbezug: Grab und Totenreich
Was sind die Gruben in Ihrem Leben?

* Ablehnung durch einen Menschen (_____)
* Depression
* eine Situation, in der Sie gezwungen waren, Ihre Arbeitsstelle aufzugeben
* Einsamkeit
* finanzielle Problem
* gesundheitliche Probleme
* Versagen
* Etwas anderes:

---

4. Gegenwartsbezug: Tanz
Wie sieht fröhliches Tanzen in Ihrem Leben aus?

* Tanzen mit einem anderen Menschen
* ein paar Tanzschritte, wenn niemand es sehen kann
* an einem Ort, wo Sie besonders gern wandern gehen, die Arme in
  die Luft reißen und laut rufen
* an einem schönen Ort joggen gehen, zum Beispiel am Strand
* Ihre Lieblingsmusik hören und mitsingen
* Gymnastik, die sich wie Tanzen anfühlt
* Etwas anderes:

5. **Gegenwartsbezug: Wenn Beten schwerfällt**

Vers 3 und 4 deuten darauf hin, dass der Psalmist in seinen schlimmsten Momenten betete. Wie leicht fällt es Ihnen in Ihren schlimmsten Momenten, ehrlich zu beten, besonders, wenn Sie an diesem schlimmsten Moment selbst schuld sind?

- Es ist schwer, weil Beten das Letzte ist, woran ich denke.
- Es ist schwer, weil ich nicht ehrlich zu Gott sein kann.
- Es ist leichter als früher.
- Es ist fast mein erster Impuls.
- Etwas anderes:

_____

_____

Nachdenken über die Einladung

Vielleicht lädt Gott Sie in diesem Abschnitt ein, etwas Bestimmtes besser zu verstehen. Was könnte das sein? Lesen Sie den Text noch einmal und denken Sie dann in der Stille über die folgenden Fragen nach:

- Welches Wort oder welcher Satz fällt Ihnen auf?
- Warum fällt Ihnen gerade das auf?

Weiterdenken

Lesen Sie den Abschnitt gegebenenfalls noch einmal. Überlegen Sie dann:

- Was hat dieser Text mit Ihrem Leben zu tun?
- Gibt es einen Gedanken, ein Gefühl oder eine Absicht, die Sie daraus mitnehmen sollen?
- Fordert Gott Sie auf, etwas zu sein, zu wissen, zu verstehen, zu fühlen oder sogar zu tun?

Seien Sie offen für die Stille und fühlen Sie sich nicht zu einer Antwort gedrängt.

 Nehmen Sie sich einige Minuten Zeit, um auf das zu antworten, was Sie von Gott gehört haben. Sagen Sie ihm, was Sie ihm unbedingt über Ihre Erfahrung mit diesem Bibeltext sagen wollen.

 Lassen Sie auf sich wirken, was Ihnen in diesem Text aufgefallen ist, und überlegen Sie: Wenn Sie daran denken, wie Gott uns rettet – sogar vor uns selbst –, was fühlen Sie dann? Ruhen Sie in diesem Gefühl.

Nehmen Sie sich einige Minuten Zeit, die Gedanken wahrzunehmen, die Ihnen gekommen sind. Das kann sich in Lobpreis ausdrücken – zum Beispiel anhand von Vers 2, 5, 12 und 13 – oder einfach im Ruhen in Gottes Gegenwart.

 Lassen Sie sich von Gott an ein oder zwei Situationen erinnern, in denen er Sie aus einer schwierigen Lage gerettet hat. Wenn möglich, finden Sie eine Möglichkeit, vor Freude darüber zu tanzen!

Was Jesus Menschen sagen möchte, die für andere sorgen

Markus 9,14-29

 Kommen Sie ganz zu sich, indem Sie langsam ein- und ausatmen. Entspannen Sie Ihren Nacken und atmen Sie nochmals aus. Lassen Sie die Schultern locker.

Denken Sie über folgende Frage nach: Haben Sie schon einmal für einen Menschen gesorgt; zum Beispiel für ein Kind, ein jüngeres Geschwisterkind, einen älter werdenden Verwandten, einen verletzten oder kranken Ehepartner? Wenn ja, wie haben Sie diese Situation erlebt? Kreuzen Sie die für Sie zutreffenden Aussagen an.

- Manchmal habe ich Gottes Trost gespürt.
- Es war erschöpfend.
- Es hat mein eigenes Leben beeinträchtigt.
- Manchmal hat es mich zum Weinen gebracht.
- Manchmal hatte ich das Gefühl, es ist Arbeit, die ich für Gott tue.
- Etwas anderes:

_____

_____

 Lesen Sie den Abschnitt still für sich selbst durch. Lesen Sie dann die darunterstehenden Anmerkungen zu den wichtigsten Wörtern und Formulierungen. Überlegen Sie, welchen Einfluss diese Details darauf haben, wie Sie die Geschichte verstehen. Lesen Sie sich nun den Abschnitt langsam laut vor. Nehmen Sie sich Zeit, die Worte an Ihre Ohren dringen zu lassen.

Markus 9,14-29

[14]Am Fuße des Berges fanden sie eine große Menge vor, die sich um die übrigen Jünger versammelt hatte, während einige Schriftgelehrte ein Streitgespräch mit ihnen führten. [15]Die Menschen waren in großer Aufregung, als Jesus auf sie zukam. Dann liefen sie ihm entgegen, um ihn zu begrüßen. [16]»Worüber streitet ihr euch?«, fragte er.

[17]Ein Mann aus der Menge ergriff das Wort und sagte: »Lehrer, ich habe meinen Sohn hergebracht, damit du ihn heilst. Er kann nicht sprechen, weil er von einem bösen Geist besessen ist, der ihn nicht reden lässt. [18]Immer wenn dieser böse Geist ihn packt, wirft er ihn gewaltsam zu Boden; er hat Schaum vor dem Mund, knirscht mit den Zähnen und wird ganz starr. Ich habe deine Jünger gebeten, den Dämon auszutreiben, aber sie konnten es nicht.«

[19]Jesus sagte zu ihnen: »Ihr Ungläubigen! Wie lange muss ich noch bei euch sein, bis ihr endlich glaubt? Wie lange muss ich euch noch ertragen? Bringt den Jungen zu mir.«

[20]Sie brachten ihm das Kind. Als der böse Geist Jesus sah, schüttelte er den Jungen in heftigen Krämpfen. Er fiel zu Boden und krümmte und wälzte sich mit Schaum vor dem Mund.

[21]»Wie lange geht das schon so?«, fragte Jesus den Vater des Jungen. Er antwortete: »Seit er ganz klein ist. [22]Der böse Geist wirft ihn oft ins Feuer oder ins Wasser, um ihn umzubringen. Hab Erbarmen mit uns und hilf uns. Tu etwas, wenn du kannst.«

²³»Was soll das heißen, ›Wenn ich kann‹?«, fragte Jesus. »Alles ist möglich für den, der glaubt.« ²⁴Der Vater rief: »Ich glaube! Aber hilf mir, dass ich nicht zweifle!«

²⁵Als Jesus sah, dass die Menge der Zuschauer ständig größer wurde, bedrohte er den bösen Geist: »Du tauber und stummer Geist, ich befehle dir, fahre aus diesem Kind aus und kehre nie wieder zurück!«

²⁶Da schrie der Geist auf, packte den Jungen noch einmal, warf ihn hin und her und verließ ihn. Der Junge lag reglos da, sodass die Menge dachte, er sei tot. ²⁷Doch Jesus nahm die Hand des Jungen und half ihm aufzustehen, und er stand auf.

²⁸Als Jesus später mit seinen Jüngern allein im Haus war, fragten sie ihn: »Warum konnten wir diesen bösen Geist nicht austreiben?« ²⁹Jesus antwortete: »Diese Art kann nur durch Gebet ausgetrieben werden.«

---

sie: Jesus, Petrus, Jakobus und Johannes, die gerade von dem Ort zurückkamen, an dem Jesus verklärt worden war.

Schriftgelehrte (auch: »Gesetzeslehrer«): Diese Schriftgelehrten hatten versucht, Jesus in Misskredit zu bringen, und nun hatten sie seine Jünger, die mit ihnen stritten und nicht Jesu Kraft und Vollmacht als Sohn Gottes beweisen konnten.

von einem bösen Geist besessen: Ein Geist des Feindes beherrschte das Verhalten des Jungen und quälte ihn mit Symptomen, die einer Epilepsie ähnlich sind.

»Ihr Ungläubigen«: Vielleicht meinte Jesus seine Jünger, die in der Vergangenheit durchaus erfolgreich Dämonen ausgetrieben hatten (vgl. Markus 6,13) und mit Hartherzigkeit zu kämpfen hatten (vgl. Markus 6,52; 8,17). Oder er meinte die Gesetzeslehrer, die ebenfalls hartherzig waren (vgl. Markus 3,5-6), oder die Juden generell (vgl. Matthäus 13,15; Markus 10,5; Johannes 12,40).

ertragen: Das griechische Wort *anechomai* bedeutet »Geduld haben mit«. Das gleiche Wort gebrauchte Paulus, als er den Korinthern empfahl, einander zu ertragen (vgl. Kolosser 3,13). Paulus forderte sie auf, aus bereitwilligem Herzen heraus geduldig miteinander zu sein. Das ist etwas anderes als unsere

Vorstellung von »andere ertragen«, wenn wir dabei entnervt die Augen verdrehen.

 Hilfreiche Fragen und Stichwörter, um in die Geschichte einzusteigen:

1. **Kontext: Der Vater als Betreuer**
   Der Vater scheint im Leben des Jungen eine zentrale Rolle gespielt zu haben. Die Mutter wird nicht erwähnt. Vielleicht war sie nicht mehr am Leben, vielleicht doch, aber ganz sicher brauchte dieser Junge mehrere Personen, die ihn betreuten. Wir lesen, dass er von dem bösen Geist oft ins Feuer und Wasser geworfen wurde. Zweifellos war sein Vater einer derjenigen, der ihn gerettet hatte. Der Vater litt so sehr unter der Not des Jungen, dass er zu Jesus sagt: »Hab Erbarmen mit uns und hilf uns.«

2. Wie reagiert Jesus auf das Eingeständnis des Vaters, Zweifel zu haben?

   - Hab Erbarmen mit uns und hilf uns. Tu etwas, wenn du kannst. (V. 22)
   - Ich glaube! Aber hilf mir, dass ich nicht zweifle! (V. 24)

3. Der Vater brachte sowohl Zweifel als auch Glauben zum Ausdruck. Gibt es Dinge, bei denen auch Sie sowohl zweifeln als auch glauben: beispielsweise die Inhalte des christlichen Glaubens oder die Krisen in der Welt, in Ihrer Familie, Ihrer Gesundheit oder Ihrer Gemeinde?

4. **Kultureller Hintergrund: Die Gesetzeslehrer**
   Die Gesetzeslehrer (oder Schriftgelehrten) waren nicht unbedingt Pharisäer, obwohl diese beiden Gruppen in aller Regel zusammen in Erscheinung treten. Gesetzeslehrer waren Richter in religiösen Gerichtsverhandlungen. Sie genossen gesellschaftliches Ansehen

und waren Amtsträger. Generell wurden sie als Sprachrohr und Repräsentanten des Volkes betrachtet: sie stellten Fragen, brachten Einwände vor, erwarteten Erklärungen und respektvolles Verhalten.[88]

5. Mäuschen spielen

Stellen Sie sich den Zustand des Jungen vor.

- Er war schmutzig und unordentlich; ihm stand Schaum vor dem Mund (V. 20).
- Vielleicht hatte er Brandnarben am Körper von den Vorfällen, bei denen der böse Geist ihn ins Feuer geworfen hatte (V. 22).
- Vielleicht hatte er Prellungen, Blutergüsse oder Beulen, weil er durch die Krampfanfälle stürzte und anschlug (V. 20 und 22).
- Wahrscheinlich erschreckte ihn der Lärm der Menschenmenge und seine eigene Stimme nach so vielen Jahren, in denen er taubstumm gewesen war (V. 25).

6. Mäuschen spielen

Stellen Sie sich vor, wie weit entlegen der Ort war. Zu dieser Zeit war Jesus um den See Genezareth herum unterwegs, manchmal auf jüdischem Territorium, manchmal nicht. Er war weit von der jüdischen Hauptstadt Jerusalem entfernt, doch die Gesetzeslehrer waren trotzdem da. Das zeigt ihr reges Interesse an Jesus, was ihm sehr wohl bewusst war. Bevor Sie den Abschnitt noch einmal lesen, überlegen Sie, welche Perspektive Sie dabei einnehmen wollen. Wenn Sie möchten, wählen Sie mehr als eine aus.

- Die Gesetzeslehrer. Ihr Hauptinteresse liegt in der Rechtgläubigkeit und Sie haben Bedenken wegen dieses dahergelaufenen Predigers Jesus, der nicht nach den konventionellen Methoden der Pharisäer handelt.
- Die Jünger. Ihr Hauptinteresse ist das Austreiben eines Dämonen. Das haben Sie Jesus schon oft tun sehen. Vielleicht sind Sie sogar

frustriert. Immerhin hat Jesus Ihnen befohlen, böse Geister auszutreiben (vgl. Matthäus 10,8) und Ihnen auch die Vollmacht dazu
gegeben (vgl. Markus 3,15).

- Der Vater des besessenen Jungen. Sie möchten, dass Ihr Sohn geheilt wird. Lange mussten Sie ertragen, wie der böse Geist ihn
gequält hat.
- Der Junge. Sie haben bisher ein Leben in Stille geführt, wenigstens seit Ihrer Kindheit. Ihre Seele wurde bisher von einem bösen
Geist beherrscht und gequält. Sie wurden niedergeworfen und
verbrannt. Andere Menschen reden miteinander, aber Sie können
sich nicht beteiligen.

Nachdenken über die Einladung

Lesen Sie den Abschnitt noch einmal laut und stellen Sie sich die
Szene vor. Hören Sie die Worte deutlich mit Ihrem »inneren Ohr«.

- Welcher Augenblick in der Geschichte, welche Handlung oder
Formulierung fällt Ihnen auf? Welche Gedanken und Gefühle ruft
das in Ihnen hervor?
- Warum hat Gott vielleicht ausgerechnet diesen Augenblick, dieses Wort oder diese Formulierung für Sie hervorgehoben?

Weiterdenken

- Was hat dieser Abschnitt mit Ihrem Leben zu tun?
- Gibt es einen Gedanken, ein Gefühl oder eine Absicht, die Sie
daraus mitnehmen sollen?
- Fordert Gott Sie auf, etwas zu sein, zu wissen, zu verstehen, zu
fühlen oder sogar zu tun?

Seien Sie offen für die Stille und fühlen Sie sich nicht zu einer Antwort gedrängt.

 Nehmen Sie sich einige Minuten Zeit, um Gott im Gebet auf das zu antworten, was Ihnen aufgefallen ist. Was möchten Sie Gott in diesem Moment vor allem sagen?

 Lassen Sie auf sich wirken, wie Jesus in diesem Abschnitt mit den verschiedenen Menschen umgeht. Welchen Eindruck macht er auf Sie? Was erfahren Sie dadurch über Gott? Lassen Sie die Schönheit seines Wesens auf sich wirken.

 Denken Sie an jemanden in Ihrem Umfeld, der für einen anderen Menschen sorgt. Kann es sein, dass Gott Ihnen aufträgt, sich in irgendeiner Weise um diese Person zu kümmern?

Teil 7

Wie Christus ein Herz für andere haben

Andere in Tat und Wahrheit lieben

Jakobus 1,19-27

 Kommen Sie ganz zu sich, indem Sie tief ein- und aus-
atmen. Lockern Sie Ihren Nacken und nehmen Sie sich
Zeit, auch alle anderen Muskeln zu entspannen.
Als Konzentrationshilfe können Sie dieses Gebet von Mutter Teresa
lesen:

Liebster Herr,
möge ich dich heute und jeden Tag in der Person deiner Kranken sehen und, während ich sie pflege, dir dienen.
Und wenn du dich in der unansehnlichen Verkleidung der
Reizbaren, der Anspruchsvollen, der Unvernünftigen verbirgst,
möge ich dich erkennen und sagen: »Jesus, mein Geduldiger,
wie süß ist es, dir zu dienen.«
Und, oh Gott, da du Jesus mein Geduldiger bist, lass dich herab,
auch mir ein geduldiger Jesus zu sein, übe Nachsicht mit meinen
Fehlern, und sieh nur auf meinen Vorsatz, dich zu lieben und
dir zu dienen in der Person eines jeden deiner Kranken.
Herr, vermehre meinen Glauben, segne meine Anstrengungen
und meine Arbeit, jetzt und immerdar. Amen.[89]

 Lesen Sie den Abschnitt still für sich selbst durch. Lesen
Sie dann die darunterstehenden Anmerkungen zu den
wichtigsten Wörtern und Formulierungen. Überlegen

Sie, welchen Einfluss diese Details darauf haben, wie Sie die Geschichte verstehen. Lesen Sie sich nun den Abschnitt langsam laut vor. Nehmen Sie sich Zeit, die Worte an Ihre Ohren dringen zu lassen.

Jakobus 1,19-27

[19]Liebe Freunde, seid schnell bereit, zuzuhören, aber lasst euch Zeit, ehe ihr redet oder zornig werdet. [20]Zorn kann niemals etwas bewirken, das in Gottes Augen gerecht ist. [21]Trennt euch deshalb von allem Schlechten und Bösen in eurem Leben und nehmt die Botschaft Gottes, die er euch gegeben hat, demütig an, denn sie hat die Kraft, eure Seelen zu retten.

[22]Aber es reicht nicht, nur auf die Botschaft zu hören – ihr müsst auch danach handeln! Sonst betrügt ihr euch nur selbst. [23]Denn wer ihr nur zuhört und nicht danach handelt, ist wie ein Mensch, der sich im Spiegel betrachtet. [24]Er sieht sich, geht weg und vergisst, wie er aussieht. [25]Wer aber ständig auf das vollkommene Gesetz Gottes achtet – das Gesetz, das uns frei macht – und befolgt, was es sagt, und nicht vergisst, was er gehört hat, den wird Gott segnen.

[26]Wenn ihr behauptet, Gott zu dienen, aber eure Zunge nicht im Zaum halten könnt, betrügt ihr euch nur selbst, und euer Dienst für Gott ist wertlos. [27]Rein und vorbildlich Gott, unserem Vater, zu dienen bedeutet, dass wir uns um die Sorgen der Waisen und Witwen kümmern und uns nicht von der Welt verderben lassen.

---

gerecht: Das griechische Wort *dikaiosunē* bezeichnet ein tiefes, anziehendes inneres Gutsein. (Siehe auch Einheit 11 »Sich auf das Reich Gottes verlassen«). »Die beste Übersetzung von *dikaiosunē* wäre eine Umschreibung: etwas wie ›das an einem Menschen, das ihn wirklich richtig oder gut macht‹. Kurz zusammengefasst könnte man sagen ›wahres inneres Gutsein‹.«[90]

retten: Das griechische Wort *sōzō* bedeutet befreien oder schützen, heilen, bewahren, retten, gut gehen oder heil gemacht werden.

Botschaft (auch »Wort«): N.T. Wright erklärt hierzu: »Damit ist wahrscheinlich sowohl die Lehre des Alten Testaments als auch die Botschaft von Jesus gemeint.«[91]

... nicht ... verderben: Das griechische Wort aspilos bedeutet körperlich oder moralisch makellos.

 Hilfreiche Fragen und Stichwörter zum Text:

1. **Mäuschen spielen**
Stellen Sie sich Jakobus vor. Der Verfasser ist wahrscheinlich der Bruder von Jesus, der auch Leiter der Jerusalemer Gemeinde war (vgl. Apostelgeschichte 15,13; 21,18); der Apostel Jakobus war bereits als Märtyrer gestorben. Die Gemeinde in Jerusalem wurde verfolgt und viele litten Not – so große Not, dass andere Gemeinden Spenden schickten, um ihnen zu helfen (vgl. Römer 15,25-26). Doch obwohl sie selbst bedürftig waren, forderte Jakobus sie auf, anderen zu helfen.

2. N.T. Wright übersetzt Vers 20 folgendermaßen: »Menschlicher Zorn bringt nämlich nicht Gottes Gerechtigkeit hervor.«[92] Dann erklärt er:

Wenn wir wollen, dass Gottes Gerechtigkeit kommt und alles in Ordnung bringt, ist es besser, uns ganz herauszuhalten und Gott seine Arbeit selbst tun zu lassen, statt uns einzubilden, dass unsere Wutausbrüche (die höchstwahrscheinlich viele unschöne Nebeneffekte haben werden, wie verletzten Stolz, Boshaftigkeit und Neid) Gott dabei helfen, das Nötige zu tun.[93]

Was geschieht normalerweise durch menschliche Wut? Wodurch geschieht Gottes Gerechtigkeit?

3. Die Kraft von Gottes Wort in uns. Die Wut von anderen verändert uns nicht; doch durch den Umgang mit Gottes Wort, das in unser Herz »eingepflanzt« wird – transplantiert, so tief eingesetzt, dass es aus uns herauswächst –, werden wir verändert. Dieses Einbetten von Gottes Wort in uns geschieht, wenn wir Gottes Gedanken demütig annehmen. Überlegen Sie, wie ein Mensch ist, der demütig und sanftmütig annimmt, was Gott sagt. Wie sieht ein solcher Mensch Gott? Was möchte er im Leben? Wie *empfindet* er das, was Gott zu ihm sagt?
4. Denken Sie noch einmal über Vers 22 nach: »Sonst betrügt ihr euch nur selbst.« Wir meinen, auf Gottes Wort zu hören, ist etwas Gutes – und so ist es auch. Doch inwiefern können wir uns dabei selbst täuschen?
5. Denken Sie noch einmal über Vers 25 nach: »den wird Gott segnen«. Inwiefern befreit, schützt oder heilt es uns, wenn wir Gottes Gedanken und Worte annehmen?
6. In Vers 25 spricht Jakobus von dem vollkommenen Gesetz Gottes, das uns frei macht. Der Gedanke, dass Gehorsam Gott gegenüber Freiheit bringt, erscheint manchem vielleicht seltsam. Doch wieso ist er trotzdem wahr?

Nachdenken über die Einladung
Vielleicht lädt Gott Sie in diesem Abschnitt ein, etwas Bestimmtes besser zu verstehen. Was könnte das sein? Lesen Sie den Text noch einmal und denken Sie dann in der Stille einige Minuten lang über die folgenden Fragen nach:

• Welches Wort oder welche Formulierung springt Ihnen ins Auge?
• Weshalb?

Weiterdenken
Vielleicht möchten Sie den Abschnitt noch einmal lesen. Überlegen Sie dann:

- Was hat dieser Abschnitt mit Ihrem Leben zu tun?
- Gibt es einen Gedanken, ein Gefühl oder eine Absicht, die Sie daraus mitnehmen sollen?
- Fordert Gott Sie auf, etwas zu sein, zu wissen, zu verstehen, zu fühlen oder sogar zu tun?

Seien Sie offen für die Stille und fühlen Sie sich nicht zu einer Antwort gedrängt.

 Nehmen Sie sich einige Minuten Zeit, um auf das zu antworten, was Sie von Gott gehört haben. Was möchten Sie ihm unbedingt über Ihre Erfahrung mit seinem Wort sagen? Vielleicht möchten Sie Gott auch Fragen stellen, die Sie zu diesem Bibeltext haben. Die Antworten darauf finden Sie möglicherweise durch Ihre Gruppe oder erst später in dieser Woche. Eine Frage könnte zum Beispiel sein: Wie bringt Gehorsam Freiheit? Wenn Sie möchten, schreiben Sie Ihr Gebet auf. Manchmal hindert das die Gedanken daran, abzuschweifen.

 Dieser Bibeltext verlangt ein hohes Maß an aktivem Gehorsam. Und doch entsteht alles daraus, dass wir Gottes Wort und das Heil und die Freiheit annehmen, die daraus erwachsen. Versuchen Sie, sich auf den Gedanken einzulassen, dass Gott uns zum Gehorsam ausrüstet und befähigt.

Nehmen Sie sich einige Minuten Zeit, um die Gedanken wahrzunehmen, die Ihnen gekommen sind. Das kann sich in Lobpreis ausdrücken oder einfach im Ruhen in Gottes Gegenwart.

 Bitten Sie Gott, Ihnen zu helfen, etwas zu tun, das in diesem Text genannt wird. Hören Sie schnell zu; weigern Sie sich, ungeduldig und wütend zu sein; kümmern Sie sich um jemanden, der in Not ist; treffen Sie eine Entscheidung, die Sie davon abhält, sich von der Welt schwächen zu lassen.

Wenn Sie möchten, beten Sie das Gebet von Mutter Teresa, das am Anfang dieser Einheit steht, für eine konkrete Person oder Situation.

Von der Ichbezogenheit zur Demut

Philipper 2,1–16

 Kommen Sie ganz zu sich, indem Sie langsam ein- und ausatmen. Entspannen Sie Ihren Nacken und nehmen Sie sich Zeit, auch alle anderen Muskeln zu entspannen. Falls Sie eine Konzentrationshilfe brauchen, denken Sie einmal über folgende Frage nach: Welche Farbe fällt Ihnen ein, wenn Sie an Demut denken? Warum?

 Lesen Sie den Abschnitt still für sich selbst durch. Lesen Sie dann die darunterstehenden Anmerkungen zu den wichtigsten Wörtern und Formulierungen. Überlegen Sie, welchen Einfluss diese Details darauf haben, wie Sie die Geschichte verstehen. Lesen Sie sich nun den Abschnitt langsam laut vor. Nehmen Sie sich Zeit, die Worte an Ihre Ohren dringen zu lassen.

Philipper 2,1–16

[1]Ermutigt ihr euch gegenseitig, Christus nachzufolgen? Tröstet ihr euch gegenseitig in Liebe? Seid ihr im Heiligen Geist verbunden? Gibt es unter euch Barmherzigkeit und Mitgefühl? [2]Dann macht doch meine Freude vollkommen, indem ihr in guter Gemeinschaft zusammenarbeitet, einander liebt und von ganzem Herzen zusammenhaltet. [3]Seid nicht selbstsüchtig; strebt nicht danach, einen guten Eindruck auf andere zu machen, sondern

seid bescheiden und achtet die anderen höher als euch selbst. ⁴Denkt nicht nur an eure eigenen Angelegenheiten, sondern interessiert euch auch für die anderen und für das, was sie tun.

⁵Geht so miteinander um, wie Christus es euch vorgelebt hat.

⁶Obwohl er Gott war, bestand er nicht auf seinen göttlichen Rechten. ⁷Er verzichtete auf alles; er nahm die niedrige Stellung eines Dieners an und wurde als Mensch geboren und als solcher erkannt. ⁸Er erniedrigte sich selbst und war gehorsam bis zum Tod, indem er wie ein Verbrecher am Kreuz starb.

⁹Deshalb hat Gott ihn in den Himmel gehoben und ihm einen Namen gegeben, der höher ist als alle anderen Namen. ¹⁰Vor diesem Namen sollen sich die Knie aller beugen, die im Himmel und auf der Erde und unter der Erde sind. ¹¹Und zur Ehre Gottes, des Vaters, werden alle bekennen, dass Jesus Christus Herr ist.

¹²Liebe Freunde, als ich bei euch war, habt ihr meine Anweisungen immer treu befolgt. Jetzt, in meiner Abwesenheit, müsst ihr noch mehr darauf achten, dass Gottes Liebe in eurem Leben sichtbar wird. Deshalb gehorcht Gott voller Achtung und Ehrfurcht. ¹³Denn Gott bewirkt in euch den Wunsch, ihm zu gehorchen, und er gibt euch auch die Kraft zu tun, was ihm Freude macht.

¹⁴Was ihr auch tut, tut es ohne zu klagen und zu zweifeln, ¹⁵damit niemand euch irgendetwas vorwerfen kann. Als Kinder Gottes sollt ihr ein reines, vorbildliches Leben führen in einer dunklen Welt voller verdorbener und verirrter Menschen, unter denen euer Leben wie ein helles Licht leuchtet. ¹⁶Haltet am Wort des Lebens fest, damit ich mich, wenn Christus wiederkommt, freuen kann, dass ich das Rennen nicht verloren habe und meine Arbeit nicht vergeblich war.

... strebt nicht danach, einen guten Eindruck auf andere zu machen (auch: »tut nichts aus ... eitler Ruhmsucht« ELB)

eitel: egoistisch oder leer, selbstverherrlichend, »sich mit aller Macht nach vorn drängend« (Philipper 2,3 MES)

bescheiden (auch »in Demut«): ohne sich vorzudrängen, eher auf Gott konzentriert sein als auf sich selbst

rein: harmlos, ehrlich; ein Wort, das auch Wein beschrieb, der nicht mit Wasser vermischt war, oder unlegiertes, reines Metall. Ohne Hintergedanken – »ein frischer Wind in einer verschmutzten Gesellschaft« (Philipper 2,15 MES)

freuen (eigentlich: »rühmen«): prahlen, aber im Sinn von Freude; Paulus war stolz auf die Philipper.

 Hilfreiche Fragen und Stichwörter zum Text:

1. Liebe, die sich selbst verschenkt

In unserer Kultur hat Liebe viele Bedeutungen. Das griechische Wort *agapē*, das hier verwendet wird, bezeichnet Liebe, die sich selbst verschenkt: aufopferndes und uneigennütziges Verhalten; die Bereitschaft, sich selbst etwas vorzuenthalten und anderen freiwillig zu geben, ohne eine Gegenleistung zu erwarten. Haben Sie schon einmal bei jemandem eine solche Liebe erlebt? Was haben Sie davon gehalten?

2. Einheit mit Gott

Dieser Abschnitt beginnt mit vier Wenn-dann-Sätzen. Paulus schien hier sagen zu wollen: Wenn ihr Einheit mit Gott erlebt, dann tut, was nötig ist, um auch Einheit mit anderen zu erleben. Das Schöne daran ist, dass Gott uns nicht einfach nur auffordert, uns mehr anzustrengen, demütiger zu sein oder andere mehr zu lieben, sondern wir aus dem Überfluss an Liebe und Gnade schöpfen können, die wir von ihm empfangen haben, um davon an andere weiterzugeben. Paulus beschrieb diese Einheit mit Gott folgendermaßen:

- von dieser Einheit ermutigt sein
- Trost in Gottes Liebe finden

* Gemeinschaft mit dem Heiligen Geist haben
* die Behutsamkeit und Barmherzigkeit Gottes erleben

Lesen Sie diese Sätze noch einmal und schauen Sie sie sich dann noch ein oder zwei Minuten in der Stille an. Kreuzen Sie anschließend die an, die Sie in den letzten Monaten erlebt haben.

3. Einheit miteinander

Paulus beschrieb die Einheit, die wir miteinander haben, folgendermaßen:

* Loyalität zueinander, auch wenn wir nicht einer Meinung sind
* einander mit der aufopfernden Liebe von Jesus Christus lieben
* ein Gefühl der Zusammengehörigkeit
* gemeinsame Vorhaben und Ziele haben[94]

Wann haben Sie schon einmal solche Einheit in Christus mit anderen erlebt?

4. Gegen die Ichbezogenheit angehen

Der Satz »achtet die anderen höher als euch selbst« heißt nicht, dass wir kein Selbstwertgefühl haben dürfen, sondern dass wir nicht ichbezogen sein sollen. Statt mit uns selbst beschäftigt zu sein, sind wir auf Gott ausgerichtet und auf Gottes Wunsch, dass wir andere lieben. Das ist der Kern der Demut. Sich ganz auf Jesus auszurichten, der, »obwohl er Gott war, nicht auf seinen göttlichen Rechten bestand«, bedeutet, dass wir nicht in jeder Situation zu gewinnen oder zu erreichen versuchen, dass die Dinge nach unserem Kopf laufen. Es drängt uns zu fragen: Widme ich den größten Teil meiner Gedanken und Zeit der Erfüllung meiner eigenen Bedürfnisse? Geht es immer nur um mich? Es liegt in der menschlichen Natur, egoistisch zu sein, doch Gott lädt uns dazu ein, Jesus ähnlicher zu werden und nicht mehr nur auf uns selbst zu sehen.

Überlegen Sie einmal, was wir zu Gott sagen könnten, wenn wir feststellen, dass wir von egoistischem Ehrgeiz und persönlichem Prestige eingenommen sind und versuchen, andere zu beeindrucken oder beliebt zu sein.

- ◆ Was braucht diese andere Person?
- ◆ Hilf mir zu sehen, dass es nicht nur um mich geht.
- ◆ Hilf mir, mich auf dich zu konzentrieren und auf das, was du heute in dieser Welt tust.
- ◆ Etwas anderes:

---

5. Gott in allem vertrauen

»Was ihr auch tut, tut es ohne zu klagen und zu zweifeln« heißt nicht, dass wir keine Fragen stellen oder Vorschläge machen sollten, sondern dass wir Gott vertrauen und ein aufrichtiges Herz behalten können (vgl. Sprüche 4,23). Habe ich das Herz eines Versöhners oder eines Nörglers? Das Herz eines Versöhners zu haben heißt, dass ich, bevor ich mich beklage oder jemandem widerspreche,

- ◆ mich in den Standpunkt des anderen hineinversetze (seine Gefühle und Beweggründe nachvollziehe, soweit sie für mich ersichtlich sind)
- ◆ für die anderen beteiligten Personen bete
- ◆ versuche, die anderen Beteiligten kennenzulernen
- ◆ mich frage, ob ich einen Grund habe, einen Groll gegen die anderen oder gegen die Sache zu hegen
- ◆ Etwas anderes:

---

6. Mäuschen spielen

Stellen Sie sich die Gemeinde in Philippi vor. Zur Gemeinde in Philippi gehörten sehr unterschiedliche Menschen (vgl. Apostelgeschichte 16,12-40), denen Einigkeit sicher schwerfiel. Beispielsweise gab es dort:

* einen Gefängnisaufseher (einen mittelständischen Beamten), der sich fast umgebracht hätte, als er dachte, seine Gefangenen wären geflohen, wenn Paulus ihn nicht aufgehalten hätte
* eine reiche Tuchhändlerin namens Lydia, bei der Paulus und Silas gewohnt hatten (vgl. Apostelgeschichte 16,11-15)

* ein ehemals von Dämonen besessenes, wahrsagendes Sklavenmädchen (vgl. Apostelgeschichte 16,16-18)

Versetzen Sie sich in die Lage einer Person, die zur Gemeinde in Philippi gehört. Bei wem wäre es Ihnen am schwersten gefallen, ihn oder sie höher als sich selbst zu achten?

7. Mäuschen spielen

Stellen Sie sich die Stadt Philippi vor. Philippi war eine römische Kolonie und die führende Stadt im Distrikt Mazedonien. Sie war aufs Fortkommen ausgerichtet.[95] Paulus' Worte über Demut und Einheit klangen dort sicher radikal. Als Paulus und Silas zum ersten Mal dorthin kamen, predigten sie vor dem Stadttor am Fluss, und vielleicht versammelte sich die Gemeinde auch weiterhin abseits der wachsamen Blicke der Stadtbeamten.

Lesen Sie den Abschnitt noch einmal – dieses Mal laut – und schließen Sie die Augen. Stellen Sie sich vor, wie dieser Brief in der Gemeinde von Philippi vorgelesen wird, die am Fluss versammelt ist, mit allen Klängen und Gerüchen der freien Natur.

Nachdenken über die Einladung
Vielleicht lädt Gott Sie in diesem Abschnitt ein, etwas Bestimmtes besser zu verstehen. Was könnte das sein? Lesen Sie den Text noch einmal und denken Sie dann in der Stille über die folgenden Fragen nach:

- Welches Wort oder welche Formulierung springt Ihnen ins Auge?
- Weshalb?

Weiterdenken
Lesen Sie gegebenenfalls den Abschnitt erneut und überlegen Sie dann:

- Was hat dieser Text mit Ihrem Leben zu tun?
- Gibt es einen Gedanken, ein Gefühl oder eine Absicht, die Sie daraus mitnehmen sollen?
- Fordert Gott Sie auf, etwas zu sein, zu wissen, zu verstehen, zu fühlen oder zu tun?

Seien Sie offen für die Stille und fühlen Sie sich nicht zu einer Antwort gedrängt.

 Nehmen Sie sich einige Minuten Zeit, um auf das zu antworten, was Sie von Gott gehört haben; besonders in Bezug auf die demütige Liebe von Jesus, die sich selbst verschenkt.

 Lassen Sie auf sich wirken, was Ihnen in diesem Bibeltext aufgefallen ist, und nehmen Sie wahr, welchen Eindruck das Handeln und die Beweggründe von Jesus auf Sie machen. Wie wurden Sie von Jesus ermutigt? Wie spüren Sie die Ein-

heit mit ihm? Wie hat seine Liebe Sie getröstet? Wie haben Sie die Gemeinschaft mit dem Heiligen Geist gespürt? Wie haben Sie seine Behutsamkeit und Barmherzigkeit erlebt? Nehmen Sie diese Gedanken als Hilfe, Gott zu loben oder einfach in seiner Gegenwart zu ruhen.

 Fragen Sie Gott, wie Sie seine sich selbst verschenkende Liebe erleben und in Demut umsetzen können. Wie könnte das für Sie aussehen?

Meditation führt zu Transformation

Vielleicht würden Sie sich gern in mancherlei Hinsicht verändern: Eine Einstellung, an der Sie nicht festhalten sollten; Gewohnheiten, die Sie ersetzen sollten; Charaktereigenschaften, die sich mehr ausformen sollten. Gottes Plan für uns ist es, durch die Erneuerung unseres Denkens verändert zu werden (vgl. Römer 12,2). Wenn wir Gott durch sein lebendiges, wirksames, durchdringendes Wort begegnen, ändert diese Begegnung unser Denken, unser Herz und sogar unsere Fantasie, sodass wir schmecken und sehen können, dass der Herr gut ist (vgl. Psalm 34,9).

Dieser interaktive, meditative Prozess beeinflusst unmittelbar unser Verhalten: »Die Worte des Gesetzes sollen immer in deinem Mund sein. Denke Tag und Nacht über das Gesetz nach, damit du allem, was darin geschrieben steht, Folge leisten kannst« (Josua 1,8). Das sorgfältige Einhalten dessen, was Gott sagt, ist eine natürliche Folge der Bibelmeditation. Wir setzen in die Tat um, was wir vor unserem inneren Auge haben und Jesus selbst tun sehen. Heute sind wir fasziniert davon, wie Jesus die Übersehenen und an den Rand Gedrängten wahrnimmt, und morgen tun wir das Gleiche. Herzen aus Stein werden nach und nach zu Herzen aus Fleisch (vgl. Hesekiel 11,19).

Transformation bedeutet, die versiegelten, muffigen Räume unseres Lebens anzuschauen, Gott alles zu geben, was wir dort finden, und um seine Vergebung, Annahme und Heilung zu bitten. Und dabei blitzen immer wieder Einsichten auf, es ereignen sich Momente außerordentlicher Schönheit, und wir erleben Versöhnung. Wir sind der Ton, der in den Händen des Töpfers nach und nach geformt wird. Wenn wir uns ganz auf die *lectio divina* einlassen, ist das ein Zeichen unserer Absicht, uns bewusst und bereitwillig formen zu lassen.

Transformation geschieht langsam und schrittweise. Nach und nach lassen wir unser altes Ich los. Die zerstörerischen Denkmuster in unserem Kopf werden zu heilsamen Gebeten, und wir lassen negative Gedanken leichter los und erlauben ihnen weniger Kontrolle über unser Handeln. Irgendwie ist es dann leichter, einen unhöflichen Autofahrer anzulächeln. Es ist keine Krise mehr. Es geschieht zu viel Gutes mit Gott in unserem Leben, als dass wir uns darüber noch ärgern oder uns dadurch gestört fühlen.

Den „Fremden" lieben

Lukas 10,25-37

 Kommen Sie ganz zu sich, indem Sie langsam ein- und ausatmen. Entspannen Sie Ihren Nacken und atmen Sie nochmals aus. Lassen Sie die Schultern locker.

Wenn Sie eine Konzentrationshilfe brauchen, denken Sie über die folgende Frage nach: Was lässt sich über einen Menschen sagen, der andere, die nichts mit ihm zu tun haben wollen, freundlich aufnimmt?

 Lesen Sie den Abschnitt still für sich selbst durch. Lesen Sie dann die darunterstehenden Anmerkungen zu den wichtigsten Wörtern und Formulierungen. Überlegen Sie, welchen Einfluss diese Details darauf haben, wie Sie die Geschichte verstehen. Lesen Sie sich nun den Abschnitt langsam laut vor. Nehmen Sie sich Zeit, die Worte an Ihre Ohren dringen zu lassen.

Lukas 10,25-37

²⁵Ein Mann, der sich im Gesetz Moses besonders gut auskannte, stand eines Tages auf, um Jesus mit folgender Frage auf die Probe zu stellen: »Meister, was muss ich tun, um das ewige Leben zu bekommen?«

²⁶Jesus erwiderte: »Was steht darüber im Gesetz Moses? Was liest du dort?«

²⁷Der Mann antwortete: »›Du sollst den Herrn, deinen Gott, von ganzem Herzen, von ganzer Seele, mit deiner ganzen Kraft und all deinen Gedanken lieben.‹ Und: ›Liebe deinen Nächsten wie dich selbst.‹«

²⁸»Richtig!«, bestätigte Jesus. »Tu das, und du wirst leben!«

²⁹Der Mann wollte sich rechtfertigen; deshalb fragte er Jesus: »Und wer ist mein Nächster?«

³⁰Jesus antwortete: »Ein Mann befand sich auf der Straße von Jerusalem nach Jericho, als er von Räubern überfallen wurde. Sie raubten ihm seine Kleider und sein Geld, verprügelten ihn und ließen ihn halb tot am Straßenrand liegen. ³¹Zufällig kam ein jüdischer Priester vorbei. Doch als er den Mann dort liegen sah, wechselte er auf die andere Straßenseite und ging vorüber. ³²Dann kam ein Tempeldiener und sah ihn ebenfalls dort liegen; doch auch er ging auf der anderen Straßenseite vorüber. ³³Schließlich näherte sich ein Samariter. Als er den Mann sah, empfand er tiefes Mitleid mit ihm. ³⁴Er kniete sich neben ihn, behandelte seine Wunden mit Öl und Wein und verband sie. Dann hob er den Mann auf seinen eigenen Esel und brachte ihn zu einem Gasthaus, wo er ihn versorgte. ³⁵Am nächsten Tag gab er dem Wirt zwei Denare und bat ihn, gut für den Mann zu sorgen. ›Sollte das Geld nicht ausreichen‹, sagte er, ›dann werde ich dir den Rest bezahlen, wenn ich das nächste Mal herkomme.‹

³⁶Wer von den dreien war nun deiner Meinung nach der Nächste für den Mann, der von Räubern überfallen wurde?«, fragte Jesus.

³⁷Der Mann erwiderte: »Der, der Mitleid hatte und ihm half.« Jesus antwortete: »Ja. Nun geh und mach es genauso.«

---

auf die Probe stellen: andere mögliche Übersetzung: Jesus in Verlegenheit bringen[96]

rechtfertigen: Das griechische Wort *dikaioō* bedeutet »als gerecht oder unschuldig betrachtet werden«. N.T. Wright übersetzt hier »eine Diskussion gewinnen wollen«[97].

Denare: Ein Denar war ein Tageslohn für einen gelernten Arbeiter.

 Hilfreiche Fragen und Stichwörter,
um in die Geschichte einzusteigen:

1. **Kultureller Hintergrund: Samariter**
Während des Exils des Südreichs Israel in Babylon heirateten die
Juden, die im Land geblieben waren, auch Nichtjuden und be-
völkerten die Gegend um Samaria. »Der Hass zwischen Juden
und Samaritern war schon Jahrhunderte alt – und spiegelt sich
tragischerweise bis heute in den brodelnden Spannungen zwischen Juden und Palästinensern. Beide Seiten beanspruchen für
sich, die wahren Erben der Verheißungen an Abraham und Mose
zu sein und die rechtmäßigen Besitzer des Landes.«[98]

2. **Kultureller Hintergrund: Der Fremde**
Der Fremde war eine nichtjüdische Person oder ein Ausländer.
Folglich konnte damit auch ein Gast gemeint sein. Ein Fremder
für uns heute kann jeder sein, der

- uns unbekannt ist
- eine andere Sprache spricht
- eine andere Hautfarbe hat
- andere Kleidungsgewohnheiten hat
- einen anderen Lebensstil als wir hat
- uns Angst macht[99]

3. Wer wäre in Ihrem Leben ein Samariter? Was müsste ein Mensch
an sich haben, damit Sie denken: Mit dem würde ich mich nie abgeben?

- einen bestimmten finanziellen Status (anders als Ihr eigener, är-
mer oder reicher)
- einen bestimmten Beruf (zum Beispiel: Gefängniswärter, Müll-
mann, Schlachter)
- eine bestimmte ethnische Zugehörigkeit

- eine Behinderung
- eine Krankheit

Wer ist der Letzte, den Sie am Straßenrand auf Ihre Hilfe angewiesen sehen wollen?

4. Fremde aufnehmen

Jesus sagte, wer Fremde aufnimmt, nimmt in Wirklichkeit ihn auf (vgl. Matthäus 25,35). Fremde aufzunehmen bedeutet, eine einladende Atmosphäre zu schaffen und anderen ein Gefühl von Zuhause zu geben (vgl. Johannes 14,23). Besonders denjenigen, die oft ausgeschlossen werden. Wir achten auf andere und laden sie ein, sich bei uns zu Hause zu fühlen und dort ihre Persönlichkeit vor uns zu entfalten. Denn genau dazu lädt Gott auch uns ein. Dann warten wir darauf, dass sie bereit dafür werden, das tatsächlich auch zu tun. Gastfreundschaft ist nicht nur eine Aktivität, sondern auch eine Herzenseinstellung und charakteristisch für unsere Persönlichkeit.

5. Jesu Vorstellung von einem Jünger: Der barmherzige Samariter

Hier sind einige Eigenschaften des Samariters aufgelistet. Kreuzen Sie, wenn möglich, die drei an, die Sie bewundern.

- Unbefangen: Er half automatisch, so als wäre es keine große Sache. Er musste nicht sagen: »Ich glaube, ich werde heute eine gute Tat tun.« Wenn Sie etwas fallen ließen, würde er nicht zögern, es aufzuheben, es Ihnen dann in die Hand drücken, lächeln und weitergehen. Er musste nicht an einen besonderen Ort gehen, um Gott zu dienen, wie der Priester und der Levit. Anders als der Gesetzesexperte, der gerecht erscheinen wollte, scheint sich der Samariter keine Gedanken darum gemacht zu haben, wie die Situation aussah.
- Selbstlos: Der Samariter war nicht geizig, sondern gab dem Herbergswirt mehr, als nötig war. Er fragte ihn auch nicht: Wie viel

werden Sie dazu beisteuern? Vielleicht musste er sogar seine Pläne ändern, um sich um den überfallenen Mann zu kümmern. Er war ein Geber, nicht ein Nehmer.

- Bereitwillig: Er stand nicht auf der Straße und überlegte hin und her, ob er helfen sollte (wie viele von uns): Soll ich? Soll ich nicht? Es war nicht kompliziert.
- Furchtlos: Er hätte selbst überfallen werden können, während er dem Mann half.
- Gewöhnlich: Er tat es nicht, weil es seine Pflicht war. Er war wie Sie und ich. Er gründete auch nicht anschließend die »Jerusalem-Jericho-Straßenrettungsgesellschaft«. Er sah einfach jemanden vor sich, der Hilfe brauchte, und half.
- Mitfühlend: Er sah einen Menschen in Not und es störte ihn nicht, dass dieser Mann angeblich sein Feind war. Er packte einfach zu, offenbar mit dem Gedanken: Wenn ich das wäre, würde ich mir Hilfe wünschen?

6. Mäuschen spielen

Stellen Sie sich das Ende der Geschichte vor. Jesus ließ das Ende der Geschichte offen.[100] Vielleicht versuchten seine Zuhörer, die Geschichte in Gedanken zu vollenden. Hier einige Möglichkeiten:

- Der verletzte Mann war entsetzt, als er aufwachte und erfuhr, dass ein Samariter ihm geholfen hatte.
- Der verletzte Mann änderte seine Perspektive und dankte dem Samariter.
- Vor der Herberge wartete eine Menschenmenge, um den Samariter zur Rede zu stellen, weil er es gewagt hatte, einen Juden zu berühren.

Welches Ende hätte wohl der Gesetzesexperte der Geschichte gegeben?

Nachdenken über die Einladung

Lesen Sie den Abschnitt noch einmal laut. Stellen Sie sich die Szene bildlich vor. Hören Sie die Worte deutlich mit Ihrem »inneren Ohr«.

- Welcher Augenblick in der Geschichte, welche Handlung oder Formulierung fällt Ihnen dabei auf?
- Wie entwickelt sich die Handlung? Was sehen Sie? Welche Gedanken und Gefühle ruft das in Ihnen hervor?
- Warum hat Gott vielleicht ausgerechnet diesen Augenblick, dieses Wort oder diese Formulierung für Sie hervorgehoben?

Weiterdenken

Wenn Sie sich die Szene vorstellen, vergleichen Sie sich nicht mit dem Samariter. Denken Sie stattdessen darüber nach, dass Gott mächtig ist und – wenn wir ihn darum bitten – uns zu einem Menschen machen kann, der jedem helfen würde, der in Not ist.

- Was hat dieser Text mit Ihrem Leben zu tun?
- Gibt es einen Gedanken, ein Gefühl oder eine Absicht, die Sie daraus mitnehmen sollen?
- Fordert Gott Sie auf, etwas zu sein, zu wissen, zu verstehen, zu fühlen oder sogar zu tun?

Seien Sie offen für die Stille und fühlen Sie sich nicht zu einer Antwort gedrängt.

 Nehmen Sie sich einige Minuten Zeit, um Gott im Gebet zu antworten. Was möchten Sie ihm über Ihr Erleben mit diesem Text unbedingt sagen?

Wenn sich für Sie durch diese Geschichte einige Probleme aufgetan haben, erzählen Sie Gott bitte von diesen Schwierigkeiten. Sie dürfen sich sicher sein, dass Gott Ihnen so viel sagen wird, wie Sie in diesem Moment verkraften können.

 Lassen Sie auf sich wirken, was Ihnen in diesem Bibeltext aufgefallen ist, und überlegen Sie: Was erfahren wir durch den Samariter über Gottes Wesen?

Nehmen Sie sich einige Minuten Zeit, die Gedanken wahrzunehmen, die Ihnen gekommen sind. Das kann sich in Lobpreis ausdrücken oder einfach im Ruhen in Gottes Gegenwart.

 Wie würde es aussehen, einen Menschen zu lieben, den ich eigentlich gar nicht kenne? Könnten Sie das auch nur für wenige Minuten? Bedenken Sie dabei, dass jemanden zu lieben bedeutet, sich willentlich für das zu entscheiden, was für diesen Menschen am besten ist.

Beziehung vor Verurteilung

Lukas 6,36-38; Matthäus 5,43-48

 Kommen Sie ganz zu sich, indem Sie tief ein- und ausatmen. Lockern Sie Ihren Nacken und nehmen Sie sich Zeit, auch alle anderen Muskeln zu entspannen. In diesem Abschnitt geht es darum, seine Feinde zu lieben. Das kann eine schwierige Lektüre sein. Vielleicht erscheint es Ihnen sogar so unerreichbar, dass Sie es am liebsten überspringen würden.

- Konzentrieren Sie sich darauf, wie Jesus Feindesliebe gelebt hat (eine der Fragen wird Ihnen dabei helfen), statt wie weit dies von Ihrem eigenen Verhalten entfernt ist. Konzentrieren Sie sich auf die Worte Jesu, nicht auf Ihre eigenen Gedanken und Gefühle.
- Konzentrieren Sie sich darauf, wie die Feindesliebe die Schönheit von Gottes Königreich darstellt.

Im Reich Gottes, wie es Jesus verkündete und lebte, ging es um überströmende, ungezähmte, unverschämte Großzügigkeit. Stellen Sie sich das größte Geschenk vor, das Sie der schrecklichsten Person machen könnten – und dann schenken Sie es ihr. Ist das überhaupt realistisch? Ja und nein. Jesus wollte seinen Nachfolgern nicht ein neues moralisches Handbuch in die Hand drücken. Er wollte Ihnen eine Herzenshaltung, eine Leichtigkeit des Geistes demonstrieren und einimpfen im Angesicht all dessen, was die Welt an Widrigkeiten für uns bereithalten kann.[101]

Lesen Sie den Abschnitt still für sich selbst durch. Lesen Sie dann die darunterstehenden Anmerkungen zu den wichtigsten Wörtern und Formulierungen. Überlegen Sie, welchen Einfluss diese Details darauf haben, wie Sie die Geschichte verstehen. Lesen Sie sich nun den Abschnitt langsam laut vor. Nehmen Sie sich Zeit, die Worte an Ihre Ohren dringen zu lassen.

Lukas 6,36-38

[36]Ihr sollt gütig sein, wie euer Vater gütig ist. [37]Hört auf, andere zu verurteilen, und ihr werdet auch nicht verurteilt werden. Hört auf, andere zu tadeln, oder es wird euch ebenso ergehen. Wenn ihr anderen vergebt, wird euch auch vergeben werden. [38]Wenn ihr gebt, werdet ihr erhalten. Was ihr verschenkt, wird zusammengepresst und gerüttelt, in einem vollen, ja überreichlichen Maß zu euch zurückfließen. Nach dem Maß, mit dem ihr gebt, werdet ihr zurückbekommen.

Matthäus 5,43-48

[43]Ihr habt gehört, dass es im Gesetz von Mose heißt: ›Liebe deinen Nächsten‹ und hasse deinen Feind. [44]Ich aber sage: Liebt eure Feinde! Betet für die, die euch verfolgen! [45]So handelt ihr wie wahre Kinder eures Vaters im Himmel. Denn er lässt die Sonne für Böse und Gute aufgehen und sendet Regen für die Gerechten wie für die Ungerechten. [46]Wenn ihr nur die liebt, die euch auch lieben, was ist daran Besonderes? Das tun sogar die bestechlichen Steuereintreiber. [47]Wenn ihr nur zu euren Freunden freundlich seid, wodurch unterscheidet ihr euch dann von den anderen Menschen? Das tun sogar die, die Gott nicht kennen. [48]Ihr sollt aber vollkommen sein, so wie euer Vater im Himmel vollkommen ist.

lieben: sich bewusst für das entscheiden, was für einen anderen gut ist. Dazu gehört, ihn zu respektieren, freundlich zu ihm zu sein und nach Möglichkeit seine Bedürfnisse zu stillen. Dazu ist keine Zuneigung notwendig, aber es hilft, ein Herz für den anderen Menschen zu haben.[102]

vollkommen: Das griechische Wort *teleios* ist das gleiche, das Jesus am Kreuz sagte, als er ausrief »Es ist vollbracht!« Es bedeutet »vollständig« (in unterschiedlichen Zusammenhängen, zum Beispiel in Bezug auf Arbeit, Wachstum, mentalen und moralischen Charakter). Es hat mit Vollendung und Reife zu tun. Liebe vollendet das Gesetz; darum sagte Jesus, dass das Gesetz und die Propheten an den beiden Geboten hängen, Gott zu lieben und den Nächsten zu lieben (vgl. Matthäus 22,37–40).

 Hilfreiche Fragen und Stichwörter zu den beiden Bibeltexten:

1. Gegenwartsbezug: Feinde

Die ersten Zuhörer dachten bei dem Wort Feinde wahrscheinlich an ihre römischen Unterdrücker. Der Gedanke, sie zu lieben, war sicher entsetzlich für sie. Vielleicht haben Sie keinen politischen Unterdrücker, aber wahrscheinlich haben Sie schwierige Menschen in Ihrem Leben. Überlegen Sie einen Moment lang, wer diese Menschen sind. Schreiben Sie ihre Initialen hinter jede der folgenden Kategorien:

* jemand, den Sie meiden
* jemand, mit dem umzugehen Ihnen schwerfällt
* jemand, der Sie respektlos behandelt
* jemand, der Sie nicht mag
* jemand, der Ihnen wehgetan hat (körperlich, emotional, finanziell)

◆ jemand anderes:

_____

_____

2. Für einen Feind beten

Diese Verse rufen uns dazu auf, daran zu denken, dass diejenigen, die ungerecht und möglicherweise unmenschlich zu uns waren, auch Menschen sind. Die Texte schlagen einen praktischen Weg dazu vor: für die betreffende Person zu beten (vgl. Matthäus 5,44). Im Folgenden sind einige Gebete für unsere Feinde aufgeführt. Welches davon könnten Sie für einen schwierigen Menschen beten? Wenn Sie sich zu keinem davon bereit fühlen, fügen Sie ein Gebet hinzu, das Ihnen möglich wäre.

◆ Gott, zeige mir das Herz dieses Menschen.
◆ Gott, zeige mir dein Herz für diesen Menschen.
◆ Gott, was braucht dieser Mensch von mir?
◆ Gott, was braucht dieser Mensch von dir?
◆ Gott, kann ich etwas dazu beitragen, um mich mit diesem Menschen zu versöhnen?
◆ Gott, gib mir dein Herz der Liebe und Barmherzigkeit für diesen Menschen.
◆ Etwas anderes:

_____

_____

3. Ein Blick auf Jesus

Verlagern wir unseren Schwerpunkt nun auf das Verhalten von Jesus und wie er seine Feinde liebte. Lesen Sie die Beispiele in der Tabelle. Welches davon fasziniert Sie am meisten? Warum?

Situation	Wie Jesus seine Liebe zeigte
Bei Jesu Verhaftung schlug ein Jünger dem Diener des Hohen Priesters das rechte Ohr ab. Jesus heilte es (vgl. Lukas 22,50-52).	Jesus heilte einen Feind, der zu Schaden gekommen war.
Bei der Kreuzigung vergab Jesus seinen Henkern unmittelbar und trug ihnen ihre Taten nicht nach (vgl. Lukas 23,34).	Jesus vergab seinen Feinden und akzeptierte die Umstände als Teil von Gottes großem Plan.
Jesus war das Verhalten der Pharisäer zuwider (vgl. Matthäus 23,37-39; Lukas 19,41-44).	Jesus weinte darüber, dass diese führenden Männer von Jerusalem so viel würden leiden müssen, wenn Rom später Jerusalem zerstörte.
Judas bereitete sich darauf vor, seinen Plan, Jesus zu verraten, in die Tat umzusetzen (vgl. Matthäus 26,50; Johannes 13,3-11).	Jesus nannte Judas »Freund« und wusch ihm die Füße.

4. **Verurteilung und Ablehnung**

Welche anderen Formen von Verurteilung und Ablehnung gibt es neben den folgenden?

* falsche Annahmen über jemanden treffen, weil man ihn nicht gut kennt
* jemanden öffentlich kritisieren
* jemanden für schuldig halten, bevor man die tatsächlichen Umstände kennt
* Etwas anderes:

_____

_____

5. In Lukas 6,38 sagt Jesus, dass das, was wir geben, »zusammengepresst und gerüttelt, in einem vollen, ja überreichlichen Maß zu uns zurückfließen« wird. Stellen Sie sich vor, Sie sind jemand, der in ein Geschäft oder zu einer Mühle gegangen ist, um Mehl, Maisgrieß oder eine Backmischung zu kaufen. Sie haben einen Behälter mitgebracht, der genau (und nur das) aufnehmen kann,

was Sie sich leisten können. Mehr zu kaufen, wäre ideal, aber Sie können es nicht, weil Sie nur einen bestimmten Betrag Geld dabei haben. Der Verkäufer misst also die Menge ab und gibt sie in Ihren Behälter. Sie sind zufrieden. Dann drückt der Verkäufer den Inhalt zusammen und schüttelt den Behälter, bis keine Luft mehr darin ist. Sie freuen sich sehr! Dann füllt der Verkäufer den Behälter noch mehr, bis er überfließt und Sie das, was daneben landet, in Ihre Taschen schaufeln können. Sie haben sehr viel mehr bekommen, als Sie erbeten oder bezahlt haben. Was ist es für ein Gefühl, der Empfänger von so viel Großzügigkeit zu sein?

6. Mäuschen spielen

Stellen Sie sich die Feinde der Zuhörer in dieser Textpassage vor. Wenn Sie sich beim Lesen des Textes einen Feind vorstellen wollen, wählen Sie eines der folgenden Bilder dafür aus:

- Nehmen Sie die Perspektive der Juden ein: Stellen Sie sich die Römer, Samariter oder eine andere ausländische Nation vor.
- Nehmen Sie die Perspektive der Jünger ein: Stellen Sie sich die Pharisäer vor.
- Nehmen Sie Ihre persönliche Perspektive ein und stellen Sie sich jemanden vor, den Sie als schwierig empfinden.

Nun lesen Sie den Text noch einmal – dieses Mal laut –, schließen Sie die Augen und stellen Sie sich das Bild vor, das Sie ausgewählt haben.

Nachdenken über die Einladung

Vielleicht lädt Gott Sie mit diesem Abschnitt ein, etwas besser zu verstehen. Was könnte das sein? Lesen Sie den Abschnitt noch einmal und denken Sie dann in der Stille einige Minuten lang über die folgenden Fragen nach:

- Welches Wort oder welche Formulierung springt Ihnen ins Auge?
- Weshalb?

Weiterdenken

Vielleicht lesen Sie den Text noch einmal. Erinnern Sie sich dabei an die Einleitung. Nutzen Sie diese Zeit, um Jesus und seinen Lebensstil zu bewundern, um sich von ihm zu diesem guten und schönen Verhalten hinziehen zu lassen. Überlegen Sie dann:

- Was hat dieser Abschnitt mit Ihrem Leben zu tun?
- Gibt es einen Gedanken, ein Gefühl oder eine Absicht, die Sie daraus mitnehmen sollen?
- Fordert Gott Sie auf, etwas zu sein, zu wissen, zu verstehen, zu fühlen oder zu tun?

Seien Sie offen für die Stille und fühlen Sie sich nicht zu einer Antwort gedrängt.

 Nehmen Sie sich einige Minuten Zeit, um auf das zu antworten, was Sie von Gott gehört haben. Denken Sie daran, dass Gott mächtig ist und – wenn wir ihn darum bitten – helfen kann, einen weiteren Schritt darauf zuzugehen, zu einem Menschen zu werden, der großzügig ist und andere nicht verurteilt. Sagen Sie Gott, was Sie ihm unbedingt über Ihre Erfahrung mit diesen Bibeltexten sagen wollen.

 Lassen Sie auf sich wirken, was Ihnen in diesem Abschnitt aufgefallen ist, und überlegen Sie: Wie empfinden Sie Jesus in diesem Abschnitt? Erinnern Sie sich daran, dass Gott Sie genauso behandelt.

Nehmen Sie sich einige Minuten Zeit, um die Gedanken, die Ihnen gekommen sind, auf sich wirken zu lassen. Das kann sich in Lobpreis ausdrücken oder einfach im Ruhen in Gottes Gegenwart.

 Wenn Sie versucht sind, andere zu verurteilen, schieben Sie den Gedanken für eine Weile beiseite. Lächeln Sie stattdessen und denken Sie an das Bild, wie Sie Gnade von Gott empfangen, wie er Sie »zusammengepresst und gerüttelt, in einem vollen, ja überreichlichen Maß« damit überschüttet. Dies ist das Maß, mit dem Gott uns beschenkt. Danken wir ihm dafür!

Mitgefühl in Aktion

Lukas 7,11-17

 Atmen Sie einige Male tief ein und aus. Lassen Sie alle Ablenkungen hinter sich. Bringen Sie Ihre Gedanken zum Schweigen und öffnen Sie sich für Gott.
Wenn Sie eine Konzentrationshilfe brauchen, denken Sie über die folgende Frage nach: Was hält mich davon ab, ohne Zögern aus Mitgefühl aktiv zu werden, wenn ich jemanden sehe, der in Not ist?

 Lesen Sie den Abschnitt still für sich selbst durch. Lesen Sie dann die darunterstehenden Anmerkungen zu den wichtigsten Wörtern und Formulierungen. Überlegen Sie, welchen Einfluss diese Details darauf haben, wie Sie die Geschichte verstehen. Lesen Sie sich nun den Abschnitt langsam laut vor. Nehmen Sie sich Zeit, die Worte an Ihre Ohren dringen zu lassen.

Lukas 7,11-17

[11]Bald darauf zog Jesus mit seinen Jüngern weiter zur Stadt Nain. Eine große Menschenmenge folgte ihnen. [12]Als er sich der Stadt näherte, kam ihm ein Trauerzug entgegen. Der Tote war der einzige Sohn einer Witwe gewesen, und viele trauerten mit ihr. [13]Als der Herr sie sah, empfand er großes Mitleid mit ihr. »Weine nicht!«, sagte er. [14]Und er ging hinüber zur Bahre und berührte sie. Die Träger blieben stehen. »Ich sage dir«, sprach Jesus, »steh

auf!« [15]Da setzte sich der Verstorbene auf und fing an zu sprechen! So gab Jesus ihn seiner Mutter zurück. [16]Angst und Ehrfurcht erfassten die ganze Menge. Sie lobten Gott und sagten: »Ein mächtiger Prophet ist zu uns gekommen. Heute hat Gott sein Volk besucht.« [17]Berichte über diese Tat verbreiteten sich in ganz Judäa und bis über die Grenzen des Landes hinaus.

Bahre: Ein offener Weidenkorb, in dem ein Leichnam zum Grab getragen wurde, das normalerweise eine kleine Höhle war. Dort wurde der Leichnam auf ein Sims gelegt, bis er verwest war.[103] Dann wurden die Knochen genommen und in einem Kasten aufbewahrt, sodass das Sims für das nächste Familienmitglied frei war.[104]

»Steh auf!«: Das griechische Wort *egeirō* bedeutet »aufwecken«. Es ist eng verwandt mit dem Wort *egersis* (»Auferstehung«). Vielleicht erinnerten die Jünger sich daran, als Jesus später selbst von den Toten auferweckt wurde.

in ganz Judäa: Dieser Vorfall ereignete sich in Galiläa, doch die Nachricht davon verbreitete sich auch in ganz Judäa, das viel weiter südlich lag.

 Hilfreiche Fragen und Stichwörter, um in die Geschichte einzusteigen:

1. Kultureller Hintergrund: Das Leben einer Witwe

Der Mann, der hier gestorben war, war der einzige Sohn der Witwe. Eine Witwe ohne Söhne stand ohne Lebensunterhalt da. Vielleicht hätte ein freundlicher Verwandter sie bei sich zu Hause aufgenommen. Wenn nicht, hätte sie nur wenige realistische Möglichkeiten gehabt. Manche Witwen prostituierten sich sogar aus Verzweiflung.[105] Ihr niedriger Stand schien einer der Gründe gewesen zu sein, warum Jesus ihr völlig ohne Zögern so barmherzig begegnete. Wenn Sie an ihrer Stelle gewesen wären, was hätten Sie am meisten gefürchtet?

- Hunger
- betteln zu müssen
- alles Eigentum verkaufen zu müssen

Welche anderen Gefühle hätten Sie vielleicht noch gehabt?

2. Mäuschen spielen

Hören Sie den Lärm der Menschenmenge. Zusammen mit Jesus war eine große Menschenmenge unterwegs, und auch der Witwe folgte eine Menschenmenge. Es muss also sehr laut gewesen sein. »Lassen Sie uns zusammen in diese Geschichte eintauchen und ihre Kraft erleben. Wir gehen mit der Menschenmenge, ein paar Reihen hinter der Bahre. Es ist ein heißer, sonniger Tag in Galiläa, die Sonne spiegelt sich in den Tränen, die jedermann über die Wangen laufen. Die professionellen Klageweiber sind da und machen viel Lärm, sodass die Freunde und Angehörigen und ganz besonders die arme Mutter ihre Trauer laut herausweinen können, ohne dass es peinlich wird.«[106]

3. Entschlossenheit und Sicherheit

Jesus half, ohne zu zögern. Doch wenn er wie der Rest von uns wäre, welche Gründe könnte er gehabt haben, zu zögern oder das Wunder gar nicht zu vollbringen? (Wir würden diese Gründe vielleicht »gesunden Menschenverstand« nennen.)

- Er wollte unter dem Radar bleiben, da die Pharisäer und Anhänger des Herodes sich zusammengetan hatten, um ihn zu vernichten (vgl. Markus 3,6).
- Eine Beerdigung zu stören, ist unhöflich.
- Die Totenbahre (geschweige denn den Leichnam) zu berühren, hätte Jesus rituell unrein gemacht, sodass er vorübergehend nicht hätte predigen können.
- Andere Gründe:

4. Was meinen Sie, was hilft Menschen dabei, ohne Zögern aus Mitgefühl aktiv zu werden?

- wenn ihnen Gott und die Dinge, die ihm am Herzen liegen, wichtig sind
- andere wirklich in ihrer Situation zu sehen und Mitgefühl mit ihnen zu haben
- Etwas anderes:

---

5. **Mäuschen spielen**
Stellen Sie sich die Stadt Nain vor. Nain lag nur etwa acht Kilometer von Nazareth entfernt, und so hörten die Bewohner Nazareths sicher bald von diesem Vorfall. Sie waren vor einiger Zeit so wütend über eine Predigt von Jesus gewesen, dass sie »ihn hinaus an einen steilen Abhang des Berges trieben, auf dem die Stadt erbaut war. Sie wollten ihn hinunterstürzen« (Lukas 4,29). Jesus tat danach noch viele Wunder in dieser Gegend, doch selbst als er nach Nazareth zurückkehrte, konnte er »dort nur wenige Wunder tun, weil sie nicht glaubten« (Matthäus 13,58). Da kann man sich fragen, was die Bewohner von Nazareth dachten, als Jesus nun einige Monate später nur wenige Kilometer entfernt jemanden wieder zum Leben erweckte. Zweifellos war dieses Ereignis Stadtgespräch! Hat es die Bewohner von Nazareth beeindruckt? Was meinen Sie?

6. Stellen Sie sich vor, Sie seien eine der Personen im Text und versuchen zu verstehen, was geschehen ist.

- die Witwe, die sieht, wie ihr Sohn von den Toten zurückkehrt
- einer der Bahrenträger, der sich ganz in der Nähe von Jesus befand, als er dieses Wunder tat

- die Jünger, die sahen, wie Jesus in diese Beerdigung hineinmarschierte und ein Wunder tat
- jemand in der Menschenmenge, der in Nain wohnte oder aus Nazareth zu Besuch war

- Jemand anderes:

_____

_____

Nachdenken über die Einladung

Lesen Sie den Abschnitt noch einmal laut. Stellen Sie sich die Szene bildlich vor. Hören Sie die Worte deutlich mit Ihrem »inneren Ohr«.

- Welcher Augenblick in der Geschichte, welche Handlung oder Formulierung fällt Ihnen dabei auf?
- Wie entwickelt sich die Handlung? Was sehen Sie? Welche Gedanken und Gefühle ruft das in Ihnen hervor?
- Warum hat Gott vielleicht ausgerechnet diesen Augenblick, dieses Wort oder diese Formulierung für Sie hervorgehoben?

Weiterdenken

- Was hat dieser Text mit Ihrem Leben zu tun?
- Gibt es einen Gedanken, ein Gefühl oder eine Absicht, die Sie daraus mitnehmen sollen?
- Fordert Gott Sie dazu auf, etwas zu sein, zu wissen, zu verstehen, zu fühlen oder sogar zu tun?

Seien Sie offen für die Stille und fühlen Sie sich nicht zu einer Antwort gedrängt.

 Nehmen Sie sich einige Minuten Zeit, um im Gebet auf Ihre Erfahrung mit dem Text zu antworten. Was möchten Sie Jesus unbedingt dazu sagen?

 Lassen Sie auf sich wirken, was Ihnen in diesem Abschnitt aufgefallen ist, und überlegen Sie: Welchen Eindruck haben Sie von Jesus, seinem Handeln oder seinen Gefühlen in diesem Abschnitt? Was erfahren Sie dadurch über Gott?

Nehmen Sie sich einige Minuten Zeit, um die Anbetung nachzuempfinden, die sich in Nain breitmachte: »Angst und Ehrfurcht erfassten die ganze Menge. Sie lobten Gott und sagten: ›Ein mächtiger Prophet ist zu uns gekommen. Heute hat Gott sein Volk besucht‹« (Lukas 7,16). »Allen wurde bewusst, dass sie sich an einem Ort eines heiligen Geheimnisses befanden, dass Gott unter ihnen wirkte«(Lukas 7,16 MES).

 Bitten Sie Gott um eine Gelegenheit, jemandem ohne Zögern oder Angst zu helfen.

Teil 8

Mit Gott zusammen sein Reich bauen

In Gottes Kraft leben und handeln

Epheser 3,14-21

 Kommen Sie ganz zu sich, indem Sie tief ein- und ausatmen. Lockern Sie Ihren Nacken und nehmen Sie sich Zeit, auch alle anderen Muskeln zu entspannen. Wenn Sie eine Konzentrationshilfe brauchen, denken Sie über folgende Frage nach: Kennen Sie in Ihrem Umfeld jemanden, der dauerhaft echte geistliche Kraft hat? Warum sind Sie dieser Ansicht? Oder wenn Sie niemanden mit geistlicher Kraft kennen, was denken Sie, wie das aussehen könnte?

Während Sie zur Ruhe kommen, legen Sie die Hände mit den Handflächen nach unten in den Schoß als Symbol dafür, dass Sie alle Sorgen abgeben. Wenn ein hartnäckiger Gedanke auftaucht, drehen Sie die Handflächen nach oben als »Symbol dafür, dass Sie nun etwas vom Herrn empfangen möchten« [107]. Wenn Sie während der Meditation abgelenkt werden, wiederholen Sie die Übung.

 Lesen Sie den Abschnitt still für sich selbst durch. Lesen Sie dann die darunterstehenden Anmerkungen zu den wichtigsten Wörtern und Formulierungen. Überlegen Sie, welchen Einfluss diese Details darauf haben, wie Sie die Geschichte verstehen. Lesen Sie sich nun den Abschnitt langsam laut vor. Nehmen Sie sich Zeit, die Worte an Ihre Ohren dringen zu lassen.

Epheser 3,14-21 (NGÜ)

[14]Noch einmal: Wenn ich mir das alles vor Augen halte, kann ich nicht anders, als anbetend vor dem Vater niederzuknien. [15]Er, dem jede Familie im Himmel und auf der Erde ihr Dasein verdankt [16]und der unerschöpflich reich ist an Macht und Herrlichkeit, gebe euch durch seinen Geist innere Kraft und Stärke. [17]Es ist mein Gebet, dass Christus aufgrund des Glaubens in euren Herzen wohnt und dass euer Leben in der Liebe verwurzelt und auf das Fundament der Liebe gegründet ist. [18]Das wird euch dazu befähigen, zusammen mit allen anderen, die zu Gottes heiligem Volk gehören, die Liebe Christi in allen ihren Dimensionen zu erfassen – in ihrer Breite, in ihrer Länge, in ihrer Höhe und in ihrer Tiefe. [19]Ja, ich bete darum, dass ihr seine Liebe versteht, die doch weit über alles Verstehen hinausreicht, und dass ihr auf diese Weise mehr und mehr mit der ganzen Fülle des Lebens erfüllt werdet, das bei Gott zu finden ist.

[20]Ihm, der mit seiner unerschöpflichen Kraft in uns am Werk ist und unendlich viel mehr zu tun vermag, als wir erbitten oder begreifen können, [21]ihm gebührt durch Jesus Christus die Ehre in der Gemeinde von Generation zu Generation und für immer und ewig. Amen.

---

noch einmal (auch »aus diesem Grund«): Paulus hat kurz zuvor von Gottes Plan geschrieben, eine weltweite Gemeinschaft und himmlische Familie aufzubauen, nämlich die Gemeinde. Paulus scheint angesichts dieses Plans so viel Ehrfurcht zu empfinden, dass er niederkniet und betet.

Ehre (oder »Herrlichkeit«): Die Manifestation von Gottes Güte, Schönheit, Macht und Wahrheit.

 Hilfreiche Fragen und Stichwörter zum Text:

1. Unterstreichen Sie in dem Text das Wort Liebe. Es kommt drei Mal vor. Kreisen Sie die Worte Kraft und Macht ein, die insgesamt ebenfalls an drei Stellen vorkommen. Was an der Liebe

in diesem Abschnitt fasziniert Sie am meisten? Und was an der Kraft/Macht?

2. Wenn Paulus in Ihrer Gemeinde wäre: Versuchen Sie, einige von Paulus' hochtrabenden Sätzen umzuschreiben und in Alltagssprache zu formulieren, die den Menschen in Ihrer Gemeinde vielleicht etwas näher ist. Vielleicht geht dadurch die Schönheit und Majestät dieses Textes etwas verloren, aber es hilft Ihnen vielleicht auch, den Text etwas besser zu verstehen.

Elberfelder Übersetzung	Neue Genfer Übersetzung	Neues-Leben-Bibel	eigene Formulierung
nach dem Reichtum seiner Herrlichkeit	der unerschöpflich reich ist an Macht und Herrlichkeit	aus seinem großen Reichtum	
mit Kraft gestärkt zu werden durch seinen Geist an dem inneren Menschen	gebe euch durch seinen Geist innere Kraft und Stärke.	Kraft gibt, durch seinen Geist innerlich stark zu werden	
dass der Christus durch den Glauben in euren Herzen wohne	Christus aufgrund des Glaubens in euren Herzen wohnt	dass Christus durch den Glauben immer mehr in euren Herzen wohnt	
in Liebe gewurzelt und gegründet	dass euer Leben in der Liebe verwurzelt und auf das Fundament der Liebe gegründet ist	in der Liebe Gottes fest verwurzelt und gegründet	
damit ihr imstande seid, mit allen Heiligen völlig zu erfassen, was die Breite und Länge und Höhe und Tiefe ist	das wird euch dazu befähigen, zusammen mit allen anderen, die zu Gottes heiligem Volk gehören, die Liebe Christi in allen ihren Dimensionen zu erfassen – in ihrer Breite, in ihrer Länge, in ihrer Höhe und in ihrer Tiefe.	so könnt ihr mit allen Gläubigen das ganze Ausmaß seiner Liebe erkennen	

und zu erkennen die die Erkenntnis übersteigende Liebe des Christus	ich bete darum, dass ihr seine Liebe versteht, die doch weit über alles Verstehen hinausreicht	und ihr könnt auch die Liebe erkennen, die Christus zu uns hat; eine Liebe, die größer ist, als ihr je begreifen werdet	
damit ihr erfüllt werdet zur ganzen Fülle Gottes	und dass ihr auf diese Weise mehr und mehr mit der ganzen Fülle des Lebens erfüllt werdet, das bei Gott zu finden ist	dadurch wird euch der Reichtum Gottes immer mehr erfüllen	

3. Gebet und Studium

Paulus' Briefe sind angefüllt mit Anweisungen zur Lehre und wie man über Gott denken soll. Doch seine Anweisungen fließen in die vielen Gebete ein, die ebenfalls zu den Briefen gehören. »Die vielleicht beste christliche Lehre ist die, die aus dem Gebetsleben entsteht. Besser so herum als eine trockene intellektuelle Erkundung, gepaart mit einigen oberflächlichen Akten der Anbetung.«[108] Warum ist es für uns so wichtig, unser Bibelstudium mit Gebet und unser Gebet mit Bibelstudium zu verbinden?

4. Geistliche Vollmacht

Die »auf den Kopf gestellten« Werte in Gottes Reich (zum Beispiel dass die Letzten die Ersten und die Ersten die Letzten sein werden) bedeuten, dass die Art und Weise, wie die Welt Dinge betrachtet, sich komplett von der Sichtweise unterscheidet, die in Gottes Reich herrscht. Im Folgenden finden Sie einen Überblick darüber, wie die Welt wahrscheinlich die Dinge sieht; die Amtsmacht stellt dabei die höchste Form der Macht dar.

1. Amtsmacht	Andere hören auf Sie, weil Sie einen Posten, eine Rolle, ein Amt oder einen Titel innehaben. Es kann sein, dass sie Sie tatsächlich respektieren (oder auch nicht), aber sie müssen sich Ihnen unterordnen.
2. Expertenmacht	Andere hören auf Sie, weil Sie eine Menge über ein bestimmtes Thema wissen. Wenn Sie aufhören, Informationen zu liefern, kann es sein, dass die anderen aufhören, auf Sie zu hören.
3. Beziehungsmacht	Andere hören auf Sie, weil sie Sie als Person und ihre Beziehung zu Ihnen wertschätzen. Sie kennen Sie und Ihren Charakter.
4. Geistliche Macht	Andere hören auf Sie, weil sie merken, dass Sie Gott kennen. Sie haben das Gefühl, dass Gott durch Sie zu ihnen spricht. Dies ist die stärkste Art von Macht oder Vollmacht. Niemand *muss auf Sie hören, Sie respektieren oder befolgen, was Sie sagen. Die anderen tun es, weil sie Gott in Ihnen sehen.*

Die genannten Arten von Macht sind nicht exklusiv. Vielleicht kennen Sie Menschen, die alle vier besitzen. Wie werden diese vier Arten von Macht wohl in Gottes Reich bewertet?

5. Was sind die Zeichen dafür, dass ein Mensch geistliche Vollmacht hat? Dieser Mensch:

- vertraut Gott stärker in Situationen, die ihn früher beunruhigt haben
- liebt andere Menschen (statt sie nur zu tolerieren)
- ist sich dessen bewusst, dass Gott an ihm arbeitet; selbst wenn das Leben nur mittelmäßig erscheint, bewirkt Gott aufregende Dinge in ihm
- Etwas anderes:

_____

_____

6. Nach Vollmacht zu streben, ist etwas anderes als einen Posten anzustreben. Dieses Gebet drängt uns, geistliche Vollmacht zu suchen. An anderen Stellen warnt die Bibel uns davor, nach hohen Posten zu streben, zum Beispiel nach dem wichtigen Platz am

Tisch. Wir sollen nicht die Bewunderung der anderen suchen oder versuchen, Macht auszuüben (vgl. Matthäus 23,6). Der niedrigste Platz ist in Ordnung (vgl. Lukas 14,8-11). Eine Machtposition innezuhaben ist nicht falsch, aber es ist falsch, unser Herz daran zu hängen. Wenn wir auf wichtige Posten hoffen, leidet darunter unsere einfache Aufgabe, Gott heute zu folgen und heute unser Leben in Gottes Reich zu führen. Die Zufriedenheit geht verloren. Wie geht es Ihnen bei dem Gedanken, dass Gott Ihnen geistliche Vollmacht gibt?

- Weiß ich nicht.
- Dafür bin ich nicht bereit.
- Es wäre gut, wenn ich auch den entsprechenden guten Charakter hätte.
- Ich sehne mich danach, dass Gott mich mehr gebraucht.
- Etwas anderes:

_____

_____

Nachdenken über die Einladung
Lesen Sie den Abschnitt noch einmal durch und denken Sie dann in der Stille einige Minuten lang über die folgenden Fragen nach:

- Welches Wort oder welche Formulierung springt Ihnen ins Auge?
- Weshalb?

Weiterdenken
Vielleicht lesen Sie den Text noch einmal. Erinnern Sie sich dabei an die Einleitung. Nutzen Sie diese Zeit, um Jesus und wie er lebte zu bewundern, um sich von ihm zu diesem guten und schönen Verhalten hinziehen zu lassen. Überlegen Sie dann:

- Was hat dieser Abschnitt mit Ihrem Leben zu tun?
- Gibt es einen Gedanken, ein Gefühl oder eine Absicht, die Sie daraus mitnehmen sollen?
- Fordert Gott Sie auf, etwas zu sein, zu wissen, zu verstehen, zu fühlen oder zu tun?

Seien Sie offen für die Stille und fühlen Sie sich nicht zu einer Antwort gedrängt.

 Nehmen Sie sich einige Minuten Zeit, um Gott im Gebet auf das zu antworten, was Ihnen aufgegangen ist. Was möchten Sie ihm unbedingt über Ihre Erfahrung mit dem Text sagen? Vielleicht möchten Sie mit ihm über Lasten sprechen, die offensichtlich oder verborgen sind, körperlich oder mental.

Vielleicht möchten Sie Gott auch Fragen stellen, auf die er Ihnen vielleicht erst später Antworten gibt. Wenn Sie möchten, schreiben Sie Ihr Gebet auf. Manchmal verhindert das, dass die Gedanken abschweifen.

 Lassen Sie auf sich wirken, was Ihnen in diesem Abschnitt aufgefallen ist, und überlegen Sie: Wie können Sie in Gottes Herrlichkeit ruhen – in Gottes Güte, Schönheit, Macht und Wahrheit – so, wie sie sich Ihnen zeigt?

Nehmen Sie sich einige Minuten Zeit, um die Gedanken, die Ihnen gekommen sind, auf sich wirken zu lassen. Das kann sich in Lobpreis ausdrücken oder einfach im Ruhen in Gottes Gegenwart.

 Beten Sie das Gebet aus dem Bibeltext über mehrere Tage hinweg; zuerst für sich selbst und dann für andere, besonders für jemanden, für den Sie sich geistliche Vollmacht wünschen.

EINHEIT 37

Die Leidenschaft, die Gott uns ins Herz legt

Nehemia 1–2

 Kommen Sie ganz zu sich, indem Sie ruhig ein- und ausatmen. Entspannen Sie Ihren Nacken und atmen Sie nochmals tief aus. Lassen Sie die Schultern locker. Falls Sie eine Konzentrationshilfe brauchen, denken Sie an jemanden, den Sie bewundern und der die Leidenschaft hat, etwas in der Welt zu verändern.

 Lesen Sie den Abschnitt still für sich selbst durch. Lesen Sie dann die darunterstehenden Anmerkungen zu den wichtigsten Wörtern und Formulierungen. Überlegen Sie, welchen Einfluss diese Details darauf haben, wie Sie die Geschichte verstehen. Lesen Sie sich nun den Abschnitt langsam laut vor. Nehmen Sie sich Zeit, die Worte an Ihre Ohren dringen zu lassen.

Nehemia 1,2–4 und 6 und 11/2,2–4 und 8; 11–12 und 15; 17–18

^{1,1}Da bekam ich Besuch von Hanani, einem meiner Brüder, und einigen Männern aus Juda. Ich erkundigte mich nach den Juden, welche die Gefangenschaft überlebt

hatten, und fragte nach Jerusalem. [3]Sie antworteten mir: »Die Leute, die in die Provinz Juda zurückgekehrt sind, leben in großer Not und Bedrängnis. Die Stadtmauer von Jerusalem liegt noch in Trümmern und die Stadttore sind verbrannt.« [4]Als ich das hörte, setzte ich mich nieder und weinte. Tagelang trauerte ich, fastete und betete zu dem Gott des Himmels.

[6]Tag und Nacht bitte ich dich für die Israeliten, deine Diener, und bekenne dir ihre Sünden, mit denen wir gegen dich schuldig geworden sind. Auch meine Familie und ich haben gesündigt!

[11]Ich war Mundschenk des Königs.

[2,2]Da sprach der König zu mir: »Warum siehst du so traurig aus? Du bist doch nicht krank? Dann kann dies nur bedeuten, dass du Kummer in deinem Herzen hast!« Ich erschrak zutiefst [3]und erwiderte dem König: »Lang lebe der König! Aber warum sollte ich nicht traurig sein? Die Stadt, in der meine Vorfahren begraben sind, liegt in Trümmern und ihre Tore wurden verbrannt.«

[4]Da fragte mich der König: »Was erbittest du von mir?« Ich flehte zu dem Gott des Himmels ...

[8]Und weil die gütige Hand meines Gottes über mir war, gewährte mir der König meine Bitte.

[11]Als ich nach Jerusalem kam und drei Tage dort gewesen war, [12]machte ich mich nachts auf mit ein paar Männern. Ich hatte noch niemandem davon erzählt, was Gott mir als Plan für Jerusalem ins Herz gegeben hatte.

[15]So ging ich zu Fuß bei Nacht das Bachtal hinauf und begutachtete die Mauer ...

[17]Jetzt sagte ich zu ihnen: »Ihr seht das Elend, in dem wir uns befinden: Jerusalem ist verwüstet und seine Tore sind niedergebrannt. Kommt, lasst uns die Stadtmauer Jerusalems wieder aufbauen, damit wir nicht länger ein Gespött sind!« [18]Und ich erzählte ihnen, wie Gott seine gütige Hand über mich gehalten hatte, und auch, was der König zu mir gesagt hatte. Darauf antworteten sie mir: »Wir wollen anfangen und bauen!« Und sie machten sich an das gute Werk.

Juden, welche die Gefangenschaft überlebt hatten: In Israels Geschichte hatte Gott das Volk immer wieder gewarnt, dass es von einer anderen Nation gefangen genommen werden würde, wenn sie weiterhin ein so böses Leben führten und fremde Götter anbeteten. Das Südreich Juda wurde 586 v.Chr. von Babylonien ins Exil verschleppt. Einige wenige Israeliten wurden zurückgelassen. Seitdem war Babylon von Kyrus, dem König von Persien, erobert worden, an dessen Hof Nehemia nun diente.

... die in die Provinz Juda zurückgekehrt sind: Nach 70 Jahren waren zwei Wellen von Gefangenen zurückgekehrt, angeführt von Serubbabel und Esra.

verbrannt: Die Babylonier hatten Jerusalem belagert und niedergebrannt. Eine kleine Gruppe hatte inzwischen versucht, die Stadtmauer wieder aufzubauen, doch die benachbarten Samariter hatten sie daran gehindert.

... setzte ich mich nieder und weinte: Nehemia lebte im Exil in Persien, weit entfernt von seiner jüdischen Heimat. Jerusalems Wohlergehen lag ihm am Herzen, und die Liebe zu seinem Heimatland ist in diesem Buch überall deutlich zu erkennen.

Mundschenk: Diese Position war so ähnlich wie der Secret Service, der den US-Präsidenten beschützt. Nehemia probierte die Speisen und Getränke, die dem König vorgesetzt wurden, um Mordanschläge zu vereiteln. Er musste vollkommen vertrauenswürdig und unbestechlich sein.

der König: König Artaxerxes I von Persien (vgl. Nehemia 2,1)

erschrak: Ganz gleich, wie vertraut Diener mit dem König waren, sie belasteten ihn nicht mit ihren Problemen, und sie äußerten auch keine kühnen Bitten oder unternahmen Dinge in Sachen, die ihr Herr bereits verboten hatte (vgl. Esra 4,17–22).

... flehte zu dem Gott des Himmels: Im ganzen Buch sehen wir immer wieder, wie Nehemia in allen möglichen Situation betet.

meine Bitte: Nehemia erbat »Sonderurlaub« für sich, Briefe an die Statthalter anderer Provinzen für eine sichere Reise durch ihr Territorium, und einen Brief zum Anfordern von Bauholz. Der König schickte außerdem Armeeoffiziere und Reiter mit, um Nehemia zu beschützen.

 Hilfreiche Fragen und Stichwörter,
um in die Geschichte einzusteigen:

1. **Nehemia, der jüdische Politiker aus Persien**
Nehemia hatte sein ganzes Leben in Babylon oder in Susa, der Hauptstadt von Persien, verbracht. Er hatte einen wichtigen, sehr angesehenen Posten in der persischen Regierung. Dennoch bedeutete ihm sein jüdisches Heimatland sehr viel, sodass es leicht für Gott war, ihm das Wohlergehen von Jerusalem aufs Herz zu legen. Welche Menschen oder welche Gruppe von Menschen erleben Leid und bei welchen von ihnen bricht Ihnen das Herz, wenn Sie an sie denken, selbst wenn sie räumlich weit entfernt sind? In welchem Bereich Ihres Lebens empfinden Sie sich wie eine Art Vertriebener, entfremdet von Ihrer eigenen Persönlichkeit und dem Ziel, das Gott für Sie hat?

2. **Nehemia, der Leiter**
Nehemia hörte auf das, »was Gott ihm als Plan für Jerusalem ins Herz gegeben hatte« (Nehemia 2,12). Diese starke Zielstrebigkeit zeigt sich an den folgenden Punkten:

- Er weinte über sein Heimatland.
- Er inspizierte nachts die Stadtmauer.
- Er betonte Gottes »gütige Hand« (Nehemia 2,8.18).
- Er überzeugte die Stadtoberhäupter mit schlagkräftigen Argumenten.

Worin unterscheiden sich die ersten zwei Punkte von nutzlosem Grübeln?

3. Nehemias Leidenschaft zeigte sich darin, wie er weinte, betete und seinen Plan ausführte. Wie tragen die folgenden Punkte, die Nehemia erlebte und tat, dazu bei, bei Menschen Leidenschaft aufzubauen?

- die Not von anderen erleben und ihnen konkret helfen
- um Gottes Weisheit und Einsicht bitten
- einen Mangel an Treue in der Vergangenheit bekennen
- eine Aufgabe ausführen, selbst wenn sie unbedeutend ist, um in der Notlage zu helfen

4. Mäuschen spielen

Stellen Sie sich Nehemias Leben in Persien vor. Weil Nehemia einen wichtigen Posten innehatte, führte er wahrscheinlich ein Leben im Wohlstand und hatte Assistenten, die ihm dienten. Wahrscheinlich arbeitete und lebte er in den beiden Palästen von König Artaxerxes I. Neben dem Sommerpalast in Susa hatte der Winterpalast in Persepolis eine flache Terrasse mit 72 großen Säulen, an deren oberem Ende sich Schnitzereien von Stieren und gehörnten Löwen befanden. Der Palast und die Stadt waren von drei verschiedenen Mauern umgeben, in die kunstvolle Figuren eingehauen waren und die von zahlreichen Wachtürmen geschützt wurden.[109] Wie fühlte sich Nehemia wohl in dem unzivilisierten westlichen Außenposten Jerusalem mit seinen Stadtmauerruinen?

Vielleicht können Sie sich einmal folgende Szenen bildlich vorstellen:

- Weinen um die Heimat: Stellen Sie sich vor, wie Nehemia die Juden konkret nach dem Ergehen der Menschen in Jerusalem fragt und danach, wie die Stadt aussieht.
- Gespräch mit dem König (vier Monate später): Stellen Sie sich Nehemias Angst vor, als er persönliche und politische Zurückweisung riskierte.
- Inspektion der Stadtmauer: Stellen Sie sich Nehemia vor, wie er bei Nacht mit nur wenigen Männern hinausgeht, um sich ein Bild von dem Schaden zu machen.
- Präsentation der Vision vor den Stadtoberhäuptern Jerusalems: Der König von Persien unterstützte diese Idee – das war ein Wun-

der! Doch die Menschen in Jerusalem hatten die Hoffnung verloren. Wie sahen die Oberhäupter dieser abgelegenen Provinz Nehemia, der sich vielleicht mehr wie ein Perser als wie ein Jude benahm? Hatten sie vor dem Zustand der zerstörten Stadtmauer resigniert? Ein Wiederaufbauversuch war bereits gescheitert, also dachten sie vielleicht: »Was denkt dieser Nehemia, wer er ist? Warum sollte er sich darum scheren?« Lehnten sie ihn als Repräsentanten einer repressiven Weltmacht ab?

Nachdenken über die Einladung
Lesen Sie den Abschnitt noch einmal laut. Stellen Sie sich die Szene bildlich vor. Hören Sie die Worte deutlich mit Ihrem »inneren Ohr«.

- Welcher Augenblick in der Geschichte, welche Handlung oder Formulierung fällt Ihnen dabei auf?
- Wie entwickelt sich die Handlung? Was sehen Sie? Welche Gedanken und Gefühle ruft das in Ihnen hervor?
- Warum hat Gott vielleicht ausgerechnet diesen Augenblick, dieses Wort oder diese Formulierung für Sie hervorgehoben?

Weiterdenken
- Was hat dieser Text mit Ihrem Leben zu tun?
- Gibt es einen Gedanken, ein Gefühl oder eine Absicht, die Sie daraus mitnehmen sollen?
- Fordert Gott Sie auf, etwas zu sein, zu wissen, zu verstehen, zu fühlen oder sogar zu tun?

Seien Sie offen für die Stille und fühlen Sie sich nicht zu einer Antwort gedrängt.

 Nehmen Sie sich einige Minuten Zeit, um Gott darauf zu antworten. Was möchten Sie ihm über Ihre Erfahrung mit diesem Text unbedingt erzählen?

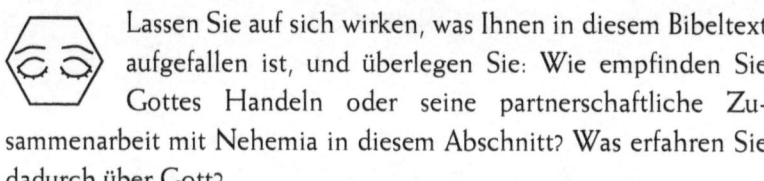 Lassen Sie auf sich wirken, was Ihnen in diesem Bibeltext aufgefallen ist, und überlegen Sie: Wie empfinden Sie Gottes Handeln oder seine partnerschaftliche Zusammenarbeit mit Nehemia in diesem Abschnitt? Was erfahren Sie dadurch über Gott?

Nehmen Sie sich einige Minuten Zeit, die Gedanken wahrzunehmen, die Ihnen gekommen sind. Das kann sich in Lobpreis ausdrücken oder einfach im Ruhen in Gottes Gegenwart.

 Denken Sie über folgende Frage nach: Was bricht Ihnen das Herz, was Gott ebenfalls das Herz bricht? Fragen Sie Gott, was ein nächster Schritt sein könnte.

Gott im Scheitern erleben

Matthäus 14,22-33

Kommen Sie ganz zu sich, indem Sie ruhig ein- und ausatmen. Entspannen Sie Ihren Nacken und atmen Sie tief nochmals aus. Lassen Sie die Schultern locker.
Wenn Sie eine Konzentrationshilfe brauchen, denken Sie über folgende Frage nach: Was meinen Sie, wie Gott Versagen sieht?

Lesen Sie den Abschnitt still für sich selbst durch. Lesen Sie dann die darunterstehenden Anmerkungen zu den wichtigsten Wörtern und Formulierungen. Überlegen Sie, welchen Einfluss diese Details darauf haben, wie Sie die Geschichte verstehen. Lesen Sie sich nun den Abschnitt langsam laut vor. Nehmen Sie sich Zeit, die Worte an Ihre Ohren dringen zu lassen.

Matthäus 14,22-33

²²Sofort danach schickte Jesus seine Jünger zum Boot zurück und befahl ihnen, ans andere Ufer überzusetzen, während er die Menschen nach Hause entließ. ²³Dann stieg er allein in die Berge hinauf, um dort zu beten. Als es dunkel wurde, war er immer noch allein dort oben. ²⁴In der Zwischenzeit gerieten die Jünger weit weg vom Ufer in Seenot, denn ein starker Wind war aufgekommen, und sie hatten gegen hohe Wellen anzukämpfen.

²⁵Gegen drei Uhr morgens kam Jesus über das Wasser zu ihnen. ²⁶Als ihn die Jünger sahen, schrien sie entsetzt auf, denn sie hielten ihn für einen Geist.

²⁷Doch Jesus sprach sie sogleich an: »Es ist gut«, sagte er. »Ich bin es! Habt keine Angst.«

²⁸Da rief Petrus ihm zu: »Herr, wenn du es wirklich bist, befiehl mir, auf dem Wasser zu dir zu kommen.«

²⁹»Dann komm«, sagte Jesus.

Und Petrus stieg aus dem Boot und ging über das Wasser, Jesus entgegen. ³⁰Als er sich aber umsah und die hohen Wellen erblickte, bekam er Angst und begann zu versinken. »Herr, rette mich!«, schrie er.

³¹Sofort streckte Jesus ihm die Hand hin und hielt ihn fest. »Du hast nicht viel Glauben«, sagte Jesus. »Warum hast du gezweifelt?«

³²Als sie schließlich zurück ins Boot stiegen, legte sich der Wind. ³³Da beteten ihn die Jünger an. »Du bist wirklich der Sohn Gottes!«, riefen sie.

---

sofort: Jesus hatte gerade 5000 Männer und ihre Familien mit Nahrung versorgt. Die Jünger waren offenbar verblüfft und wussten nicht genau, wie das geschehen war. Als Jesus bewusst wurde, dass das Volk ihn mit Gewalt zum König machen wollte, schickte er die Jünger in einem Boot fort und zog sich selbst in die Berge zurück (vgl. Johannes 6,15).

Habt keine Angst: N.T. Wright geht davon aus, dass die Jünger zwischen Triumph und Entsetzen gefangen waren, als sie Jesus auf dem See gehen sahen.¹¹⁰

 Hilfreiche Fragen und Stichwörter, um in die Geschichte einzusteigen:

1. Mäuschen spielen

Stellen Sie sich vor, wie Jesus über den See zu Ihnen kommt. In dem Wind, Regen und heftigen Seegang hatten die Jünger sicher Schwierigkeiten, die geisterhafte Figur von Jesus zu erkennen, die über den See zu ihnen kam (vgl. Johannes 6,18).

2. Mäuschen spielen

Stellen Sie sich die Jünger vor. Obwohl einige der Jünger professionelle Fischer waren, waren die Umstände eine Herausforderung und sicher auch beängstigend. Wahrscheinlich schwitzten die Jünger, weil sie so kräftig rudern mussten, aber es war in Wind und Wellen auch kalt. Versetzen Sie sich in die Lage der Jünger, die in dem aufgewühlten Wasser an den Rudern saßen und den heulenden Wind hörten. Was sahen oder hörten sie? Was berührten sie? Waren ihre Hände blutig? Wie fühlten sie sich körperlich? Was empfanden sie?

- Schrecken
- Müdigkeit
- Verzweiflung
- Etwas anderes:

_____

_____

3. Jesu Beweggründe

Was meinen Sie, weshalb Jesus in jener Nacht auf dem Wasser ging?

- Jesus war ein mitfühlender Mensch und seine Wunder waren sehr persönlich. Er hätte den Sturm auch vom Ufer aus stillen können, doch er kam dorthin, wo seine Jünger waren, um ihnen zu helfen.[111]
- Jesus war ihnen immer nahe und wollte, dass sie sich dessen bewusst sind. Es ist wie bei seinem unerwarteten Erscheinen nach der Auferstehung zu verschiedenen Gelegenheiten. Wie Leslie Weatherhead schreibt, versuchte Jesus vielleicht, »ihnen das Gefühl zu vermitteln, dass er nie weit weg ist. Er scheint zwar nicht da zu sein, doch dann dringt er plötzlich in die Situation ein, weiß

immer, was geschieht, nimmt immer die Zügel in die Hand, bis sie nicht mehr wissen, wann sie sich seiner Anwesenheit überhaupt bewusst werden. Bestimmt drehten sie sich oft um, wenn sich eine Tür öffnete, und erwarteten, ihn selbst zu sehen. Sie hielten mitten im Satz inne, weil sie sich daran erinnerten, dass er nicht weit weg sein konnte. Sie spüren, dass er nie abwesend ist.«[112]

♦ Etwas anderes:

_____

_____

4. Personen im Text: Ehrenrettung für Petrus

Oft gehen wir hart mit Petrus ins Gericht, doch er ist der einzige Jünger, der auf dem Wasser ging. Petrus sah, was sein Herr tat, und wollte es auch tun. »Wen hätten Sie lieber zum Freund: Jemanden, der tut, was richtig zu sein scheint, und sich später darüber den Kopf zerbricht, oder jemanden, der so viel Zeit zum Nachdenken braucht, dass es Wochen dauert, bis er irgendetwas fertig bekommt?«[113]

5. »Du hast nicht viel Glauben.« Manche Menschen nehmen an, dass Jesu Frage »Du hast nicht viel Glauben. Warum hast du gezweifelt?« eine abwertende Bemerkung sei und vielleicht sogar ein wenig tadelnd gemeint war. »Du hast nicht viel Glauben« ist ein griechisches Wort, *oligopistos*, das »kleiner Glaube« bedeutet. Offenbar ist es ein Wort, das Jesus erfunden hat, eine Art Spitzname für seine Jünger, wenn er wollte, dass sie nicht so klein denken.[114] Jedes Mal, wenn er es gebrauchte, forderte er sie auf, etwas zu tun, das die meisten Menschen nicht tun oder das schwer zu glauben war. Beispielsweise forderte er sie auf:

- sich keine Sorgen zu machen, wo die Nahrung für morgen herkommen sollte (vgl. Matthäus 6,30)
- nicht überrascht zu sein, dass er mit dem Wind sprechen und ihn stillen konnte (vgl. Matthäus 8,26)
- nicht überrascht zu sein, dass ein Mensch auf dem Wasser gehen kann (vgl. Matthäus 14,31)
- nicht besorgt zu sein, wenn es Essenszeit ist, aber kein Essen da ist (vgl. Matthäus 16,8)
- einen tobenden Dämonen aus dem Körper eines schwerbehinderten Jungen auszutreiben (vgl. Matthäus 17,14-21)

In Wahrheit sind wir alle oligopistos. Denken Sie, Jesus war ein Mensch, der verärgert war, wenn andere nicht voll übermenschlichen Glaubens waren?

6. Wenn Jesus stattdessen im Umgang mit den Jüngern geduldig, gütig und nicht leicht zu verärgern war (vgl. 1. Korinther 13,4-5), und sie dennoch herausforderte, wie war wohl sein Gesichtsausdruck, als er die Hand ausstreckte, um Petrus festzuhalten?

- Er verdrehte entnervt die Augen.
- enttäuscht, dass Petrus gefallen war
- besorgt um Petrus' Wohlergehen
- Er lächelte, um Petrus zu versichern, dass er nicht ertrinken würde.
- Etwas anderes:

_____

_____

7. **Jesus als Lehrer**
   Jesus reagierte schnell: Er streckte sofort die Hand aus, um Petrus aufzufangen. Als Petrus' Lehrer reagierte Jesus auf seinen Schüler,

der sich mit ihm auf die gefährlichen Wellen hinauswagte. Die meisten Lehrer freuen sich über die Eskapaden ihrer abenteuerlustigsten Schüler. Vielleicht war Jesus ein Lehrer, der seinen Jüngern oft die Möglichkeit gab zu experimentieren (vgl. Lukas 9,1-6). Oft rettete er sie, wenn sie noch nicht den erstaunlichen Glauben hatten (vgl. Markus 9,14-21), den sie später haben würden. In diesem Fall ließ Jesus Petrus besonders viel Spielraum und gab ihm Gelegenheit, sein eigenes unglaubliches Verhalten zu imitieren. Nach Petrus' kurzem Erfolg und Versagen rief er klugerweise nach Jesus, der in Reichweite war, wie ein guter Lehrer es sein sollte. Ein guter Lehrer sagt oft: »Versuch mal was Verrücktes. Ich fange dich auf.«[115]

Nachdenken über die Einladung

Lesen Sie den Abschnitt noch einmal laut. Versetzen Sie sich in die Szene und überlegen Sie, wie sich die Jünger gefühlt haben müssen, was sie sahen und hörten. Hören Sie die Worte deutlich mit Ihrem »inneren Ohr«.

Vielleicht sehen sie sich als Petrus oder als ein Jünger, der entsetzt war, dass Petrus so etwas versuchte, oder als ein Jünger, der Petrus darum beneidete, dass er es versuchte.

- ◆ Welcher Augenblick in der Geschichte, welche Handlung oder Formulierung fällt Ihnen auf, wenn Sie sie sich bildlich vorstellen?
- ◆ Warum hat Gott vielleicht ausgerechnet diesen Augenblick, dieses Wort oder diese Formulierung für Sie hervorgehoben?

Weiterdenken

- ◆ Was hat dieser Abschnitt mit Ihrem Leben zu tun?
- ◆ Gibt es einen Gedanken, ein Gefühl oder eine Absicht, die Sie daraus mitnehmen sollen?
- ◆ Fordert Gott Sie auf, etwas zu sein, zu wissen, zu verstehen, zu fühlen oder sogar zu tun?

Seien Sie offen für die Stille und fühlen Sie sich nicht zu einer Antwort gedrängt.

 Nehmen Sie sich einige Minuten Zeit, um Gott im Gebet darauf zu antworten. Was möchten Sie ihm über Ihre Erfahrung mit diesem Bibeltext unbedingt sagen? Vielleicht möchten Sie ihn auch etwas zum Thema Versagen und Scheitern fragen und erfahren, wie er darauf reagiert – vor allem auf *Ihr* eigenes Scheitern und Versagen. Vielleicht möchten Sie Jesus auch bitten, Ihnen zu zeigen, wie er auf Petrus' kühnes Handeln und sein anschließendes Scheitern reagierte.

Lassen Sie auf sich wirken, was Ihnen in diesem Abschnitt aufgefallen ist, und überlegen Sie: Wie empfinden Sie Jesus, oder seine Worte und sein Handeln in diesem Abschnitt? Was erfahren Sie dadurch über Gottes Wesen?

Nehmen Sie sich noch einige Minuten Zeit, um die Gedanken, die Ihnen gekommen sind, wahrzunehmen. Versetzen Sie sich in die Antwort der Jünger hinein: Sie beteten Jesus an und sagten: »Du bist wirklich der Sohn Gottes!«

Bitten Sie Gott um Mut, etwas mehr zu wagen, und schauen Sie, was passiert. Was könnte das Wasser sein, über das Sie in Gottes Kraft gehen wollen?

Der Kelch des Leidens

Matthäus 20,20-28

 Kommen Sie ganz zu sich, indem Sie ruhig ein- und ausatmen. Entspannen Sie Ihren Nacken und atmen Sie nochmals aus. Lassen Sie die Schultern locker.

Wenn Sie eine Konzentrationshilfe brauchen, denken Sie einmal über Folgendes nach: Viele von uns wollen Könner und Gewinner sein. Gott möchte aber, dass wir wie »gebrochenes Brot und ausgegossener Wein in den Händen Jesu Christi werden« [116].

 Lesen Sie den Abschnitt still für sich selbst durch. Lesen Sie dann die darunterstehenden Anmerkungen zu den wichtigsten Wörtern und Formulierungen. Überlegen Sie, welchen Einfluss diese Details darauf haben, wie Sie die Geschichte verstehen. Lesen Sie sich nun den Abschnitt langsam laut vor. Nehmen Sie sich Zeit, die Worte an Ihre Ohren dringen zu lassen.

Matthäus 20,20-28

[20]Später kam die Mutter von Jakobus und Johannes, den Söhnen des Zebedäus, mit ihren Söhnen zu Jesus. Sie kniete respektvoll vor ihm nieder, denn sie wollte ihn um einen Gefallen bitten.

[21]»Was möchtest du?«, fragte er sie.

Sie antwortete: »Wirst du meinen Söhnen in deinem Reich die Ehrenplätze neben dir geben, den einen rechts und den anderen links von dir?«

²²Doch Jesus sagte zu ihnen: »Ihr wisst ja nicht, worum ihr bittet! Könnt ihr auch aus dem bitteren Leidenskelch trinken, den ich trinken werde?«

Sie antworteten: »O ja, das können wir!«

²³Da sagte er zu ihnen: »Ihr werdet tatsächlich daraus trinken müssen. Aber ich habe nicht das Recht zu bestimmen, wer einmal neben mir sitzen wird. Mein Vater hat diese Plätze für die bestimmt, die er ausgewählt hat.«

²⁴Als die anderen zehn Jünger hörten, worum Jakobus und Johannes gebeten hatten, ärgerten sie sich. ²⁵Doch Jesus rief sie zu sich und sagte: »Ihr wisst, dass in dieser Welt die Könige Tyrannen sind und die Herrschenden die Menschen oft ungerecht behandeln. ²⁶Bei euch soll es anders sein. Wer euch anführen will, soll euch dienen, ²⁷und wer unter euch der Erste sein will, soll euer Sklave werden. ²⁸Der Menschensohn ist nicht gekommen, um sich bedienen zu lassen, sondern um anderen zu dienen und sein Leben als Lösegeld für viele hinzugeben.«

Söhne des Zebedäus: die Apostel Jakobus und Johannes, denen Jesus den Spitznamen »Donnersöhne« gab (vgl. Markus 3,17). An anderer Stelle wollten sie Feuer vom Himmel auf einige Samariter fallen lassen, die Jesus nicht annehmen wollten (vgl. Lukas 9,54).

die Ehrenplätze neben dir ..., den einen rechts und den anderen links von dir?: Dies waren Plätze, die Macht und Prestige ausdrückten. Diese Jünger baten, Jesu engste Berater in seinem Königreich zu sein – in einem, wie sie annahmen, irdischen Königreich.

Leidenskelch: Jesus scheint hier auf sein Leiden und seine Kreuzigung anzuspielen (vgl. Matthäus 26,39.42; Markus 14,36; Lukas 22,42; Johannes 18,11).

 Hilfreiche Fragen und Stichwörter,
um in die Geschichte einzusteigen:

1. Die große Umkehrung: Die Großen sind Diener

Jakobus, Johannes und ihre Mutter gingen alle davon aus, dass Macht in Gottes Reich wie politische Macht auf der Erde aussah. Jesus machte deutlich, dass es in seinem Königreich nach anderen Regeln zugeht: »Ihr wisst, dass in dieser Welt die Könige Tyrannen sind und die Herrschenden die Menschen oft ungerecht behandeln. Bei euch soll es anders sein« (Matthäus 20,25-26). Stattdessen sind in Gottes Reich die Diener von anderen die Großen. Kennen Sie jemanden, der in Ihren Augen groß ist und gleichzeitig anderen dient? Warum betrachten Sie diese Person als groß?

2. Personen im Text: Jakobus, Johannes und ihre Mutter

Dem Paralleltext zufolge (vgl. Markus 10,35) baten Jakobus und Johannes selbst um diese Position; sie hatten den Wunsch nach einer herausgehobenen Stellung ebenso wie ihre Mutter. Dieser Wunsch ist nicht ungewöhnlich und wir können uns damit identifizieren. Den meisten von uns gefällt es, wenn andere zu uns aufsehen und uns für wichtig halten.

Der Kelch, den sie trinken würden, war ein Leidenskelch. Ihre Mutter konnte bei der Kreuzigung Jesu aus nächster Nähe einen Blick darauf werfen (vgl. Matthäus 27,54-56). Vielleicht verstand sie da, welcher Leidenskelch auch ihre Söhne erwartete. Jakobus sollte später als Märtyrer sterben und Johannes im Exil enden (vgl. Apostelgeschichte 12,2; Offenbarung 1,9).

3. Mäuschen spielen

Stellen Sie sich vor, wie der Zeitpunkt der Frage das Gespräch beeinflusste. Diese Diskussion fand nicht allzu lange vor Jesu Tod statt. Die Jünger waren auf dem Weg nach Jerusalem, wo Jesu

Feinde nach Wegen suchten, ihn zu töten. Weil die endgültige Machtprobe direkt bevorstand, dachten die drei vielleicht, dass dies ihre letzte Gelegenheit wäre, mit ihrer Bitte an Jesus heranzutreten. Doch dies führte zu einer stürmischen Diskussion unter den Jüngern. Jesus antwortete, dass Größe bedeutet, Diener zu sein (vgl. Matthäus 20,26-28).

4. Warum waren die Jünger so aufgebracht?

+ Manche wünschten, sie wären auf die Idee gekommen, die gleiche Frage zu stellen.
+ Manche begriffen aus dem heraus, was sie bei Jesus beobachtet hatten, dass Größe etwas mit Dienen zu tun hat, und waren deshalb verärgert über Jakobus und Johannes.
+ Andere Gründe:

_____

_____

Nachdenken über die Einladung

Lesen Sie den Text noch einmal laut. Versetzen Sie sich in Jakobus, Johannes, ihre Mutter oder einen der anderen Jünger hinein. Sehen Sie, wie die Mutter vor Jesus kniet und um diesen Gefallen bittet. Stellen Sie sich Jesu schockierende Antwort vor, dass zwar die heidnischen Herrscher ihre Macht über andere ausspielten, es aber unter den Jüngern anders zugehen sollte.

+ Wenn Sie sich die im Text beschriebenen Ereignisse vorstellen, welchen Augenblick, welche Handlung oder welche Formulierung empfinden Sie am realsten? Welche Gedanken und Gefühle ruft das in Ihnen hervor?
+ Warum ist Ihnen gerade dieser Augenblick, dieses Wort oder dieser Satz aufgefallen?

Weiterdenken

♦ Was hat dieser Text mit Ihrem Leben zu tun?

♦ Gibt es einen Gedanken, ein Gefühl oder eine Absicht, die Sie daraus mitnehmen sollen?

♦ Fordert Gott Sie auf, etwas zu sein, zu wissen, zu verstehen, zu fühlen oder sogar zu tun?

♦ Vielleicht stellt Gott auch Ihnen die beiden Fragen aus dem Text. Beantworten Sie die Fragen ehrlich und aufrichtig. Geben Sie nicht unbedingt die Antwort, die Gott Ihrer Meinung nach hören will.

♦ Was willst du?

♦ Kannst du den Leidenskelch trinken, den ich trinken werde?

Seien Sie offen für die Stille und fühlen Sie sich nicht zu einer Antwort gedrängt.

 Nehmen Sie sich einige Minuten Zeit, Gott darauf zu antworten. Vielleicht müssen Sie Gott dazu noch einige Fragen stellen oder ihn um Hilfe bitten, diese Gedanken persönlich annehmen zu können.

 Vielleicht finden Sie den Text beunruhigend und fragen sich aus gutem Grund, wie Sie nach einer so todernsten Lektüre ruhen sollen. Überlegen Sie, welchen Gesichtsausdruck Jesus wohl während jenes Gesprächs hatte. Er wusste oder ahnte, dass seine Nachfolger ein ähnliches Schicksal erleiden würden wie er. Obwohl er ehrlich zu ihnen war und dies ihnen in der unmittelbar bevorstehenden Verfolgung helfen würde, tadelte er sie nicht für ihre Unfähigkeit zu verstehen, was das bedeutete, oder ihren stolzen Ehrgeiz, und er stellte auch ihre Loyalität nicht infrage.

Jesus schien zu wissen, dass sie ihm folgen würden und dass sie ebenfalls leiden würden. Trotz ihrer gegenwärtigen Blindheit und Arroganz würden sie bereitwillig den Leidenskelch trinken. William

Barclay schreibt, Jesus »glaubte, dass sie den Kelch trinken könnten und würden, und dass sie am Ende trotzdem an seiner Seite zu finden wären. Eine der großen fundamentalen Wahrheiten, an denen wir uns festhalten müssen, selbst wenn wir uns selbst hassen und verachten, ist, dass Jesus Christus an uns glaubt.«[117]

Nehmen Sie sich einige Minuten Zeit, um die Gedanken, die Ihnen gekommen sind, auf sich wirken zu lassen. Das kann sich in Lobpreis ausdrücken oder einfach im Ruhen in Gottes Gegenwart.

 Bitten Sie Gott, Ihnen eine Situation zu zeigen, in der Sie ausprobieren können, den sich selbst verschenkenden, aufopfernden Weg zu gehen statt den eigennützigen.

Ich tue nichts aus mir selbst

Sprüche 3,5-8

 Kommen Sie ganz zu sich, indem Sie langsam ein- und ausatmen. Entspannen Sie Ihren Nacken und nehmen Sie sich Zeit, auch alle anderen Muskeln zu entspannen. Wenn Sie eine Konzentrationshilfe brauchen, denken Sie über folgende Frage nach: Haben Sie schon einmal versucht, ein Problem allein zu lösen, und es hat nicht funktioniert? Falls es jemanden gab, der Ihnen zu Hilfe gekommen ist und Sie unterstützt hat, was war das für ein Gefühl? Wie hätten Sie sich andernfalls gefühlt?

 Lesen Sie den Abschnitt still für sich selbst durch. Lesen Sie dann die darunterstehenden Anmerkungen zu den wichtigsten Wörtern und Formulierungen. Überlegen Sie, welchen Einfluss diese Details darauf haben, wie Sie die Geschichte verstehen. Lesen Sie sich nun den Abschnitt langsam laut vor. Nehmen Sie sich Zeit, die Worte an Ihre Ohren dringen zu lassen.

Sprüche 3,5-8

[5]Vertraue von ganzem Herzen auf den Herrn und verlass dich nicht auf deinen Verstand. [6]Denke an ihn, was immer du tust, dann wird er dir den richtigen Weg zeigen. [7]Bilde dir nichts auf deine Weisheit ein, sondern fürchte

den Herrn und meide das Böse. [8]Das macht dein Leben gesund und du bekommst neue Kraft.

Der gleiche Text nach »The Message«

[5]Vertraue Gott aus tiefstem Herzen und versuche nicht, alles selbst zu schaffen und zu verstehen. [6]Hör auf Gottes Stimme in allem, was du tust, überall, wo du hingehst. Er ist derjenige, der dich auf dem richtigen Weg halten wird. [7]Bilde dir nicht ein, dass du alles weißt. Lauf zu Gott hin, und lauf vor dem Bösen weg! [8]Dann wird sich dein Körper bester Gesundheit erfreuen; selbst deine Knochen werden vor Leben vibrieren!

Herz: Der Mittelpunkt unseres Seins, unser Geist. Dallas Willard beschreibt es als unkörperliche persönliche Kraft. Dazu gehören auch unsere Entscheidungen, unser Wille. Das Herz ist der Teil von uns, der uns zu uns selbst macht.[118]

denke an ihn: Das hebräische Wort yada bedeutet »wissen« im Sinne von »bekannt sein mit« oder »interagieren mit«.

 Hilfreiche Fragen und Stichwörter zum Text:

1. **Leben allein (sich etwas auf seine eigene Weisheit einbilden)**
Leben ist die innere Kraft, sich auszustrecken und »über sich hinaus« zu leben. In der von Gott inspirierten und aufrechterhaltenen Ordnung dieses großen Erdballs kann das Leben sich nicht Gottes Absicht entsprechend entfalten, wenn wir uns als »auf uns allein gestellt« betrachten. Vor allem nicht, wenn wir darum kämpfen, auf uns allein gestellt zu bleiben. Wenn wir von Gott isoliert und nicht in den angemessenen sozialen Verbindungen mit anderen Menschen leben, können wir die Erde nicht zum Guten hin gestalten und regieren – der Gedanke ist einfach absurd.[119] In welchen Situationen, Umständen oder Beziehungen neigen Sie am ehesten dazu, das Leben allein bewältigen zu wollen? Warum?

- in dem Versuch, dem zu entsprechen, was andere von Ihnen erwarten – als Person oder in dem, was Sie tun
- in dem Versuch, etwas zu erreichen
- in Trauer, Ablehnung oder Scheitern
- wenn Sie Sicherheit in materiellen Dingen, Beziehungen und Gesundheit suchen
- Etwas anderes:

_____

_____

2. Jesus tat nichts aus sich selbst heraus. Hören Sie einmal darauf, wie Jesus von seiner Beziehung zum Vater spricht, und wie oft er die Worte »nicht« und »nichts« in Bezug auf sich selbst verwendet:

- Der Sohn kann nichts aus sich heraus tun (Johannes 5,19).
- Doch ich tue nichts, ohne den Vater zu fragen, sondern richte, wie er mir rät. Und mein Urteil ist vollkommen gerecht, weil es nicht meinem, sondern dem Willen des Vaters entspricht, der mich gesandt hat; ich richte nicht aus mir selbst heraus (Johannes 5,30).
- Eure Zustimmung oder Ablehnung kümmert mich nicht (Johannes 5,41).
- Ich bin vom Himmel herabgekommen, um den Willen Gottes zu tun, der mich gesandt hat, und nicht, um zu tun, was ich selbst will (Johannes 6,38).
- Ich lehre nicht meine eigenen Gedanken, sondern die Gedanken Gottes, der mich gesandt hat (Johannes 7,16).
- Ich komme nicht in meinem eigenen Auftrag (Johannes 7,28).
- … dass ich nichts von mir selbst aus tue (Johannes 8,28).
- Ich bin nicht hier, weil ich es selbst so wollte, sondern er hat mich gesandt (Johannes 8,42).
- Ich will mir nicht selbst die Ehre geben (Johannes 8,50).

289

- Die Worte, die ich euch sage, stammen ja nicht von mir ... (Johannes 14,10)
- Meine Worte kommen nicht aus mir selbst (Johannes 14,24).

Diese Worte von Jesus öffnen uns das Verständnis für die tiefsten Wurzeln von Christi Leben und Werk. Sie sagen uns, wie der allmächtige Gott sein mächtiges Erlösungswerk durch ihn vollbringen konnte.«[120] Wie reagieren Sie auf eine solche Abhängigkeit Jesu von Gott? Sind Sie

- überrascht, dass Jesus von Gott abhängig war?
- verblüfft, dass Jesus von Gott abhängig sein musste (oder wollte)?
- beeindruckt von Jesu Unterordnung unter Gott?
- Etwas anderes:

_____

_____

3. **Gott als liebevoller Partner**
Andrew Murray schreibt darüber: »Die Liebe des Vaters zum Sohn ist kein Gefühl – es ist ein göttliches Leben, eine unendliche Energie, eine unwiderstehliche Kraft. So ist auch die Liebe Christi zu uns eine unendliche Lebenskraft, die in uns alles bewirken wird, was er uns gern geben will.«[121] Wir sind eingeladen, »Anteil an seiner göttlichen Natur zu haben« (2. Petrus 1,4). Wie kann das Leben, das in diesen Versen beschrieben wird, zu körperlicher Gesundheit und Erfrischung führen (vgl. Sprüche 3,8)?

4. **Mit eigenen Worten**
Versuchen Sie, Sprüche 3,5-8 mit eigenen Worten zu umschreiben und dabei zu betonen, dass wir uns in jedem Augenblick auf Gott verlassen können.

Neues-Leben-Bibel	Eigene Umschreibung
⁵*Vertraue von ganzem Herzen auf den Herrn und verlass dich nicht auf deinen Verstand.* ⁶*Denke an ihn, was immer du tust, dann wird er dir den richtigen Weg zeigen.* ⁷*Bilde dir nichts auf deine Weisheit ein, sondern fürchte den Herrn und meide das Böse.* ⁸*Das macht dein Leben gesund und du bekommst neue Kraft.*	

Nachdenken über die Einladung

Vielleicht lädt Gott Sie in diesem Abschnitt ein, etwas Bestimmtes besser zu verstehen. Was könnte das sein? Lesen Sie den Text noch einmal und denken Sie dann in der Stille über die folgenden Fragen nach:

- Welches Wort oder welche Formulierung springt Ihnen ins Auge?
- Weshalb?

Weiterdenken

Lesen Sie gegebenenfalls den Abschnitt erneut und überlegen Sie dann:

- Was hat dieser Abschnitt mit Ihrem Leben zu tun?
- Gibt es einen Gedanken, ein Gefühl oder eine Absicht, die Sie daraus mitnehmen sollen?
- Fordert Gott Sie auf, etwas zu sein, zu wissen, zu verstehen, zu fühlen oder sogar zu tun?

Seien Sie offen für die Stille und fühlen Sie sich nicht zu einer Antwort gedrängt.

 Nehmen Sie sich einige Minuten Zeit, um auf das zu antworten, was Sie von Gott gehört haben. Sagen Sie ihm, was Ihnen zu Ihrer Erfahrung mit diesem Bibeltext unter den Nägeln brennt.

 Lassen Sie auf sich wirken, was Ihnen in diesem Text aufgefallen ist, und denken Sie über die Einladung nach, die Sie vielleicht gehört haben. Überlegen Sie, was für ein Gefühl es wäre, Gott von ganzem Herzen zu vertrauen – mit allem, was in Ihnen ist.

Nehmen Sie sich einige Minuten Zeit, um die Gedanken, die Ihnen gekommen sind, auf sich wirken zu lassen. Das kann sich in Lobpreis ausdrücken oder einfach im Ruhen in Gottes Gegenwart.

 Suchen Sie sich eine Situation aus, in der Sie noch mehr von Gott abhängig sein wollen. Bitten Sie ihn, Ihnen zu zeigen, wie das aussehen könnte, und probieren Sie es dann aus.

Wenn Sie allein meditieren

Vielleicht leitet Sie der Heilige Geist dazu, auch noch über viele andere Bibeltexte zu meditieren. Dazu finden Sie hier einige hoffentlich hilfreiche Ideen:

Versuchen Sie, sich auf maximal zehn Verse zu konzentrieren. Ein längerer Abschnitt kann kompliziert sein, weil es möglicherweise schwerer ist, wirklich zu hören und sich zu konzentrieren. Wenn ein Text viel länger ist, meditieren Sie über mehrere Tage hinweg in zehn-Vers-Einheiten. Die Meditation über kleinere Abschnitte steht dem Leistungsdenken entgegen, das wir oft beim Bibellesen haben, bei dem das Ziel ist, das Kapitel oder die Seite zu Ende zu lesen. Bei der *lectio divina* ist das Ziel aber einfach, beim Lesen im Bibeltext für Gott präsent zu sein und ihm zu erlauben, uns mitzuteilen, was wir am dringendsten hören müssen. Dabei lassen wir uns tiefgehend auf den Text ein, statt nur einen Abschnitt oder ein Kapitel abzuarbeiten.

Meditieren Sie so, wie Sie können – nicht, wie Sie es nicht können. Wenn etwas an der *lectio divina* für Sie nicht praktikabel ist, halten Sie es so, wie es für Sie besser funktioniert. Sie können sich in diesem Fall einfach später noch einmal mit dem befassen, was bei der *lectio divina* normalerweise üblich ist, um zu sehen, ob Sie sich inzwischen besser an den Rhythmus gewöhnt haben. Bis dahin vertrauen Sie einfach darauf, dass Gott Ihnen zeigt, wie Sie den Prozess am besten individuell anpassen können.

Einen Text auswählen. Wählen Sie ein Thema aus, bei dem Sie merken, dass Gott gerade darüber zu Ihnen sprechen möchte, oder einen Abschnitt, den Sie Ihrer Ansicht nach zutiefst verinnerlichen sollten. Das ist besonders am Anfang wichtig. Dieses Buch ist thematisch geordnet, um Ihnen dabei zu helfen. Vielleicht stellen Sie fest, dass der Prozess der *lectio divina* mehr Zeit in Anspruch nimmt, als Sie normalerweise haben. Dann meditieren Sie einfach seltener. Vielleicht bleiben Sie auch mehrere Tage am gleichen Text. Dietrich Bonhoeffer gab seinen Seminarstudenten in Finkenwalde für eine ganze Woche den gleichen Text zur Meditation. Er sagte ihnen, dass sie in dieser Zeit keinen Bibelkommentar benutzen dürften, denn sie sollten lesen, um mit Gott zu interagieren.[122]

Bereiten Sie sich vor, wenn Sie über einen unbekannten Bibeltext meditieren. Informieren Sie sich über den Hintergrund oder lesen Sie ihn in verschiedenen Bibelübersetzungen. Wenn eine Predigt Ihres Pastors Ihnen den nötigen Hintergrund liefert, dann meditieren Sie am besten in der folgenden Woche noch einmal über den Predigttext.

Klammern Sie sich nicht an Ihre Erwartungen. Gestatten Sie sich, überrascht zu werden. Bonhoeffer schrieb:

>Keiner erwarte vom Schweigen etwas anderes als die schlichte Begegnung mit dem Worte Gottes, um deswillen er ins Schweigen gekommen ist. Diese Begegnung, aber wird ihm geschenkt werden. Der Christ stelle keine Bedingungen, wie er diese Begegnung erwartet oder erhofft, sondern er nehme sie hin, wie sie kommt, und sein Schweigen wird reichlich belohnt werden.<[123]

Dank

Ich bin dankbar für die Studenten und Klausurteilnehmer, die mir zurückgemeldet haben, was bei diesen Meditationsübungen funktioniert und was nicht; besonders denen, die ich von 2002 bis 2012 im Kurs *Spiritualität und Dienst* von Dallas Willard am *Fuller Seminary* betreuen durfte.

Wie immer bin ich meinem Mann Greg unendlich dankbar, der der letzte Leser aller meiner Manuskripte ist. Er sorgt dafür, dass das, was ich schreibe, bodenständig bleibt, und ist dennoch bereit, auch in meinen abenteuerlichsten Momenten an meiner Seite zu gehen.

Anmerkungen & Quellenverzeichnis

1   Das Hinzunehmen von silencio und incarnatio war eine Anregung von Robert Mulholland. Siehe dazu: Robert Mulholland, Werden, wie du mich meinst: Ganzheitlich glauben lernen, Brunnen Verlag, Basel/Gießen 1995.

2   Richard Foster, *Nachfolge feiern*, SCM R. *Brockhaus, Witten 2017, S. 43.*

3   Dietrich Bonhoeffer, *Gemeinsames Leben, Gütersloher Verlagshaus, Gütersloh 2001, S. 70.*

4   Vgl. Dallas Willard, *Die eine, sanfte Stimme: Gott hören lernen in einer lauten Welt*, SCM Hänssler, Holzgerlingen 2004.

5   Übersetzte, überarbeitete Version aus »Introduction to the Talk« von Epiphany Ministry.

6   Vgl. Psalm 1,2; 19,15; 39,4; 48,10; 77,13; 104,34; 119,15.23.27.48.78.97.99.148; 143,5; 145,5.

7   Dallas Willard definiert *agapē*-Liebe als den Willen zum Guten oder Wohl-Wollen. Wir lieben jemanden oder etwas, wenn wir völlig selbstlos dessen oder deren Wohlergehen fördern. (Vgl. Dallas Willard, *Verwandle mein Herz*, Brunnen Verlag, Gießen 2016.)

8   Übersetzt nach: Tom Wright, *Paul for Everyone: 1 Corinthians*, Westminster John Knox Press, Louisville, KY 2004, S. 8.

9   Vgl. Kenneth Bailey, *The Good Shepherd: A Thousand-Year Journey from Psalm 23 to the New Testament*, IVP Academic, Downers Grove, IL 2014, S. 110-111.

10 Vgl. William Barclay, The Daily Bible Study: The Gospel of Luke, Westminster Press, Philadelphia 1956, S. 206.

11 Vgl. Bailey, *The Good Shepherd*, S. 140.

12 Phillip Keller, *Psalm 23 aus der Sicht eines Schafhirten*, Gerth Medien, Aßlar 2017, S. 62-63.

13 Vgl. Kenneth Bailey, *Jesus war kein Europäer*, SCM R. Brockhaus, Witten 2016.

14 Vgl J. A. Thompson, *Hirten, Händler und Propheten: die lebendige Welt der Bibel*, Brunnen Verlag, Basel/Gießen 1996.

15 Vgl. David Benner, *Surrender to Love*, InterVarsity Press, Downers Grove, IL 2003, S. 15.

16 Übersetzt nach: Dallas Willard, »Spiritual Formation as a Natural Part of Salvation«, Vortrag bei der Wheaton Theology Conference 2009, www.dwillard.org/articles/artview.asp?artID=135 (letzter Zugriff 28.07.2017).

17 Übersetzt nach: Henri J. M. Nouwen, *The Return of the Prodigal Son*, Doubleday, New York 1992, S. 131.

18 Übersetzt nach: Tom Wright, *Paul for Everyone: The Prison Letters*, Westminster John Knox Press, Louisville, KY 2004, S. 7.

19 Ebd.

20 Diese Definition hörte ich von Dallas Willard in einer Vorlesung am *Renovaré Institute* im *St. Malo Retreat Center*, Allenspark, Colorado, 15.03.2011, Tag 1, Vorlesung 3. Abgedruckt und übersetzt mit freundlicher Genehmigung.

21 David Benner schreibt dazu: »Zu römischer Zeit waren die *templa* ein bestimmter Bereich des Himmels, dem Ort, wo Gott wohnte.« Übersetzt nach David Benner, »Being with God: The Practice of Contemplative Prayer«, *Conversations Journal* Jg. 4, Bd. 2 (Herbst 2006), S. 6-7

22　Vgl. N.T. Wright, Warum Christ sein Sinn macht, Johannis, Lahr 2009.

23　vgl. John Mogabgab, Editorial in *Weavings* Jg. 12, Nr. 1 (Januar/Februar 1997), S. 2-3.

24　Übersetzte, überarbeitete Version aus »Introduction to the Talk« von Epiphany Ministry.

25　Vgl. N.T. Wright, Paulus für heute: *Der Römerbrief Teil 1*, Brunnen Verlag, Gießen 2014.

26　Vgl. Willard, *Verwandle mein Herz*.

27　Ebd.

28　Vgl. Wright, Paulus für heute: *Der Römerbrief Teil 1*.

29　A.a.O., S. 31.

30　Vgl. »Kind« in *Lexikon zur Bibel*, SCM R. Brockhaus, 6. *Auflage, Witten* 2006, S. 893.

31　Übersetzt nach: Dallas Willard, *The Divine Conspiracy: Rediscovering Our Hidden Life in God*, Harper, San Francisco 1998, S. 45.

32　A.a.O., S. 259.

33　A.a.O., S. 145.

34　Umschreibung von Matthäus 6,33 a.a.O., S. 212.

35　Vgl. Edward J. Young, »Daniel«, in *Kommentar zur Bibel*, Hrsg. Donald Guthrie und J. A. Motyer, SCM R. Brockhaus, Witten 1998, S. 847ff.

36　Ebd.

37　A. W. Tozer, *Gottes Nähe suchen*, SCM R. Brockhaus, Witten 2014, S. 83.

38　Übersetzt nach: M. Robert Mulholland Jr., *Shaped by the Word*, Upper Room Books, Nashville 2000, S. 43.

39　Vgl. ebd.

40　Übersetzt nach: Jan Johnson, *Invitation to the Jesus Life: Experiments in Christlikeness*, Nav Press, Colorado Springs, CO 2008, S. 163f.

41　Vgl. »Feuer« in *Lexikon zur Bibel*, S. 471f.

42　Übersetzt nach: Willard, *The Divine Conspiracy*, S. 69.

43　*Vgl. New Commentary on the Whole Bible: Old Testament Volume, nach dem klassischen Kommentar von Robert Jamieson, Andrew R. Fausset und David Brown, Tyndale House Publishers, Wheaton, IL 1990, Anmerkungen zu 2. Könige 6,17.*

44　Edward Hicks stellte diese Szene in seinem berühmten Gemälde The Peaceable Kingdom (1826) dar. www.worcesterart.org/collection/American/1934.65. html (letzter Zugriff 09.08.2017).

45　Übersetzt nach: *New Commentary on the Whole Bible: Old Testament Volume, Anmerkungen zu Jesaja 11,6-7.*

46　Übersetzt nach: E. Stanley Jones, *A Song of Ascents*, Abingdon, Nashville 1979, S. 190.

47　Andrew Murray, *Bleibe in Jesus*, Herold, Leun 2012, S. 89f.

48　Richard Foster, *Nachfolge feiern, S. 43.*

49　Übersetzt nach: Rodney A. Whitacre, *John*, IVP New Testament Commentary. InterVarsity Press, Downers Grove, IL 1999, S. 373.

50　Vgl. Murray, *Bleibe in Jesus*.

51　Vgl. a.a.O., S. 30-34.

52　Vgl. Bailey, *Jesus war kein Europäer*.

53　Übersetzt nach: Chester, P. Michael und Marie C. Norrisey, *Prayer and Temperament*, The Open Door, Charlottesville, VA 1991, S. 35.

54　Willard, *Verwandle mein Herz*.

55 Übersetzt nach: »Scythians«, in *International Standard Bible: Encyclopedia*, Bd. 4, Eerdmans, Grand Rapids 1939, S. 2706.

56 Übersetzt nach: Dallas Willard, The Spirit of the Disciplines, Harper & Row, San Francisco 1998, S. 36-37,38.

57 Übersetzt nach: Willard, *The Divine Conspiracy*, S. 351.

58 A.a.O., S. 126.

59 Vgl. Willard, *Verwandle mein Herz*.

60 Donald Guthrie, »Kolosser«, in *Kommentar zur Bibel*.

61 Übersetzt nach: Adam Clarke und Matthew Henry, The Bethany Parallel Commentary on the New Testament, Bethany House Publishers, Minneapolis 1963, S. 1195.

62 Übersetzt nach: Johnson, *Invitation to the Jesus Life*, S. 188.

63 A.a.O., S. 192.

64 Foster, *Nachfolge feiern*, S. 43.

65 Sie können sich das Bild unter www.rembrandtpainting.net/rmbrndt_1620-35/christ_in_storm.htm anschauen (letzter Zugriff 16.08.2017).

66 Eine längere Meditation zu diesem Gemälde finden Sie in Juliet Benners hervorragendem Buch *Contemplative Vision: A Guide to Christian Art and Prayer*, InterVarsity Press, Downers Grove, IL 2011, S. 78-87.

67 Dieser und verschiedene andere Sätze in diesem Abschnitt stammen aus einer E-Mail von Dallas Willard an Thomas Dervartanian am 17.08.2006. Abgedruckt und übersetzt mit freundlicher Genehmigung.

68 Vgl. N.T. Wright, Following Jesus, Eerdmans, Grand Rapids 1994, S. 66.

69 Walter Brueggemann erklärt dies in *The Message of the Psalms: A Theological Commentary*, Augsburg, Minneapolis 1984, S. 156. Zum besseren Verständnis wurden alle Zitate aus dem Werk ins Deutsche übertragen.

70 A.a.O., S. 157.

71 Vgl. Dallas Willard, Spirituality and Ministry, Kurs am *Fuller Seminary*, 07.06.2012.

72 Vgl. »yesha«, James Strong, *The New Strong's Exhaustive Concordance of the Bible*, Thomas Nelson Publishers, Nashville 2010, S. 61.

73 Vgl. »Salvation in the Old Testament«, in: *International Standard Bible Encyclopedia*, Bd. 4, S. 2665. Somit kann Rettung zahllose Formen annehmen – Rettung aus Naturkatastrophen, vor innerer Zwietracht, vor äußeren Feinden oder vor der Unterjochung durch Eroberer.

74 Übersetzt nach: Brueggemann, *The Message of the Psalms*, S. 140.

75 Übersetzt nach: A.a.O., S. 152-157.

76 Übersetzt nach: Thelma Hall, *Too Deep for Words: Rediscovering Lectio Divina*, Paulist Press, New York 1988, S. 32.

77 Übersetztes Interview mit Dallas Willard, 31.07.2002, Chatsworth, Kalifornien.

78 Übersetzt nach: »The Practice of Listening: An Interview with Madeleine L'Engle«, *Crosspoints*, Sommer 1997, S. 3.

79 Vgl. William Sanford La Sor, »1. und 2. Könige«, in *Kommentar zur Bibel*.

80 Willard: *Die eine, sanfte Stimme*, S. 37.

81 Vgl. Thompson, *Hirten, Händler und Propheten: die lebendige Welt der Bibel*.

82 N.T. Wright, Lukas für heute, Brunnen Verlag, Gießen 2016, S. 204.

83 Vgl. William Barclay, The Daily Bible Study Guide: The Gospel of Mark, Westminster Press, Philadelphia 1956, S. 128.

84 Übersetzt nach: Barclay, The Daily Bible Study Guide: The Gospel of Luke, S. 114.

85 Vgl. Alfred Edersheim, *The Life and Times of Jesus the Messiah*, Hendrickson Publishers, Peabody, MA 1993, S. 428f.

86 Vgl. Frédéric Godet, *Kommentar zu dem Evangelium des Johannes*, Brunnen Verlag, Basel/Gießen 1987.

87 Übersetzt nach: Jan Johnson, *Enjoying the Presence of God*, NavPress, Colorado Springs, CO 1996, S. 112f.

88 Vgl. Alfred Edersheim, *The Life and Times of Jesus the Messiah*, S. 65.

89 Christian Feldmann, Die Liebe bleibt: Das Leben der Mutter Teresa, Herder, Freiburg 2016.

90 Übersetzt nach: Willard, *The Divine Conspiracy*, 1998, S. 145.

91 Übersetzt nach: Tom Wright, *Early Christian Letters for Everyone*, Westminster John Knox, Louisville, KY 2011, S. 11.

92 Übersetzt nach: a.a.O., S. 9.

93 Übersetzt nach: a.a.O., S. 11.

94 Der Bedeutung der griechischen Wörter und Wendungen zufolge, wie sie in Gerald F. Hawthorne, *Philippians*, Word Biblical Commentary, Word Publishers, Waco, TX 1983, S. 68, erklärt werden.

95 Vgl. William Barclay, Daily Bible Study: The Letters to the Philippians, Westminster Press, Philadelphia 1959, S. 3-5.

96 Vgl. Wright, *Lukas für heute*, S. 160ff.

97 Ebd.

98 Ebd.

99 Vgl. Jan Johnson, *Growing Compassionate Kids*, Upper Room Books, Nashville 2001, S. 41.

100 Jesus ließ Gleichnisse gern unvollendet. Kam der ältere Bruder noch hinein zum Fest (vgl. Lukas 15,24-31)? Kamen die fünf törichten Brautjungfern noch zur Hochzeit (vgl. Matthäus 25,1-13)? Nahmen die Arbeiter, die den ganzen Tag gearbeitet hatten, ihren Lohn und gingen oder beschwerten sie sich weiter (vgl. Matthäus 20,1-16)? (Vgl. dazu auch Bailey, *Jesus war kein Europäer*.)

101 Wright, *Lukas für heute*, S. 99f.

102 Dallas Willard definiert *agapē*-Liebe als den »Willen zum Guten« oder »Wohl-Wollen«. Wir lieben jemanden oder etwas, wenn wir völlig selbstlos dessen oder deren Wohlergehen fördern. (Vgl. Willard, *Verwandle mein Herz*.)

103 Vgl. Barclay, *The Daily Bible Study: The Gospel of Luke*, S. 85.

104 Vgl. Wright, *Lukas für heute*, S. 111.

105 Vgl. John Beck, »Widow«, in *The Baker Illustrated Guide to Everyday Life in Bible Times*, Baker Books, Grand Rapids 2013, S. 293.

106 Wright, *Lukas für heute*, S. 110.

107 Foster, Nachfolge feiern, S. 43.

108 Übersetzt nach: Wright, *Paul for Everyone: The Prison Letters*, S. 39.

109 Vgl. V. Gilbert Beers, *The Victor Journey Through the Bible*, Victor Books, Wheaton, IL 1996, S. 179, 182f.

110 Vgl. N.T. Wright, *Matthäus für heute* Bd. 1: Brunnen Verlag, Basel/Gießen 2013, S. 219.

111 »Dieses Wunder war zudem keine bloße Machtdemonstration, sondern bedingt durch ihre Not.« Übersetzt nach: Alfred Edersheim, *The Life and Times of Jesus the Messiah*, S. 473.

112 Übersetzt nach: Leslie Weatherhead, *The Transforming Friendship*, Abingdon, Nashville 1977, S. 32-33.

113 Wright, *Matthäus für heute* Bd. 1, S. 220.

114 Vgl. Willard, *The Divine Conspiracy*, S. 211.

115 Übersetzt nach: Johnson, *Invitation to the Jesus Life*, S. 159.

116 Vgl. Oswald Chambers, *Mein Äußerstes für sein Höchstes*, SCM Hänssler, Holzgerlingen 2009.

117 Übersetzt nach: William Barclay, *The Daily Bible Study: The Gospel of Matthew*, Volume 2, *Westminster Press, Philadelphia 1958*, S. 255.

118 Vgl. Willard, Verwandle mein Herz.

119 Vgl. Willard, The Spirit of the Disciplines, S. 56.

120 Übersetzt nach: Andrew Murray »Demut«, umschrieben von Carlo Walth in *Humbling Guide: Andrew Murray's Humility Edited for the 21st Century Reader*, Mentoring Sacred Arts, 2012, S. 34.

121 Übersetzt nach: Andrew Murray, *The True Vine*, Moody Press, Chicago, IL o.J., S. 82.

122 Vgl. E. Glenn Hinson, *Spiritual Preparation for Christian Leadership*, Upper Room Books, Nashville 1999, S. 56.

123 Bonhoeffer, *Gemeinsames Leben*, S. 69.

Rainer Harter

Majestät

Eintauchen in die faszinierende Heiligkeit Gottes

Die Heiligkeit Gottes spielt häufig keine große Rolle, wenn wir über den Schöpfer des Universums nachdenken oder über ihn sprechen. Eher sehen wir Gott als guten Freund und liebenden Vater. Dabei ist Heiligkeit die zentrale Eigenschaft seines Wesens. Sie ist furchterregend und faszinierend zugleich, schrecklich und schön, fremdartig und verlockend. Rainer Harter zeigt, wie es Ihr Glaubensleben verändert, wenn Sie Gott auf diese Weise ganz neu kennenlernen. Seine Heiligkeit führt zu unserer Heiligung.

Gebunden, 13,5 x 21,5 cm, 224 S.
ISBN 978-3-417-26821-8
Auch als E-Book

Johannes Hartl

Einfach Gebet

Zwölfmal Training für einen veränderten Alltag

Sehnen Sie sich danach, Gott im Gebet zu begegnen. Wünschen Sie sich mehr Regelmäßigkeit, neue Formen und wollen Gottes Gegenwart stärker im Alltag erleben. Doch Sie zweifeln, ob man Beten überhaupt lernen kann?

In zwölf Kapiteln macht Johannes Hartl Lust, sich dem Thema Gebet ganz neu zu nähern. Mit persönlichen Erlebnissen, kurzen geistlichen Impulsen und vielen praktischen Ideen zeigt er Ihnen neue Wege. Ganz einfach. Dabei geht es letztlich nur um ein Ziel: nahe an Jesus dranzubleiben.

Broschiert, 14 x 21,5 cm, 144 S.
ISBN 978-3-417-26807-2
Auch als E-Book

SCM
R.Brockhaus